日本人が学ぶべき

西洋哲学入門

The Western Philosophy Primer that Japanese People Should Learn

Why do they think that way?

なぜ、彼らはそう考えるのか？

茂木誠
Makoto Mogi

ジェイソン・モーガン
Jason M. Morgan

TAC出版
TAC PUBLISHING Group

はじめに

世界で一番「しゃべらない」のが日本人だと思います。一般的に関西の人は口が達者ですが、地方の人たち、とくに東北人は寡黙な人が多いと思います。

近年、インバウンド・ブームで大量の外国人観光客が日本を訪れています。東アジア人であれ、欧米人であれ、彼らは一般的におしゃべりで、身振り手振りがおおげさです。日本人は無口であるばかりか、身振り手振りもほとんど使いません。なぜなのか？

それは日本人が、言語を使わないコミュニケーション能力に長けているからです。目線とか、雰囲気とか、間《ま》とか、そういったものでなんとなく相手の意思がわかる。高倉健の映画を見てください。彼は基本的にしゃべりませんが、思いは伝わるのです。

「屁理屈を言うな」「人様に迷惑をかけるな」と教育されるので、子供も中学生くらいから人目を気にする「典型的な日本人」になります。

日本人のこの特性を、狩猟採集民族の特性だと論じたのが、精神科医の中井久夫先生でした。森で狩りをする生活では、獲物の気配を感じ取る能力が研ぎ澄まされます。豊かな森で暮らしていた長い長い縄文時代を通じて、この特性が磨かれたのだと。

ユーラシア大陸のほとんどは砂漠か草原であり、そこで攻防を繰り返す遊牧民や農耕民族の間では、思いが伝わらない外国人とのコミュニケーション方法が不可欠でした。このため、相手に明確に意思を伝える言語が発達し、文字も生まれたのです。

言語を司《つかさど》るのは大脳のうち左脳、直感や感性を司るのは右脳です。日本人は総じて右脳が優位な民族であり、これと似ているのは東南アジアの山岳民族だと思います。ユーラシア大陸のほとんどの民族は左脳が優位であり、だから法律や哲学を生み出しました。人間界のルールを定めた言葉が法律、世界の仕組みを説明する言葉が哲学です。

飛鳥時代、中華帝国（隋唐）の脅威が迫る中で、日本は律令（法律）と仏教哲学を導入しました。幕末には欧米列強の脅威にさらされ、欧米法と西欧哲学を導入しました。いずれも木に竹を継ぐようなもので、「借り物の文明」でした。学者の仕事は海外の学問を翻訳し、「アメリカでは、フランスでは、これが最新の学問です」と。

それを自分たちで消化し、血肉にしようとする努力はほとんどなされなかったのです。

ジェイソン・モーガン先生はアメリカ先住民の血を引き、南部のルイジアナ州で成長されました。ルイジアナはアングロ・サクソンの北部が支配するアメリカという国家の辺境に位置し、フランス植民地として出発したため、アメリカでは少数派のカトリック文化圏です。さらに南北戦争で敗れ、北部に占領された「敗戦国」でもあるのです。

つまりアメリカという国家、あるいは西欧文明そのものを、「外側」から見ることができるのがモーガン先生なのです。その目線は、アメリカの世界支配に抗い、破壊され尽くされた日本人の視線とも必然的に重なってくるのです。

そして何より、モーガン先生の優しい眼差しと穏やかな語り口は、現代日本人が失いつつある縄文人、あるいはアメリカ先住民の狩猟民気質を生き生きと伝えてくれるのです。

私がモーガン先生のお名前を知ったのは、2019年の終戦の日に靖国神社境内で行われたスピーチの動画を見たときでした。モーガン先生のお祖父様は、太平洋戦線で米空母の乗組員でした。そのお祖父様から、「勇敢に戦う日本兵は、敵ながら立派だった」と聞かされたという内容でした。モーガン先生と日本との出会いについては、先生の『私はなぜ靖国神社で頭を垂れるのか』（方丈社）をご参照ください。

日本史の研究者を志し、アメリカの大学に戻ったモーガン先生を待ち受けていたのは、自称リベラルの権力者たちによる言論統制とポリコレの嵐でした。そしてその淵源は西洋哲学にあり、西洋文明そのものの「病」にあるとモーガン先生は見抜かれたのです。

専攻の歴史学のほか、海外の大学で哲学を深く学ばれた、モーガン先生から哲学を学びましょう。

それでは旅の始まりです。縄文人が以心伝心で狩りをしていた頃、地球の反対側の地中海世界では、言語を駆使した討論が交わされていました。「西洋文明」という病は、ここから始まるのです。

2024年7月

茂木　誠

日本人が学ぶべき　西洋哲学入門——なぜ、彼らはそう考えるのか？

目次

第3章 中世の哲学

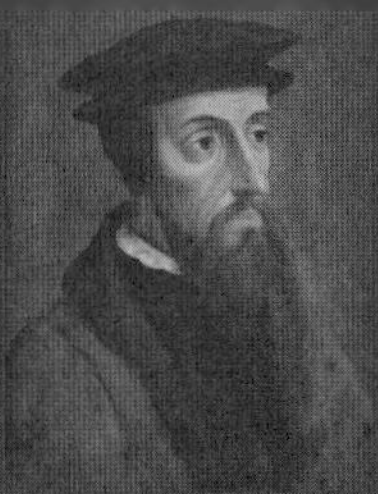

第4章 近世の哲学 137

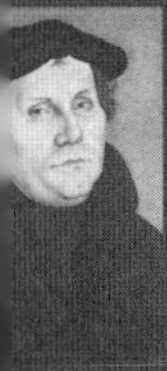

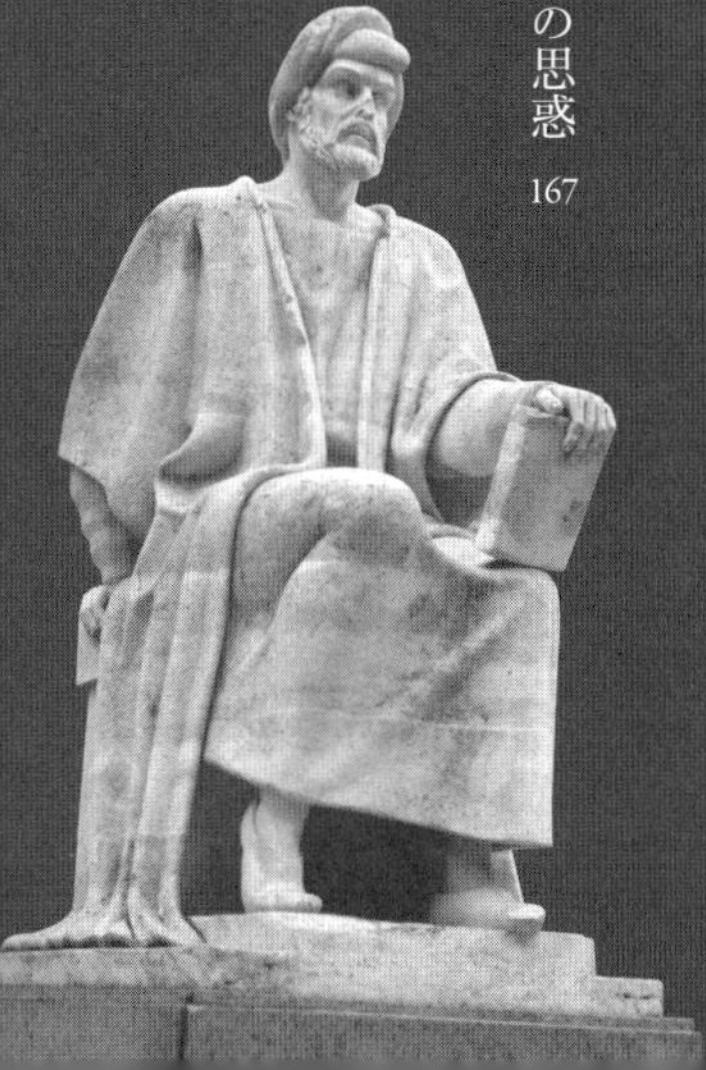

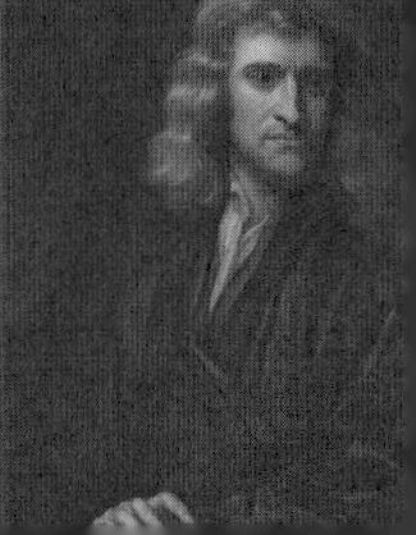

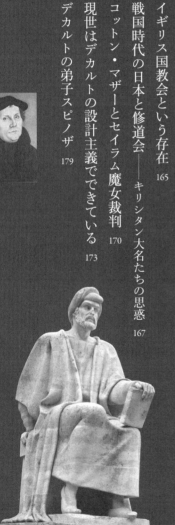

第5章 近代の哲学 185

第6章
現代の哲学

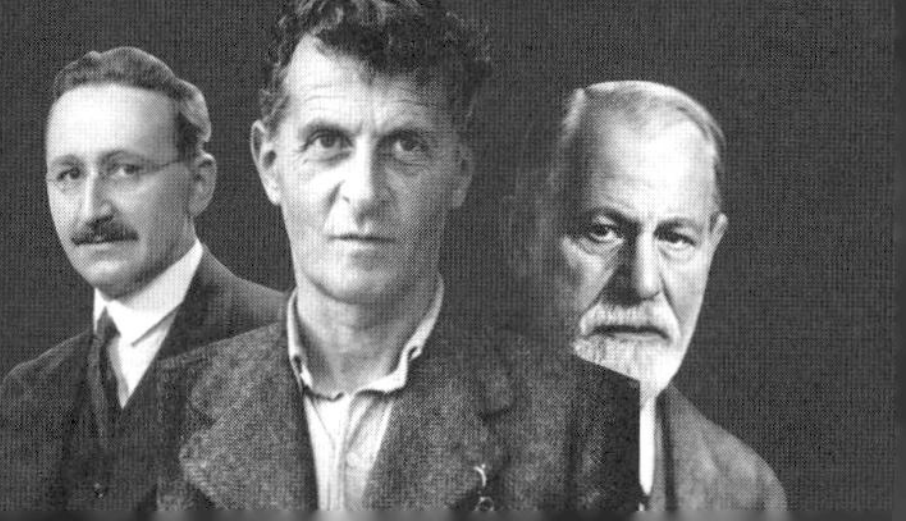

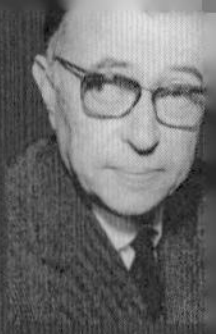
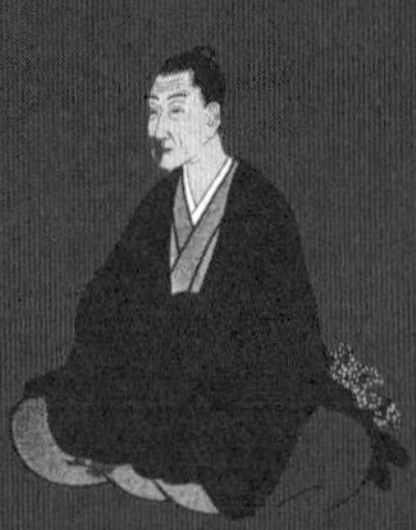

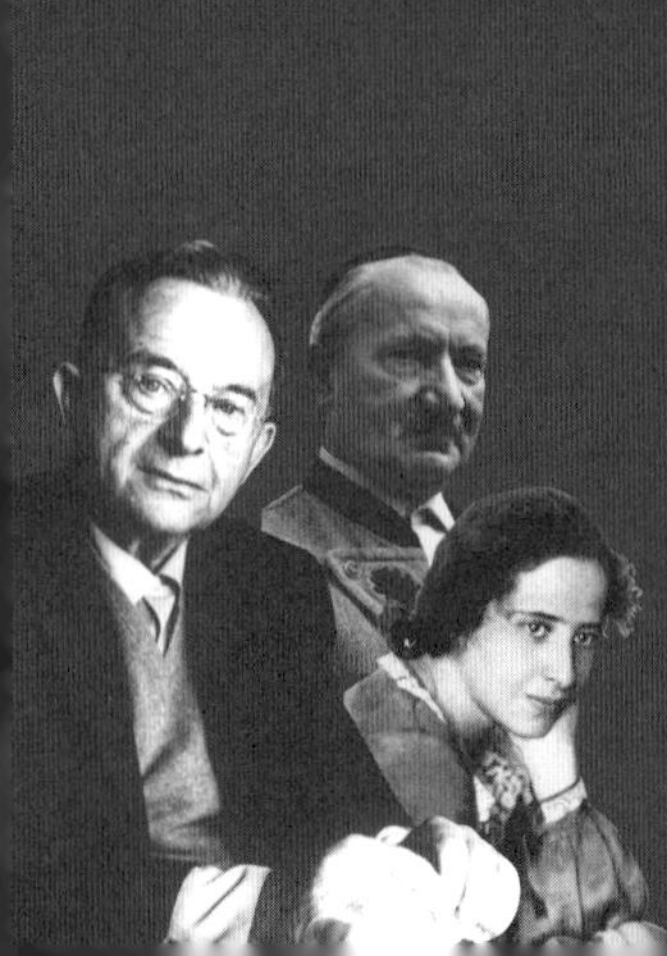
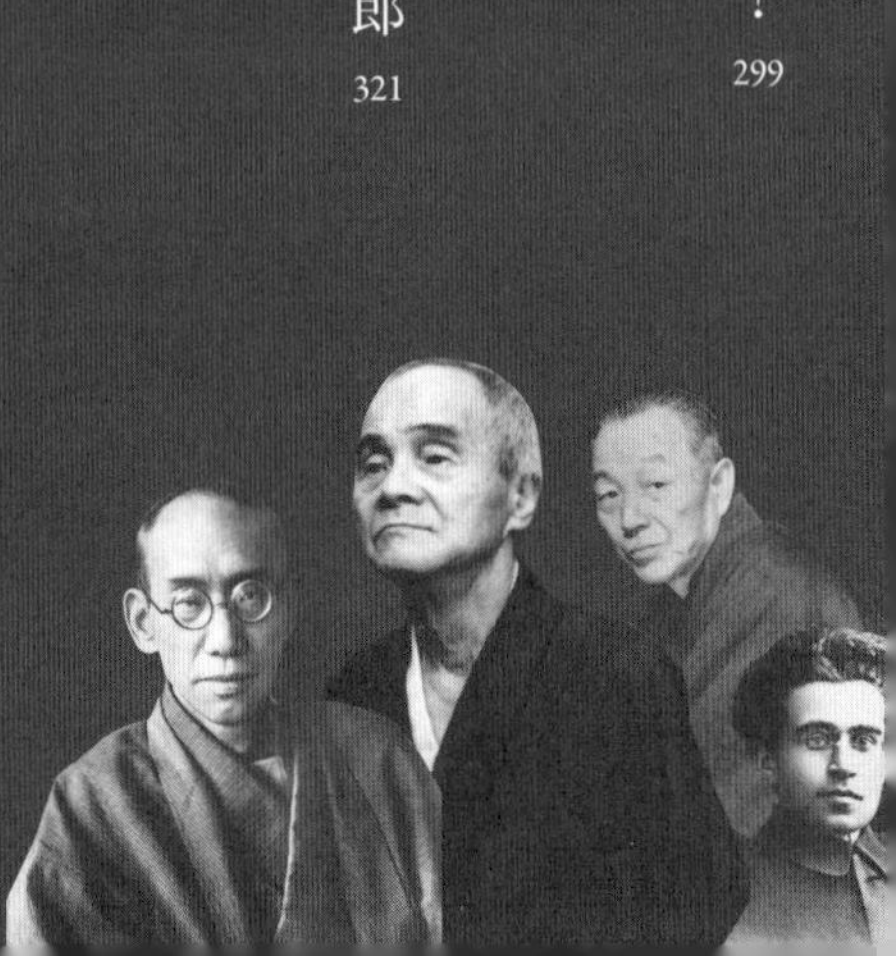

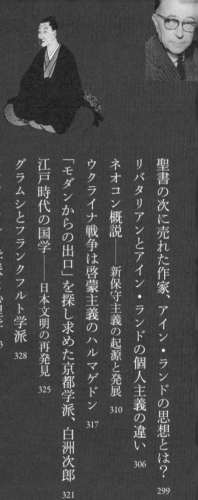

第1章
古代ギリシアの哲学

★2
ソクラテス　Sōkratēs
（前469？〜前399）

★3
プラトン　Platōn
（前427〜前347）

哲学者の敵は詩人だった⁉

茂木　この本の目的は、モーガン先生に哲学を学ぼうということです。日本人はこの「哲学」という言葉がとても苦手です。それはいまだに日本語になっていないから。日本人に「哲学って何？」と聞くと、ほとんどの人は「なんかよくわからない難しい話」「理解不能な話」「実際に役に立たない、どうでもいい話」と答えます。

哲学という言葉がいつできたか調べると、幕末なのです。幕末に西周《にしあまね》という人がいました。森鷗外の親戚です。もともと医者で語学が得意だったので、幕府の命令でオランダに留学します。このとき一緒に同行したのが榎本武揚《えのもとたけあき》です。オランダで西洋技術や造船や軍事と一緒に、哲学も学んできた。いきなりカント★1を学んだそうです。

当時、日本語にフィロソフィという概念がなかったので、西周が考えに考えて、漢字の「哲学」という文字を当てました。「哲」という文字は、「知的な」「明晰な」「インテレクチュアル intellectual」という意味です。

このようにかなり人工的に無理につくった翻訳語なので、いまだに日本人はよくわかりません。

でも考えてみたら、英語にもこの言葉はもともとなかったわけです。フィロソフィの語源はやはりギリシア語ですよね。

モーガン　そうです。

★1
カント　P.198参照

★4
アリストテレス　Aristotelēs
(前384〜前322)

★5
アリストファネス　Aristophanēs
(前445?〜前385?)

茂木　もともとはどういう意味でしょうか?

モーガン　フィロソフィの語源は〝フィロソフィア philosophia〟です。ソフィアは知恵、フィロは愛するで、知恵を愛するということ。上智大学は「ソフィア・ユニバーシティ」ですね(Christian "Sophia" ≠ philosophical "Sophia")。

私はいろいろ勉強してきて、フィロソフィアもある意味、拡大解釈されてきたのではないかと思っています。最初に「フィロソフィア」という造語を使った人々は、「区別」をつけたかったと思います。「私たちは本当に知恵を愛しているけれど、あの人々はそうではない」というわけです。「あの人々」とは詩人のことです。彼らとの区別をつけたいがための言葉です。

私は、ソクラテス★2、プラトン★3、アリストテレス★4が言うフィロソフィは、いささか残念な言葉ではないかと考えています。

詩人のように、神々の存在から物理的な世界を説明しようとする立場とは「区別」して、自分は神々の存在をあまり考えない。あるいは神々は遠方に棲家を構えているので、この世の中については私たち人間の理性、経験などをもとにして理解しようというのがフィロソフィです。

ソクラテスの人生と、ソクラテスを容赦なく批判したアリストファネス★5の喜劇の一部(たとえば『雲』)などを考え合わせると、「神々の存在」と「この世の中の存在」がどれだけ齟齬《そご》をきたしていたかがよくわかるのです。

フィロソファー(哲学者)たちはいろいろな意味で、まったく斬新な挑戦に取りかかっていて、それをどうしても強調したかったようです。

詩人の言葉は、たとえば「神様が空を動かして嵐になる」「神様が怒って火山が噴火する」など、21世紀の私たちが振り返って考えると、もちろん納得できません。しかしその論理は理解できなくもないのです。

たとえば顕微鏡、望遠鏡、人工衛星などがまったくなかった時代には、理解のできないことが多かったからです。

自分たちをフィロソファー、つまり「あなたたち詩人とは違って私たちは本当に知恵を愛しているんだ」という気取った呼び方はいかがなものかと思うのです。私は、人間はみんな世の中を必死に理解しようとしていると思っているからです。

日本語の「哲学」という言葉のイメージからも感じ取れますが、「私たちは、愚かな大衆と違って、ちゃんと考えているインテリだよ」と、不自然に区別をしていることがまず問題だと思うのです。

そうやって不自然に区切りをつけてしまうと、その背後に存在する知識そのもの（という言い方もおかしいですが）が区切られてしまいかねないのです。哲学のように、初めから「こういう分野だよ」と囲いをつくって、「こう考えている」とする。そういうパーティション（切り取り）はそもそも不要なのです。その囲いが私はあまり好きではないのです。「哲学」にも「フィロソフィア」にも同じような傾向があると理解しています。詩人の視点から考えてみれば、哲学者のビジョンと世界が狭すぎるのです。

哲学は宗教を否定したのか？

茂木　最初の段階から躍起になって「理性で全部理解しよう」「宗教を乗り越えよう」、あるいは「神を否定しよう」というニュアンスが入っていたということでしょうか。

モーガン　プラトンが描写するソクラテスの姿からは、やはり直接に神々の存在を否定するのを控えていたのがわかります。実際に最初のいわゆる哲学者は、神というよりも詩人と距離を置きたいと思っていたようです。フィロソファーの敵が〝ザ・ポエッツ〟、つまり詩人です。「詩人の言っていることはとんでもない」などと、よく詩人の悪口を言うわけです。プラトンが、ソクラテスと詩人とを対話させた『イオン Ion』という作品は、その代表ですね。

純粋な理性、冷静な頭だけを使って世の中の多様な物事を見て、氏族の一員、あるいは都市国家ポリスの一員としてではなく、フラットに世界を見る。一人の人間として、愛着、好き嫌い、依怙贔屓《えこひいき》などを捨てて、詩人が大好きな想像力に振り回されず、言葉の豊富さ（言葉で表現できる想像力）に惑わされず、冷静に考えて、あらゆる矛盾を乗り越えて生きていこうという考えがフィロソフィの出発点でしょう。

たとえば古代の政治家が、「私は神だ！」とよく言っていました。すると必ず詩人が現れて、その政治家を神として賛美する詩を書くのです。

哲学者、なかでもアリストテレスがよくそういう人々を批判していました。いまで言うと彼は科学者、サイエンティスト。世の中を見て、神々を別に否定するつもりはありませんが、目の前に映ることは具体的に何なのかを考える。神が動いたから嵐が起こったと言われても、それだけではちょっと納得できないというか……。

詩人は、頭の中で想像して、「こうだよ」と言っているだけ。おまけに飾りのように「神はこう言う」と言っている場合もある。しかしアリストテレスは、実験を重ねてその結果をまとめて講義を準備したでしょう。それは同じように、頭の中の思考実験で照合したのです。詩人と違って、いま考えていることを、現実に照らし合わせ試してみて、実際に自分の考えと世の中が一致するかどうか考えるのです。

まったく矛盾するのが、プラトンが絶対的にリアルだと思っていた「イデア idea」の世界は、彼の空想上の世界だったことです。つまり、詩人を批判したプラトンは、詩人を上回る想像力を発揮していたのです。

それから、詩人は日本の巫女《みこ》のようなもので、神々の声を通すだけ、つまりシャーマンみたいな存在だとプラトンが評しました。

このようにプラトンは著書の中で、ソクラテスに詩人を批判させていますが、ソクラテスの知恵、良心はどこからくるかと聞かれたとき、「私の『神霊 daimōn』、つまり、私にいろいろと教えてくれる個人的なスピリットがいるのです」と告白します。プラトンは、これでよく詩人を批判できたと思います。もっと皮肉なことに、ここでのソクラテスはプラトンの腹話術の人形にすぎない。つまり〝ソクラテス〟はプラトンという神の言葉を伝える巫女なのです。

プラトンのライバルは、アリストテレスです。アリストテレスは、自分の分厚い本の中で、

★6
ヘシオドス　Hēsíodos
（前700年頃）

非常に丁寧にプラトンを批判しています。

プラトンのイデア論とはつまり「別次元の世界に本当の物事が存在していて、この世で見えるネコ、ウマ、木々などはそのイデアの複写にすぎない」などという考えです。これを徹底的に反論したのが、アリストテレスです。詩人に対抗できる哲学者は、プラトンではなく、むしろアリストテレスだったと思います。

アリストテレスよりはるか以前に生きていた人と比較すればわかるでしょう。たとえば詩人ヘシオドス★6が書いたものを読んだことがありますが、とても美しいですよ。「神々がこうして世の中を創造したのだ」と。

もちろんヘシオドスは、実際にそれを体験したはずがなく、ただ想像で書いただけです。アリストテレスは、それを納得できないと思っていたのです。言葉の使い方の違いですね。「言葉は、想像の世界を表現するためにあるのではなくて、言葉は道具にすぎず、しかも非常に精密性の高い道具である」とアリストテレスは思っていたに違いないのです。

茂木　ヘシオドスの『神統記』は、ギリシア版『古事記』のようなものですね。僕らが知っているギリシア神話のゼウス、アポロン、あの神々の物語を美しい詩にまとめた人です。

モーガン　『神統記』を『古事記』とはいいですね。そのとおり。とても美しいですが、考えてみると学問的根拠は一切ない（笑）。

神々がつくった世界の中に、人間がどのように生きているのかと、人間の生活を描写する。人間の姿もはっきりと見えて、美しいですよ。我々は神々の世界に住んでいるという。

アリストテレスはこうも言っていますね。「実は僕らよりもラディカル（過激）な人たちがいた」と。ソクラテスの以前の哲学者たちにはたぶん無神論者が多かったかもしれないですね。

西洋近代の病はイオニア学派が端緒

茂木　それはイオニア学派の人たちですね。いまのトルコのエーゲ海側の地域にいました。

モーガン　その人たちです。彼らは、物理的な要素だけを使って世の中を説明しようとした。自然哲学者たちです。それにも限界があって、アリストテレスはそれに補足したというか、根本から考え直そうとしたと理解しています。茂木先生、いかがでしょうか。

茂木　この本のコンセプトの1つは、「西洋近代というものの病」です。「西洋近代の病」が世界を覆い尽くして、21世紀の世界がこうなってしまった、というのが大きなテーマです。

その「西洋近代の病」はどこからきたのか、一番のもとをたどると、まさにイオニア学派にあると私は思っているのです。なぜ神を否定するのかということです。

モーガン　そうです。

茂木　ヘシオドスみたいな詩人たちは世界中にいました。日本にもいて『古事記』『万葉集』ができたわけですから。ところが日本にはイオニア学派的な人は現れなかった。

なぜギリシアという地で、こういう人たちが現れてしまったのか。僕はずっと疑問なのです。モーガン先生、何かお考えはありますか。

モーガン　私は数年前、イソノミアについてある書評を書きました。柄谷行人[★7]は有名な哲学者ですが、彼がまさにソクラテス以前の人々を大きく取り上げて、「イソノミア isonomia」という概念に注目したのです。

イソノミアの語源はノモス（nomos）です。ノモスには「法」や「掟」の意味もあります。イソは「等しい」、セイムと同じ意味です。

イソノミアとは、各自の掟または法が同じ、要はみんな平等という感じです。なぜ柄谷がそれに注目したかというと、彼はたぶんマルクス主義に影響を受けたと思いますので、資本主義を倒したい、また最初のところから再出発をしたい、と考えていたからではないでしょうか。

共産主義が実現できない大きな理由は、いまになっても格差がひどく存在していて、みんなが決して平等ではないことが挙げられます。共産主義の実現に必要なのは、まず絶対的な平等でしょう。共産主義を実現したいのであれば、みんなが平等という状況から社会を再構築したいと考えた。

なぜイオニア学派のような人々が古代日本に現れなかったかというと、たとえば日本列島と地中海の地形の違いが関係するかもしれません。

日本列島は、四方を広い海に囲まれているので、まったく違うところまで行こうと思っても、そう簡単に行けないでしょう。しかしイオニア学派は、地中海を転々と移り続けていました。

私も、陸に囲まれた地中海は転々とできる場所だと思います。日本列島が面している太平洋と違って、地中海は、大昔から人間が航行できていました。もしある場所に住んでみてやはり

★7
柄谷行人　からたにこうじん
（1941〜）

1-1　日本列島と地中海の地形

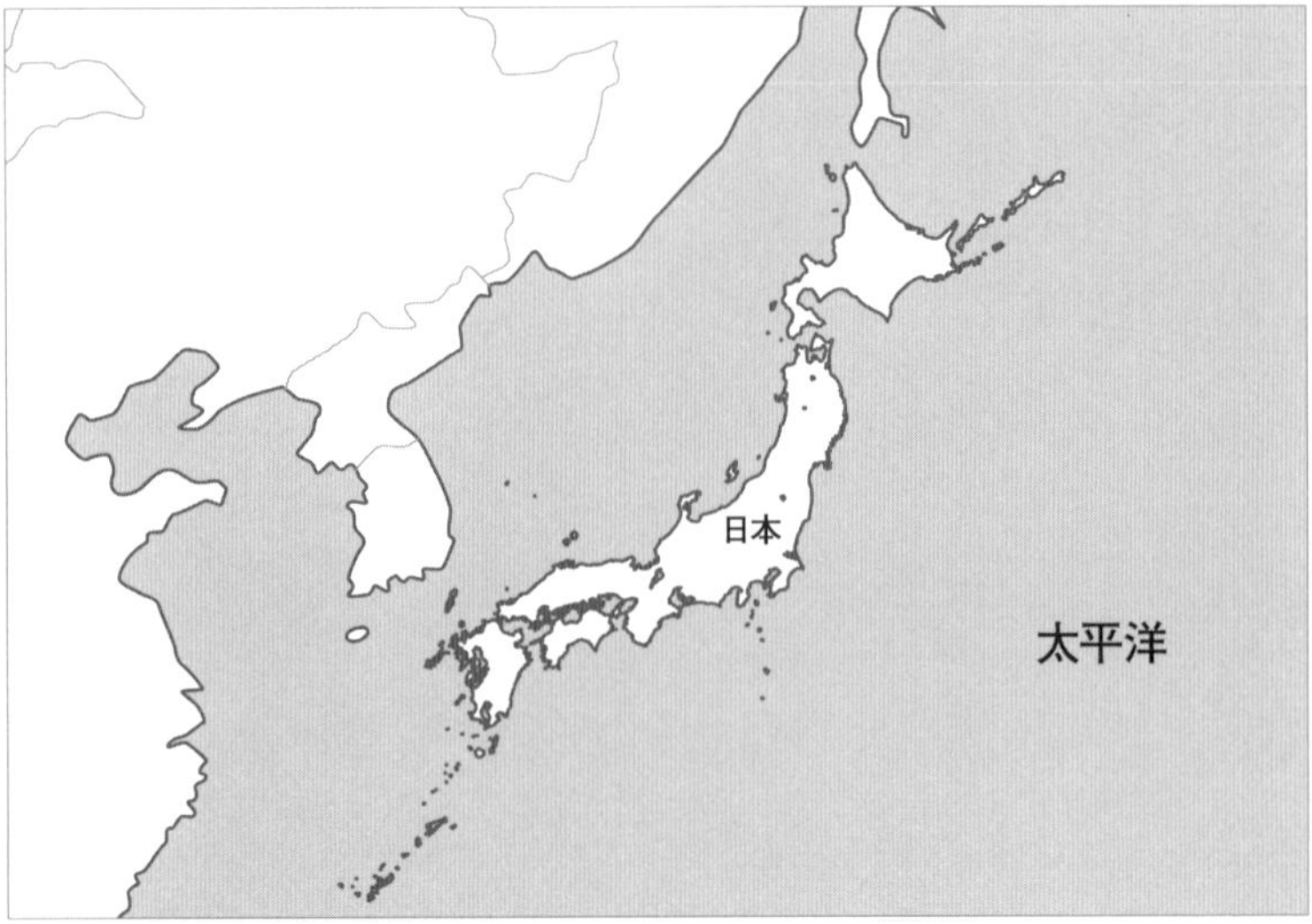

日本列島は四方を海に囲まれ、海流も速く、古代における海上移動は困難

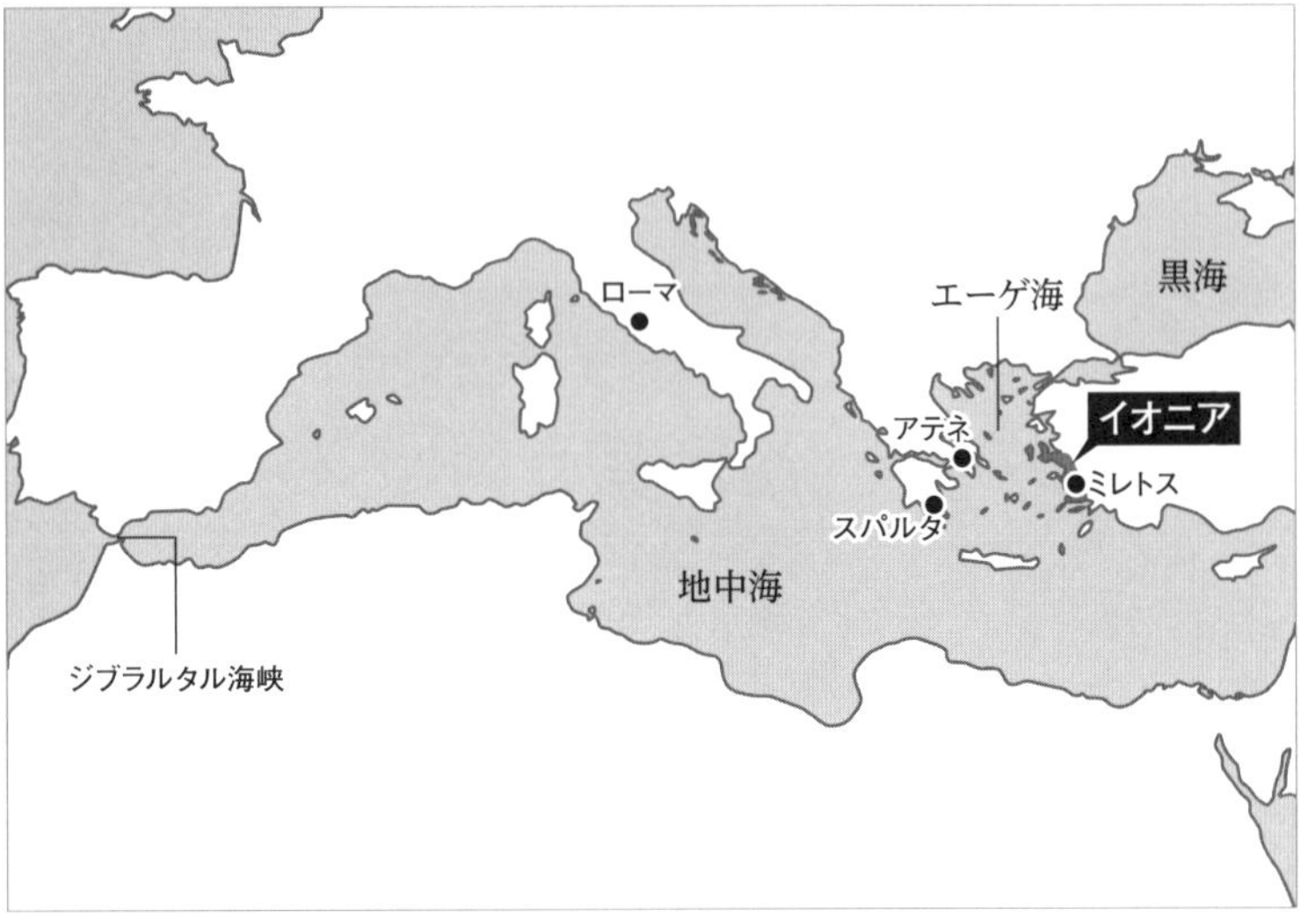

地中海は閉鎖的な内海で、船でも陸路でも移動は容易

★8
ルソー
P.224参照

平等が足りないと思ったら、割と簡単に他のところまで行けるわけです。

しかしイオニア学派が常に移動し続けていたことには大きな意味があります。みんなが平等だったという話は正直あり得ないですし、この人間の世の中で、そんな状態はかつて一度も存在したことがないのです。それは非常に危険な空想です。

日本では、もっと現実的な考え方が最初からあったのかもしれません。私が日本文明を大好きな理由の1つは、相手を人間として受け入れることですが、それは相手に完璧さを求めないことでもあります。

茂木 「危険な空想」とは、どういう意味でしょう？

モーガン 人間社会に根本的な不満を抱いて、常にパーフェクトな社会、パーフェクトな答えを探すというのは、イオニア学派をはじめフィロソフィの出発点でしょう。

たぶん神々の存在を否定するとともに、そのような発想が生まれてきたのではないですか。つまり、もともと「神々の世界が上、私たちは下」というヒエラルキーがある中で、ありのままの人間、ありのままの社会を嫌って、根本からつくり直したいと思ったら、それはある意味、神々の存在、神々がずっと前から認めてきた伝統社会を否定することになるでしょう。逆に、神々の世界を否定して、私たちの世界だけが残ったとき、そこで人はどうすればみんな平等に共生できるのでしょうか。理想を一度捨てたら、あとは現実しか残らないのです。

そこが一番残念だったと思います。でもそれはいつの時代も同じではないですか。現実社会は平等ではない、みんな平等であるべきだと、ルソー★8も言っていますね。

完全性と宣教主義が西洋のDNAを支えている

茂木　イオニアは最終的にペルシア帝国に飲み込まれてしまいました。アケメネス朝ペルシアという、恐るべき独裁専制国家に。だから、その前の自由だった時代のことを理想化して、完全に独立していて自由で軍制もなくて……という理想世界を彼らは夢見たんですね。でも実際にそういう社会があったわけではないのです。

モーガン　はい。夢でした。私も柄谷の本の書評でそう書きました。実際にイオニア学派が求めていたような世界が実在したかどうかを疑うべきです。絶対的な自由を求める人は、結局、独裁者の宮殿で僕《しもべ》として仕えるようになるのです。

茂木　いわゆるユートピア、英語で言うと、「nowhere」です。つまり、どこを探しても、ユートピアは存在しない、見つからない。

モーガン　最近、私はマルクス主義とは何かについて、アメリカの数人の学者とディベートしました。彼らはマルクス主義の経緯などをきちんと理解して、いまのアメリカの混乱に抵抗するため、まともなマルクス主義者と手を組んでリベラルに対して戦わなければならない、と主張していました。

　私の意見は違います。私が指摘したのは、マルクス主義はマルクス主義だけでは終わらないということです。マルクス主義は、人間の心の中に潜む欠点を、いろいろなパターンで表出させてくるのです。

★9
デモクリトス　Dēmokritos
(前460？～前370？)

神々の世界を一切否定して、人間だけの社会を完璧にしようとするのがマルクス主義の本質です。この考え方はずっと昔から西洋にありますが、たぶん日本人にはその考えになじみがなく、日本ではあまり通じない気もします。たとえば「みんな平等」と言いますね。「みんな一緒」という一体感はいいですが、「みんな神」のような個人の完全平等を求める傾向が西洋人のDNAのどこかにあるのではないでしょうか。

つまり私の反マルクス主義論は、マルクス主義の背後にある、西洋人の考えの非常に深いところに潜む欠点に着目して、それを直さなければならないというものです。マルクス主義は、こういう西洋の思想病の1つの現れにすぎないと思います。いわば「あなたはイエス様ではない」ということです。

「自分は神だ」「自分が全世界を救う」という言葉をよく耳にします。それはまさに2003年から始まったイラク戦争のときのアメリカです。自分たちが神になって、「キリスト教」でも「民主主義」でも、なんでも宣教したいというDNA。自分たちが世界を完璧にするという。マルクス主義もまさに宣教主義です。宣教主義は西洋の遺伝子に刻まれているようです。

デモクリトスはマルクス主義の元祖

茂木　イオニア学派の代表的人物として、デモクリトス★9のお話をしましょう。

モーガン　デモクリトスは私が知るかぎり、典型的な無神論者です。「神々」などというのはとにかくバカバカしい考えで、この世の中は「原子」でできていると。
原子、つまりアトムという言葉はギリシア語で、「これ以上分割できない」という意味です。「それ以上は分けられない、一番小さな、元素的なもの」という考えです。
デモクリトスは、原子が勝手に動いてこの世の中ができていると言います。これは、現代の科学者が言っていることとほぼ同じではないですか。

茂木　紀元前400年頃に、こういう話をしているというのは驚きです。

モーガン　この宇宙が勝手に存在していて、この宇宙しかないという。宇宙はどこからきたのかと聞くと、「絶対無」からきたと言うのですね、いまの科学者は。デモクリトスもたぶんそうだったと私は理解しています。

茂木　デモクリトスがなぜ重要かというと、ずっとあとになって、19世紀にマルクス★10がデモクリトスから出発するのです。確かマルクスの学位論文がデモクリトスだったと思います。

モーガン　そうでした、忘れていました！

茂木　つながっているのですよ。二千数百年のブランクはありますが、マルクスの先生はデモクリトスです。彼は初めてはっきりと「神」という存在を否定した人ですね。

モーガン　そうです。

茂木　唯物論（マテリアリズム）の元祖です。彼はあちこちに留学しているのです。ペルシアやエジプトでも学んでいる。言い伝えでは、インドにも行ったことがある。だからいろいろな宗教を相対的に見比べて、結局、絶対的な宗教なんかないんだ、ということは神々なんていい加

★10
マルクス
P.250参照

★11
ジョン・ドルトン　John Dalton
(1766〜1844)

滅だと考えるようになったと私は思います。

モーガン　その考え方はいまと同じですね。

茂木　ただ、そこから原子という概念が出てくるのはすごいと思うのです。

モーガン　おもしろいですね、マルクスが書いた論文がデモクリトスだったとは。西洋では神の存在を否定したいと思えば、まずソクラテス以前の哲学史(Pre-Socratics)まで遡って、そこから再出発する、という傾向が強いじゃないですか。

茂木　もちろんデモクリトスの頃は顕微鏡もないから原子は見えません。見えなくても、頭の中で考えて、「この世界は原子からなっている」と言ったわけです。

この原子という概念は、その後キリスト教の影響でずっと忘れ去られていたのですが、ジョン・ドルトン★11が、フランス革命の少し後くらいに再発見します。

では、どうして原子論が唯物論になるかというと、人間の魂も物質であって、突き詰めるとツブツブである。人間が死ぬのは、そのツブツブが人間の中から抜けて散っていくだけなのだ。魂がどこか別の世界に行くわけではない。あの世、天国、来世などというものはない。つまりこの世界しかないのだ、ということですね。これが唯物論です。

モーガン　西洋哲学では、「魂」がよく出てきますが、いろいろなパターンがあります。唯物論を唱える人は、どうしてもまず原理的に考えて、体が動くときの魂が果たしている役割、つまり動きの要素が必要だと考えます。

原子は論理の働きにブレーキをかける役割を果たし、魂も原子の一種と主張するデモクリトスは唯物論の限界を無意識に示してくれました。

　マルクスの場合、師のヘーゲル★12が言っていた「精神が歴史を動かす」という考えを換骨奪胎して、それを唯物論に置き替え、「労働が歴史を動かす」と言いました。マルクスが言うところの歴史の原動力はモノであり、モノを生み出す土地や工場をめぐって階級と階級とが争い、それが進歩につながるというものです。マルクスの哲学では〝階級闘争〟が魂の役割を果たしているわけです。

　ソクラテス以前の哲学者は、唯物論的な人々でも、「どうしてモノは動いているのか?」と聞かれると、「魂が動く」などと言うしかなかった。ところがデモクリトスは、魂自体が原子でできていると言い切ったのです。魂を否定する唯物論者は、どこか裏口から、魂またはそのようなモノではない存在を密輸しなければならないわけです。

　現在の科学者は、その「魂のようなもの」の存在を認めているではありませんか。それは進化論もそうですし、最近よく耳にするのは、我々の細胞の中にあるとても小さなミトコンドリアDNAです。細胞の中のとても小さな要素、つまり永遠に生き残ると言われるものです。

　この体が死んでも、ミトコンドリアDNAが生き残っていて、魂の役割を果たしている。結局、私たちはあの小さな器官の傀儡《かいらい》にすぎず、あの小さなものを存在し続けさせたいがために、私たちは知らない間に行動している、というのです。

茂木　リチャード・ドーキンス★13の『利己的な遺伝子』ですね。遺伝子が存続するための乗り物として使っているのが生物であると。

★12
ヘーゲル
P.248参照

★13
リチャード・ドーキンス　Richard Dawkins
(1941〜)

★15
ヘンリー・モア　Henry More
（1614〜87）

★14
デカルト
P.173参照

それからエクソソーム。生物の個体を出たり入ったりして、情報を伝達する微粒子です。遺伝子情報の一部が微細な粒子になって、それは個体を超えて外に出て、ウイルスとも交わって、自己保存のために生命体を利用しているというのです。ウイルス研究者の宮沢孝幸先生が、最近本に書いていますよ（『なぜ私たちは存在するのか』（PHP新書））。

モーガン　ミトコンドリアDNAと同じような役割を哲学的に果たしているかもしれません。

茂木　いわゆる魂と言われているものは「情報」である、と生物学的にも証明できるかもしれない。それがつい最近わかってきました。

モーガン　ということは、2500年前から考え方がほぼ変わっていない。そう考えると、私はヘシオドスや『古事記』などのほうが優れていると思います。哲学よりも、それらのほうが本当に人間らしい考えだと思います。不自然に人間の一部、たとえば理性、知恵などを切り離さないで、人間の想像力、理性、体、心、全部セットとして受け止める。世の中の物事を絶対化しないで、良くも悪くも人間性をそのまま受け入れるのが重要だと考えます。だから特に「哲学」という、人工的な分野が必要とは思いません。

もちろん科学の成果を否定するつもりはないですよ。神様が怒って火山が噴火するとは思いません。しかし他の哲学者も言ったように、私たちの能力は非常に限られていて、小さな脳みそだけで宇宙のすべてを理解できるはずがないのです（笑）。

実はその一人が、フランスの哲学者デカルト★14です。ヘンリー・モア★15というイギリスの哲学者と交換していた手紙に「人間の理性は限られているから、神に制限をつけることはやってはいけない」とデカルトは書いています。デカルトの思想はほとんどナンセンスだと思いますが、その一点は合っていると思います。

もし、デモクリトスの後にくる自称フィロソファーが起こした革命に反対したいのであれば、彼らよりもラディカルにならなければならないと思います。モダン（近代）が否定した物事を、逆に肯定して受け入れるということでしょう。

その意味でも、私は神々の存在を私は否定するつもりは一切ありません。

昔の人々が考えていたことを心の中で再現できるかどうかという挑戦は、私にとって歴史、思想史の大きな魅力の1つです。私が信じていなくても、昔の人々はたぶんこう思っていただろう、と想像してみるのがおもしろくてたまりません。

いま大学の授業で縄文時代を取り上げているところですが、学生に強調したいのは、私たちが想像する神とはまったく違い、当時の人々にとって神道的、宗教的な概念では一切なくて、神々がリアルだった、ということです。物理的な存在よりも、神々のほうがリアルな存在の縄文時代に住んでいたら、どう考えますかと問いたい。

モダンの人々は、神を信じるか信じないか、という難しい選択ができます。しかし、昔の人々が神を信じないなどということは、現代人が「月はチーズでできている」「地球は平らになっている」と言うのと同じくナンセンスでした。

大昔は、神々がリアルな世界だったのです。いまは、「神々はただの空想」などと言えますが、それは人間が自分でつくってしまった悲劇的な選択肢です。

ある意味、哲学とは、人間らしさをある程度否定したうえで、それを前提にして進める考え方ではないでしょうか。デモクリトスもそうです。原子だけで説明しようなんて、無理に決まっているじゃないですか（笑）。

リアルさが全然ないのです。いまもよく耳にしますよ。たとえばモービー（Moby）という有名なミュージシャンがいます。彼はインタビューでこう答えています。

「音楽とはただ空気の分子の振動にすぎない。それが私の耳の中の分子を叩いているわけです」と。でも音楽と雑音は違いますよね、音楽とただのうるさいだけの音とは（笑）。これは、原子の原理の説明になっていません。

つまり人間は総合的な存在なので、全体で物事を考えないと、何も理解できるはずがないのです。それと同時に、いくら頑張っても、人間として理解のできる範囲が非常に限られていて、それも受け入れなければなりません。

「すべてが原子でできています」と偉そうに説明をしても、それはなんの説明にもなっていないのです。デモクリトスという人間と道端で見つけた石は、同じ原子でできていると言えても、しゃべることができるのはデモクリトスです。ではその違いは何か？　原子だけでは説明がつきません。

★16
ピタゴラス　Pȳthagorās
（前572？～前494？）

世界は数学的に秩序づけられると説いたピタゴラス

茂木　あとイオニア学派でもう一人、ピタゴラス★16について取り上げましょう。

モーガン　どうしてもピタゴラスイッチを思い出します（笑）。

茂木　世界は特定の元素ではなく、数学的な秩序からできていると説いた人ですね。ピタゴラスの定理（Pythagorean theorem）で有名です。直角三角形があって、各辺を1辺とする正方形を3つつくります。すると、一番大きい正方形の面積は、残り2つの面積の和と等しい。

モーガン　いまも英語でその計算式をスクエアと言います。平方も四角も"square"という理由はここにあります。茂木先生が説明してくださったとおり、abcの3つのスクエア（四角形）があると、aスクエアとbスクエアの面積の和が、cスクエアの面積になる。

茂木　こんなことが偶然に起こるわけがないから、「これは神々がこのように世界を設計しているのだ」とピタゴラスは考えました。

　彼は音楽にも研究を広げています。弦楽器の弦の長さで音階が変わるじゃないですか。だから数学と音楽というものは、実は同じものであって……、となっていきます。

　ただそれをピタゴラスの周辺は一種の宗教として考えていて、自分たちは神の神秘を知ってしまった。これは絶対に人に教えてはいけないといって、メンバーに誓わせる。秘密をもらしたら死刑という、そういうカルトなのです（笑）。

モーガン　数学をある種の暗号と捉え、数学の神秘がわかれば、この世の中の本当の動きがわ

★17
アラン・バディウ　Alain Badiou
（1937〜）

1-2　三平方の定理（ピタゴラスの定理）

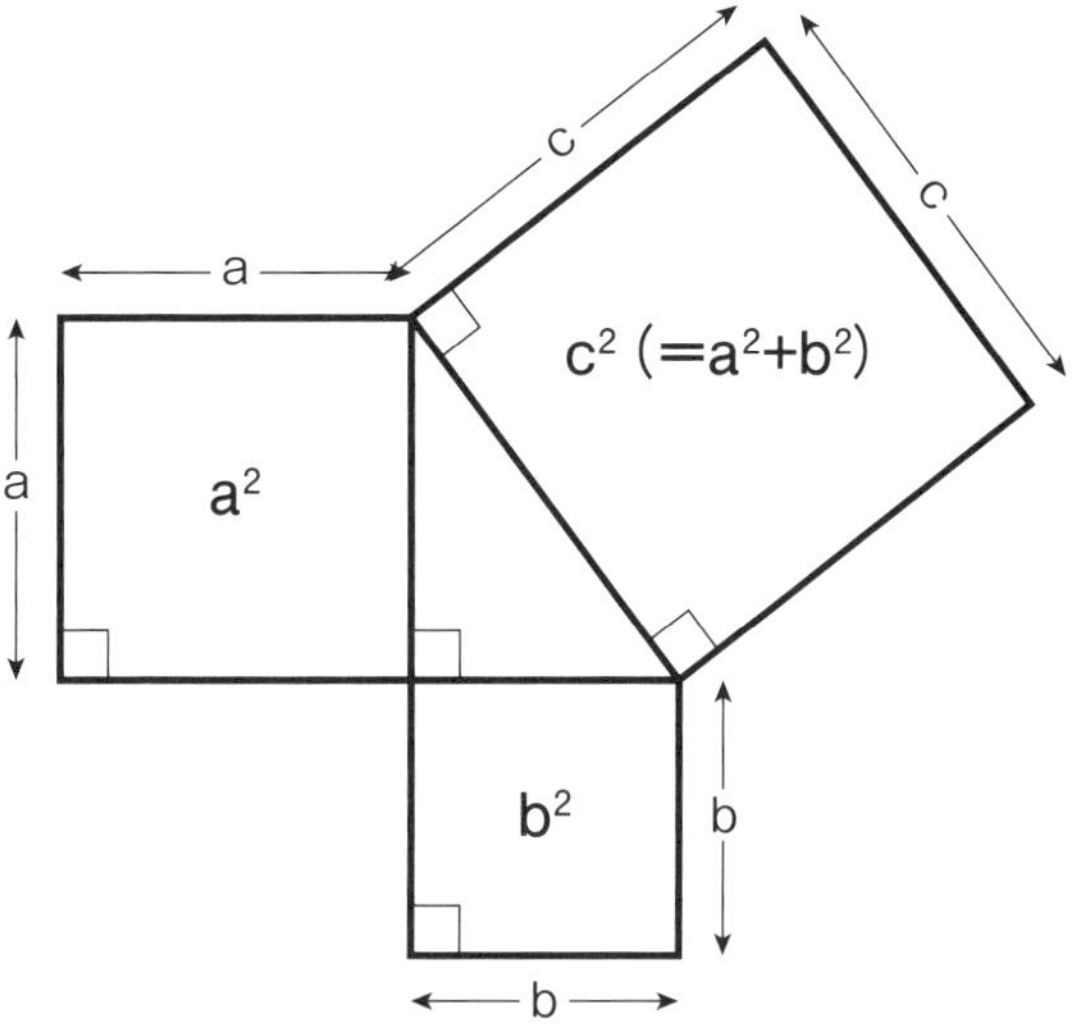

直角三角形の斜辺の平方は、他の2辺の平方の和と等しくなる

かるという、数学の密教みたいですね。

茂木　だからピタゴラスが書いたものは実は残っていないのです。僕が思ったのは、いまのGAFA《ガーファ》の連中――Google や Meta や Amazon は、自分たちが神の側に立っているわけですね。世界を設計もできるし、彼らは神になっているつもりなのです。

モーガン　まったくそのとおりです。私が前から言いたかったことはそれです。実はピタゴラスについて、ちょっと長い論文を以前に書いたことがあります。その際、モロッコ出身のフランス人の哲学者アラン・バディウ★17という人の本を読みました。

バディウは、数学＝存在と断言しています。私がそれを読んで、これはピタゴラスとほとんど同じだと。拙論では、ピタゴラスの考えと、そのあとも西洋では同じような考えが何回も繰り返して出てくることについて書きま

★18
ジャック・デリダ　Jacques Derrida
（1930〜2004）

した。

バディウはバリバリのマルクス主義者で……、というよりも毛沢東が大好きな共産主義者です。1968年、フランスはド・ゴール政権に対する有名な五月革命の直前で、彼も暴動に参加するわけです。

他の共産主義者との議論の中で、「私たちはファシズムを防ぐ考え方が必要だ」と彼は言いました。ファシズムとは1と1と1を足して、それにより共同体というか社会が1つになり、やがてヒトラーのような人物がそれをのっとって、自分の力にしてしまうこと。みんなが自分の個性を捨てて1つになっていく。そこから国家崇拝、国家至上主義など、つまりファシズムが到来する。ワンプラスワンがそのメカニズムだ、とバディウは言いました。

だから数学的に考えて、1足す1ができないようにしたいと。そしていくつかの1が集まって何かが起こると、それを「イベント」というのです。

この「イベント」は、バディウにとって非常に大事な考えです。

実際にイベントという考えを最初に使ったのはジャック・デリダ[★18]ですが、バディウは、なんらかの社会システムから排除された人々がそのシステムに急に押し入り、システムの安定を崩して、新しい「1」、つまり新しいイベントを生み出すと言うのです。すべてが数え方に戻ってくるのです。何を「1」としてカウントするのか、ということです。

こう考えると、この世の中には、このイベントと主観的な個人だけが存在し、他は足すことができない。それがファシズムを防ぐ、とバディウは言うのです。彼は毛沢東の革命論からかなり影響を受けているとも言われています。

しかし私は、バディウの考えは毛沢東よりも数学に由来していると思っています。ピタゴラスが言うところの数学の密教ですね。バディウの本を読むと、数字で表されている密教という感じが強いです。難しいですが理解はできます。ピタゴラスとのつながりは数字ですね。

ピタゴラスの思想はGAFAにつながる

モーガン　ただ正直申し訳ないですが、ピタゴラスが言うことは、私にはクレイジーとしか思えません。完全に気が狂っていると思うのです。

たとえばピタゴラスは「豆、ビーンズは絶対に食べるな。それは悪だから」「悪魔の豆」と言うのです。豆が悪魔とは、何を言っているのでしょうか(笑)。ピタゴラスが生み出したのは、カルト教団そのものと私は思います。

ピタゴラスとその弟子にとって、数字にはいろいろな意味があって、完璧な数字が6、28、496などです。これらは完全数と言われます。その数自身を除いた約数の和がその数自身に等しい自然数です。

各文明、各文化には、その文明や文化に合った数字――この数字を見ると、安心感があるという数字があるはずです。

私も、6、28、496などが、よく安定した数字だと思います。2、11などは、あまり安定

★19　中世に建てられた教会建築　パリの「ノートルダム大聖堂」

感が伝わってこないのです。個人的な好みもあるものの、文明、文化レベルでもそういった好みがあるのでしょう。ピタゴラスが言っていたことは極端すぎますが、数字の大切さは否定できないと思います。

実は西洋文化では、数字の大切さは消えていないのです。中世に建てられた教会建築[★19]の写真を見ると、その寸法はまさにピタゴラスでできています。この長方形の寸法は完璧と思われる構造的対比です。

ヘリコプターのスケッチを残した、イタリアのレオナルド・ダ・ヴィンチがそうした考え方に強く影響されたのではないでしょうか。彼が描いた人間の絵があります。足と腕が広く開いている「ウィトルウィウス的人体図[★20]」ですが、人間の体の寸法はこんなに完璧だ、と伝えたかったのでしょう。

完璧な三角形、完璧な円とは何か。西洋ではそうした数字や、数字の顕現《けんげん》としての形などにこだわる傾向が強いです。

日本では、逆に、不完璧なものを組み合わせて「美しさ」が生まれる。このような美的センスが優れていると思います。完璧と正反対ですね。繰り返しますが、西洋は、数字と形の完璧さにこだわります。建築、アートだけではなくて、世の中の完璧さまでを求めるのです。

ピタゴラスは密教のようです。時代が変われども、西洋にはピタゴラスの亡霊がいつまでも漂っている感じがします。

でも「豆は悪魔」など邪教的な側面を取り除いて言えるのは、要は数字が魔法的な存在だということ。数字さえわかれば、この世の中のすべてがわかるという。

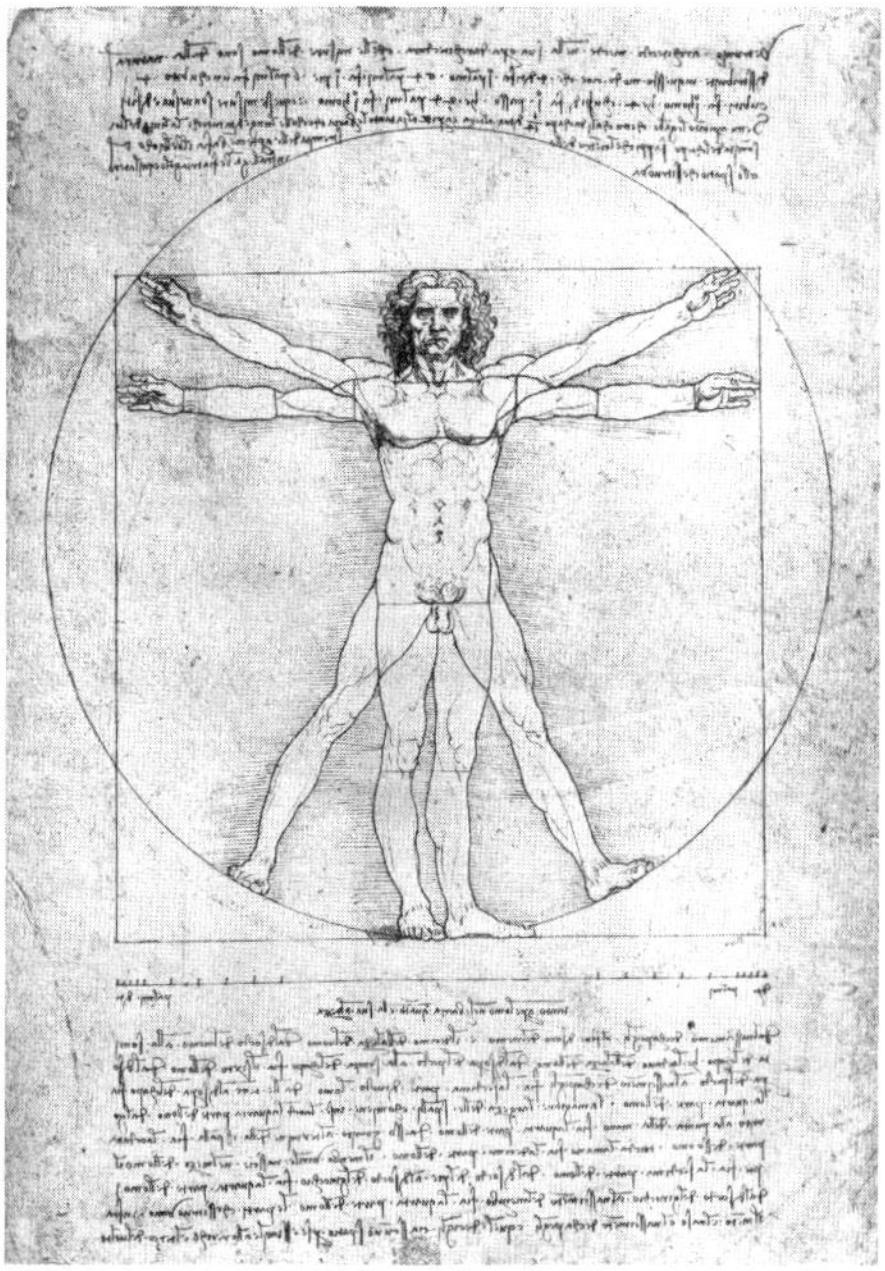
★20　レオナルド・ダ・ヴィンチ「ウィトルウィウス的人体図」

茂木　数秘術（ヌメロロジー）。

モーガン　まさにそうですね。たとえば聖書をそれで解釈する人もいて……。もともと聖書はヘブライ語の『旧約』の一部です。その聖書の文字を数えていくらになる、などという聖書の読み方がずっと昔からあって、いまでもそのような読み方をする人がいます。

茂木　アルファベットが全部数字に対応していて、そこから「隠された意味」を読み解くのですね。

モーガン　未来を予告できるとか、預言ができるというように、ずっと昔からある。

茂木　ユダヤ教神秘主義のカバラもそうですね。

モーガン　まさにそうです。いまもそういう人は存在しますし、クリスチャンもその影響を受けています。「いやいや、聖書はそういう意味じゃないよ。読んだだけではわからない。文字を数えなければわからない」と。ピタゴラス派の考えが連綿と続いていると思います。

いまのビッグデータがまさにそうです。私たちを0と1に置き替えてしまった。01110110100……、それが人間と勘違いしているのがGoogleではないでしょうか。つまり数字がすべて。アルゴリズムなのです。

茂木　なるほど。おもしろいですね。

モーガン　それが我々のいまの世の中です。ビッグデータやチャットGPTは、結局ただのアルゴリズムです。これまでにたくさんの人が考えてきたことに、寄生虫のように寄生して、自分のものかのようにそれを奪って、また新たに混ぜ合わせて表出させるわけです。あくまでただのアルゴリズムで、ピタゴラスは喜んだでしょうね（笑）。アルゴリズムは現代の密教です。

日本では昔からそういう考え方は……。伊能忠敬などは、実際に存在している日本の姿を知りたいと思った。これは逆の考えではないですか。

茂木　そうです。あくまでも日本人はそれを応用に使っただけです。ただ、いまはシャレでは済まなくなってきました。僕らはネット空間でつながっていますが、そこにGAFAが「神」として介在していますから。だからYouTubeがバンされたりするのです。これこそ「神の裁き」です（笑）。YouTuber はみんな震え上がりますよ。

モーガン　同じ人たちがトランスヒューマニズム（transhumanism）を唱えています。自分の体から脱却して、永遠に生きることができると信じているのです。シンギュラリティ（技術的特異点）も、まず人間が人間性、つまりこの世の中の複雑性、混沌を否定して、純粋な理性などを追求する、と理解している人が多いですよね。

結局、いわゆるフィロソフィとして出発した動きは、人間そのものを否定して、人間から脱却して、数字の世界に入る、データと一緒に暮らすことになるでしょう。

茂木　脳の機能を全部データ化して外に取り出してしまって、肉体はまたインストールすればいいという。

モーガン　まさにそれはピタゴラスでしょう。

茂木　ＧＡＦＡを生んだ天才たち、ビル・ゲイツ、ザッカーバーグなどはそういうことを真面目に考えていると思います。自分のこの理性を、肉体を超えて永遠に生かし続けるべきだと……。

モーガン　永遠に生き残るというカルトがずっと続いているのでしょう。ピタゴラスのカルトは、いまも生きているわけです。

さきほどの教会の話を補足させてください。教会の形と、茂木先生のおっしゃった弦の長さとは関係しています。教会の中で賛美歌を歌うので、一番よく響くところを想像して教会の形をつくるわけです。音楽が教会の形を設定するという。おもしろいですね。

茂木　作曲家のバッハもこの流れです。音楽というものを数学的に徹底的に極めている。彼の音楽は数学的に完璧です。

モーガン　バッハの音楽は計算式。本当にロボットがつくるような感じです。

茂木　それがモーツァルトとは違う。

モーガン　おもしろいですね。私はバッハが大嫌いで、彼の音楽からとにかく何も感じられないのです。本当にパソコンがつくったかのような。音が冷たいと言いますか、人情、人の心の温もりが感じられないのです。

茂木　仕事するときのBGMにはバッハがいいですよ。感情がほとんど動かないから。「平均律クラヴィーア曲集」などは何時間でも聴いていられる。だから原稿を書くときは、むしろバッハがいい。

モーガン　なるほど（笑）。やはり私は詩人、ヘシオドス派です。気持ちの乗らない物事は、本能的にそれを却下するのです。同時に、気持ちが乗ると、理性がそれに溺れてしまう可能性が高いのです。

　三島由紀夫先生は、音楽が怖いというようなことを書いていたと思いますが、三島先生のご指摘はそのとおりと思います。音楽は非常に危険なもので、私は冷静に聞くことができないのです[1]。

ソクラテスVSプロタゴラス

茂木　イオニア学派はこのくらいにして、彼らのあと、舞台はアテネに移ります。イオニア学派が自然界を学問的に、哲学的に極めていったことに対して、人間の世界や数字について極めていった人たちがアテネにたくさん現れました。

ソクラテスが代表的ですが、ソクラテスのライバルだったのがプロタゴラス★21という人です。プロタゴラスはソフィストですね。前にも触れましたが、ソフィというのは哲学のフィロソフィのソフィだから、知恵のある人たちということ。ソフィストは「知識人」と訳すとよいでしょうか。

モーガン　そうです。フィロの〝愛する〟という意味が抜けているのです。

茂木　当時アテネはすでに民主主義を実践していました。家柄などに関係なく、広場に行って大声で堂々とスピーチができる人が権力を握ります。スピーチの仕方、ディベートを磨かないと、権力は握れないのです。ディベートの先生を務めていたのがソフィストで、その代表がプロタゴラスです。

彼らは、あちこちの都市国家を渡り歩いて、行く先々の都市国家でウケるような話をする。たとえばアテネとスパルタはライバルです。アテネの正義とスパルタの正義は矛盾していて相反しますので、アテネに行ったら、アテネが正しくてスパルタが悪いとしゃべり、スパルタに行ったら、スパルタが正しくてアテネが悪いとしゃべる。

★21
プロタゴラス　Prōtagorās
（前490？～前420頃）

だからなんでもよくて、真理はいらない。その場その場で大衆に迎合して、みんなを満足させればいいという、ソフィストというのはそういう人たちです。これで正しいですか？

モーガン　私はそう理解しています。プロタゴラスについてプラトンが書いたものを読むと、なぜプロタゴラスは最低の人間だと思えるのです。プラトンの思想的キャリアを顧みると、なぜプロタゴラスが嫌いだったかがわかるでしょう。

昔もいまも、理性を捨てて人の感情にアピールするのが、民主主義、デモクラシーの基盤です。その煽られている大衆の中に真実を探しても見つかりません。主観だけで動いている人それぞれの勝手な考え方だからです。

日本では融通がきくので、この世の中で絶対的な正義などを追求しませんし、正義を実現するために社会を壊すことは考えられません。

ところが、プラトンには本当に恐ろしい理想があって、いわゆるフィロソファ・キング、つまり知性に優れている独裁者が必要、と書いているのです。民主主義という戯《たわ》けたことを超克するためには、イデア、つまり絶対的なリアリティを悟った独裁者が必要、というのです。

そのため、愚かな大衆を煽りまくるソフィストたちは、プラトンにとって非常に困った存在でした。しかし自業自得でしょう。最初に人間の理性を切り取ってそれを絶対化しようとしたのはプラトンで、ソフィストがそれを使って俗化して、金を稼ごうとしても仕方がないでしょう。

でも、私がプラトンと意見が一致するのは、デモクラシーに対する警戒です。ソクラテスの裁判の中に大きなヒントが潜んでいます。

ソクラテスの有罪か無罪かを決める裁判があって500人の市民たちが投票します。たとえば、500人のうち400人は有罪、残り100人は無罪と投票します。

有罪が決まって、判決が言い渡された後、死刑にするかどうかを決めるために、また投票します。すると死刑にすべきと投票した人は450人いる。

数字が合わないと思いますか。初めに無罪と投票した人の一部は、死刑にすべきと投票しなおしたわけです。

やはり人間は理性で動いていないと思います。それをごまかすのは、数字への崇拝でしょう。デモクラシーは、結局、数字への崇拝です。過半数がこう言うのでこうします。過半数がこう考えている（実は大衆には洗脳されている人がたくさんいて、考えていない人が多くいます）ので、こう考えなければならない。数字が理性に勝ったということです。

逆に言えば、数字が人間の弱さ、臆病さを正当化する。それを〝デモクラシー〟と言うのです。

ソクラテスの裁判から死刑への経過を見ると、数字崇拝の恐ろしさがよくわかります。プラトンは独裁者が必要と言いましたが、私は国家、政府は必要ない、政府がないほうが安全、安心と考えます。デモクラシーというバカバカしさが通用する媒体をなくしたいのです。

「人間は万物の尺度」という名言の本当の意味

モーガン　ここで茂木先生にお聞きしたいのですが、プロタゴラスの有名な名言、「Man is the measure of all things.」は日本語に訳すとどうなりますか?

茂木　「人間は万物の尺度である」でしょうね。尺度、ものさしですね。プロタゴラスは、初めから理性を疑い、民主主義なんて信じていないということです。

モーガン　これがポイントです。私はプロタゴラスをちょっと好きです。「大岡裁き」[2]の大岡忠相に似ているところがあると思います。

「人間は万物の尺度である」は、ギリシア語で読むと曖昧なことを言っていると思います。この名言が英語では、非常に傲慢に聞こえます。

ただよく考えると、プロタゴラスは、「人間には歴史的背景があって、完璧な理性はないから、その人の置かれた立場を考えて動かなければいけない」と言おうとしている。そのように解釈できるとも思います。

たとえば有名な話があります。オリンピックなどのスポーツ大会があって、槍を遠くまで投げた人が優勝といった競技がありました。誰かが槍を投げて、間違ってまったく関係のない人に当たってその人が死んでしまいました。

こういうアクシデントがあったとき、槍を投げた人、注意を十分しなかった大会の審判、大会を見にきた人……、誰に責任があるのでしょうか。

槍を投げるのは危ないことですが、大会を見にきて、槍投げを促した観客も問題と言えるかもしれません。それとも、槍の飛行を止めなかった神々、槍が刺さって死んだ人を回復させなかった神々がいけないのか。そもそも槍をつくった人のせいか、それとも風など自然のせいにするのか――。

この世の中で正義を求めるとき、考え方はいろいろあるので十分に考慮しなければならない、とプロタゴラスは言いたかったのでしょう。

その意味で、ソクラテスの裁判や死刑を見たプラトンが、プロタゴラスの考えは自分よりまだマシじゃないか、と反省した瞬間もあったと想像できます。

絶対的な正義を求めた結果、ソクラテスは殺された、いや、自殺させられたのですが、それは私にはよく理解できません。

西洋哲学のゼミで、ソクラテスは聖人だと言われたことがあります。ソクラテスに憧れている人が西洋社会にはたくさんいます。私は、ソクラテスは最後に非常に愚かなことをしてしまった、と考えています。愚かな大衆による愚かな判断に従って――逃げずに死刑になって――どこがよかったか、結局何を得たのか、よく理解できません。

ソクラテスの行動をかばって正当化する人はたくさんいますが、どう考えても賛成できません。たとえばソクラテスは裁判の間違った判決に従うことで、法律に対する尊厳を保つことができて、社会の秩序を守りました。しかしそれは矛盾ではないですか？　正義を求めた結果、嘘を絶対化する。絶対的な正義を求めたソクラテスが一番愚かだったのではないですか。

我々は神ではありません。人間はできる限り正義を求めて、でもある程度までしかできないということです。つまり「万物の尺度である人間」は、人間の社会では人間として動くしかない、とプロタゴラスは言いたかったのかもしれません。

茂木　この言葉は「人間がなんでも決めていい」というようにも読めますが、尺度、要するに何が正しいかという基準は、場所と時代によって変わるから、具体的な正しさなどはないという、非常に冷めた見方でもあります。

モーガン　日本人の考え方に近くて、悪くはないと思っています。アテネとスパルタは完全に違うのは事実です。絶対的な正義を通そうとすればするほど、おかしなことになってしまうこともあるので、それも危ない。しかもアテネの帝国化が進む中、正義が政治家に利用されて、西洋社会で、帝国と正義が必ずセットとして生まれてくるという西洋思想の誕生がよく見えます。GHQの日本洗脳工作のもととなったWGIP（ウォー・ギルト・インフォメーション・プログラム）の思想的ルーツは、紀元前431年から始まったアテネとスパルタが戦ったペロポネソス戦争にまで根を下ろしています。

正義の求めすぎは、ソクラテスがそのお手本ではないですか。絶対的な正義を追求したソクラテスは、そのせいで死んだのですから。

茂木　正義のためなら命を賭けてもいいという思想は、実は危険なのです。これはいまのネオコンです。「民主化」という正しさがあって、世界にそれを押しつけなければいけない。そのために何万人死んでもかまわないという。

モーガン　まさにそうです。クリントン政権時代の国務長官、マデレーン・オルブライトは、当時のイラクに対して経済制裁を科す最中に、インタビューに応じます。記者が次のように尋ねました。「いま経済制裁を科していますが、薬や食べ物がイラクの子どもたちに届いていません。それで大丈夫ですか」。オルブライトは「大丈夫です」と答えたのです。

つまり、私たちの行いは正義だから大丈夫という考え方です。「子どもが死んでも大丈夫ですか?」と問われても、「大丈夫です」と答える。まるでそれは計算済みという態度です。これではプロタゴラスのほうがよかったかもしれません。正義は人間を見て判断しないと、とても危ないのです。

ソクラテスはプラトンがつくったキャラクター⁉

茂木　プロタゴラスの論敵だったのがソクラテスですが、さきほどモーガン先生が少しお話しになった、なぜ彼が裁判にかけられたかということです。ソクラテスは「絶対的な正しい基準があるのだ」と言い張っていたのですが、当時アテネとスパルタは長い戦争をしていました。

モーガン　彼はそれに参加していました。

茂木　アテネ人は「何がなんでもスパルタが悪い」と言うわけです。今日のウクライナ戦争では「何がなんでもロシアが悪い」と誰もが言いますよね。それと同じようなことです。

ところがソクラテスは「そうではないだろう」と、疑問を差し挟むのです。彼は若者にけっこう人気があったので、若い人たちが彼を支持し、アテネの秩序を乱してしまう。それで、若者を惑わして、新しい思想を持ち込んだということでソクラテスは訴えられた。アテネは裁判も一般市民の多数決です。2回目の評決で死刑が決まり、ドクニンジンを飲んで死ぬという判決が出たのです。

ソクラテスはいわゆる知識人ではなくて、職人の息子でした。父親が石で神殿をつくる石工、大工みたいな人です。

彼は1冊も本を書いていません。ただ弟子がたくさんいたので、ソクラテス先生の発言を記録していて、それをまとめたのがプラトンという人です。ソクラテスの思想は、プラトンが書いたものにしか残っていないのです。

ソクラテスの思想とプラトンの思想は分けられないと思いますが、どのようにお考えでしょうか。

モーガン　プラトンとソクラテスは、私は同一人物だと思っています。ソクラテスはプラトンがつくったキャラクターにすぎないということです。もちろん、ソクラテスという人は実際に存在していて、当時のアテネで他の人々がソクラテスについて記しているので、ソクラテスの存在自体を疑う余地はないのですが。

我々が知っているソクラテスはプラトンの本に登場する人物で、あくまでプラトンがつくったキャラクターです。

プラトンの『国家 The Republic』を読むと、ソクラテスが急にとてもおかしなこと、どちらかというとスターリンが目指したような独裁国家がとてもいいと言い出します。第1巻の最後では、「なんちゃって」みたいなことも言います。いったいどこまで本気なのか、プラトンはふざけているのではないかと思えたりします。

つまり、ソクラテスは、プラトンの文学上の仮面のような存在だったと思います。実際に、ソクラテスがたとえば哲学者が独裁者としてポリスを統治すればいいと言ったかどうかは、私にはわかりません。

結局、プラトンは非常に言葉がたくみで優れていて、想像力が抜群で、アリストテレスとはまったく違います。

アリストテレスは冷静で、たぶん冗談が通じないタイプ。プラトンはロマンチックで、エロスを強調する人で、ソクラテスはプラトンが創造した世界の中のキャラクターにすぎない、と考えています。

もしかしたらプラトンがソクラテスを登場させた意味は、この世の中ではソクラテスみたいに絶対的な理性と正義を求めて、それに命を賭けないといけないと言いたかったのではないでしょうか。プラトンはソクラテスの行いを尊敬していたと思いますが、結局プラトン本人はそうしなかった。

プラトンは貴族でかなりお金持ちの家系で、ソクラテスの家は貧しかった。その意味も忘れてはいけないと思います。

それにソクラテスの家は、かかあ天下だった。「いつまでも広場に座っておしゃべりしているんじゃない。ちゃんと仕事して！」と奥さんにガミガミ言われて（笑）。だからかもしれませんが、ソクラテスはよく広場に出て話をしていた。無職でかなりのブ男だったとも言われています。

そういうおじさんが若者に、「おもしろいところへ一緒に行きましょう」と話しかけて、若者はソクラテスの下に集まり彼の話を聞いたりしていたのです。

プラトンが思索した哲人政治の真実

モーガン　しかしソクラテスは非常に危ないことを言っています。茂木先生がおっしゃったとおり、「ウクライナ戦争ではロシアにも言い分がある」というようなことを、アメリカで言ってみてください。すぐに「ロシアのスパイじゃないか！」と糾弾されるでしょう。

結局、ソクラテスは、依怙贔屓をしないで公平に、理性的に物事について考えていたのです。言ってはいけないこと、考えてはいけないことなど、そういうルールをあまり気にしないで、自分の頭を使って物事について考えていたのです。

自分で考える人は、いつの時代も危険な要注意人物として扱われます。「ロシアにも言い分がある」という主張は、当然正当な意見ですが、言ってはいけないこと、考えてはいけないことはどうしても出てきますね。

ソクラテスの会話を読むと、現在のアメリカ国内の状況がよくわかるのです。英語で言うと

「モラル・パニック moral panic」。アメリカでは何かあれば「この世の終わりじゃないか！」とすぐ炎上します。ソクラテスのような、一風変わった人物が現れたら、その人をどのカテゴリーに当てはめればいいかわからず、とにかくキャンセルしてしまおうとするのです。西洋文化は、古典ギリシア時代から少しも変わらないのです。

しかしソクラテスの話を聞いて、アテネの人々が恐怖を覚えたのは理解できなくもないのです。社会がある嘘の上に成り立っているとき、ソクラテスはそのすべてを取り壊して、考えているのはほぼ空想、勝手な幻にすぎないと言いました。しかし人生の最後の舞台では嘘の必要性を、ソクラテスが自分の死によって認めるわけです。

逆にプラトンは、世の中が動くのには、ある程度の嘘、指導者の noble lies（役に立つ嘘）が必要だと言いました。最近では、アメリカ国立アレルギー・感染症研究所の所長アンソニー・ファウチがそうでしたね。いろんな noble lies を喧伝《けんでん》しました。あとで真実を認めますが、危険な場を凌ぐためにとにかく響きのいい嘘でつくろって、それで勝負するわけです。そうしないと社会がパニックになってしまうから。ある意味、嘘をついて、社会を取り締まっているという。ファウチがワクチンやマスクについて嘘をついたように、〝役に立つ嘘〟をつく政治家は世界に蔓延《はびこ》っているでしょう。

プラトンは、たぶんそれが必要だと考えていたのだと思います。

茂木　日本語だと「嘘も方便」と言います。

モーガン　そう、嘘も方便です。少し異なるのは、日本では「嘘も方便」ですが、西洋では嘘にも正義がなければ気が済みません。だから私がいまついている嘘は「noble（高貴）」です。つまりただの嘘ではなくて、非常に優れた理由でついている嘘です。そういう優秀な嘘をつけるのはエリートだけですと言う。

プラトンがソクラテスを登場させたのは、「嘘をつかないとこうなりますよ」と示したかったのではないでしょうか。本当のことばかりで馬鹿正直な人はこういう末路をたどるので、社会がうまく回るように、ある程度指導者が嘘をつこう。そのようなアドバイスを指導者に伝えたかったのだと思っています。ソクラテスを例にとって、プラトンが我々に見せたかったのかもしれません。

西洋ではソクラテスは聖人扱いです。私が修士号の勉強をしていたとき、あるカトリックの大学で、ある人が「ソクラテスは聖人ですね」と言ったので、私は「ソクラテスはキリスト教が誕生する約４００年前に生きていて、聖人ではない」と反論しました。相手が「いや、聖人です。彼は聖なる人間です」と返してきたので、私は「でもソクラテスはプラトンのただのキャラクターにすぎない」と言ったら、「モーガン、危ないことを言うんですね」と。

皮肉なことですが、その場でソクラテスの気持ち、というかプラトンの気持ちが、少しわかりました（笑）。

人間は本当のことはあまり知りたくないですよね（笑）。本当のことは厳しいので、いまの全人口の中で、10人くらいしかそれを知ろうとはしないと思います。そう考えると、哲学者による独裁は、まったくあり得ない選択肢とは言えなくなるのです。

プラトンの国家論

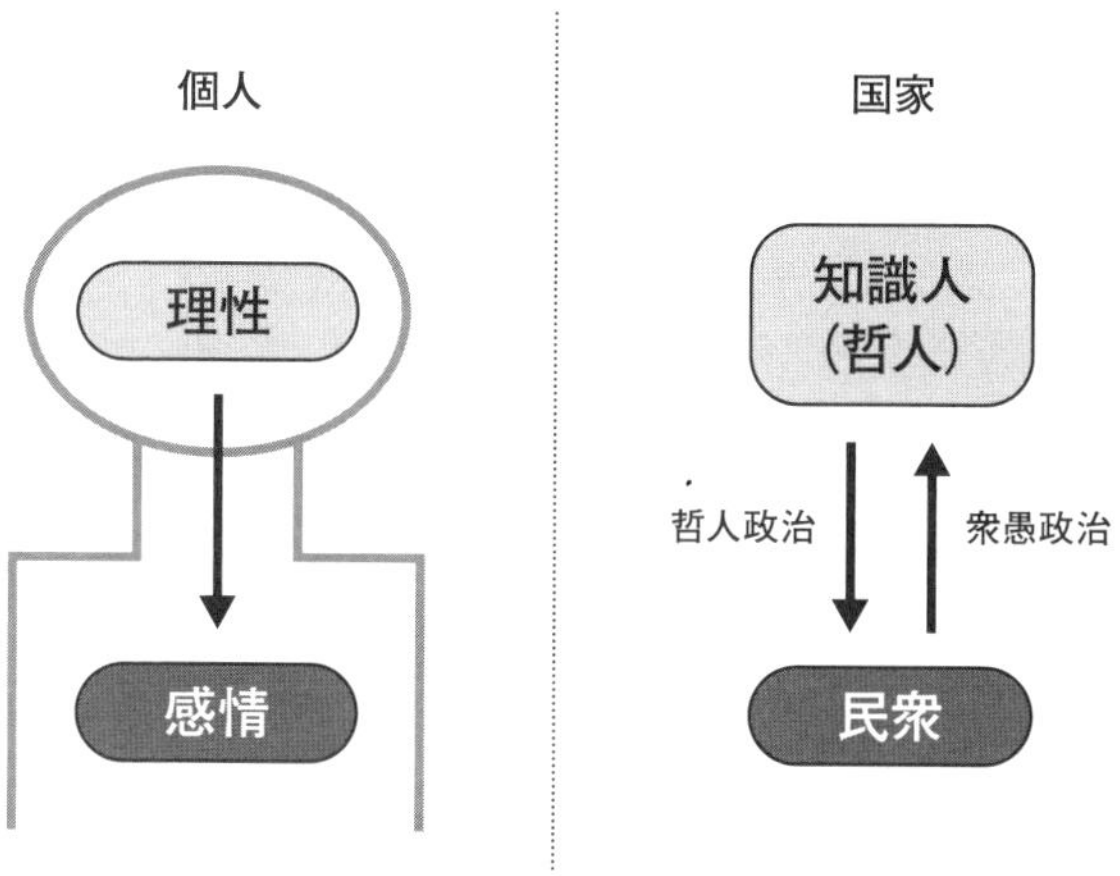

つまり西洋の人間は理想や完璧さを求める傾向にあり、日本人のほうが曖昧というか、より人間味がある。私はそう考えています。

茂木　おもしろいのは、キリスト教が始まる約400年前からそうなのです。この頃のギリシアは多神教ですから、宗教とはあまり関係ない。

プラトンが「指導者は嘘をついてもいい」という、大衆を蔑視するような思想を持つに至ったのは、当時のアテネの民主主義が混乱していたから。なんでもかんでも多数決です（笑）。その頃は、ほとんどの人が文字も読めなかったでしょう。そういう一般大衆に一人1票を与えて、すべてを多数決で決めたら、それこそまったく道理が通らないことをやるわけです。

たとえばスパルタとの戦争が長引いて、スパルタが何度も講和を求めてくるのです。でもアテネの指導者たちは、スパルタとの講和を口にすると、大衆が「裏切り者！」と叫ぶから言い出せない。「スパルタとの和平なんて破ってやる！」と言うと、大衆が熱狂し、どんどん戦争が長引いて、最後はアテネが負けるという無様《ぶざま》なことになっていく。

もし史実だとすれば、その間にソクラテスの死刑があって、プラトンは「あ、もう民主主義はダメだ」と悟った。少数の物事のわかっているエリートがはじめから指導すべきだという考えに至ります。これが哲人政治、哲学者の政治ということです。

彼は理想の指導者を求めて、あちこち旅して、イタリアのシチリア島まで行くのです。シチリア島には、ピタゴラスに影響を受けたグループがいて、プラトンはしばらくピタゴラス学派と一緒に行動を共にします。

プラトンのイデア論とキリスト教の親和性

茂木　そこでプラトンがちょっと怪しげな、「全部世界を設計せよ」という思想を吹き込まれたと、僕は思っています。その結果、イデアという謎の学説が出てきます。プラトンのイデア論についてお話しください。

モーガン　キリスト教にもつながると思いますが、もし理想の世界を求めているのであれば、明らかにこの世にはなく、「天国」のような世界にあると言えば、ある程度理解できるでしょうか。

たとえば本当の円形、本当の三角形は「天国」にある。ウマの実体は天国にある。とすると、

1-4　プラトンのイデア論とアリストテレスの理論

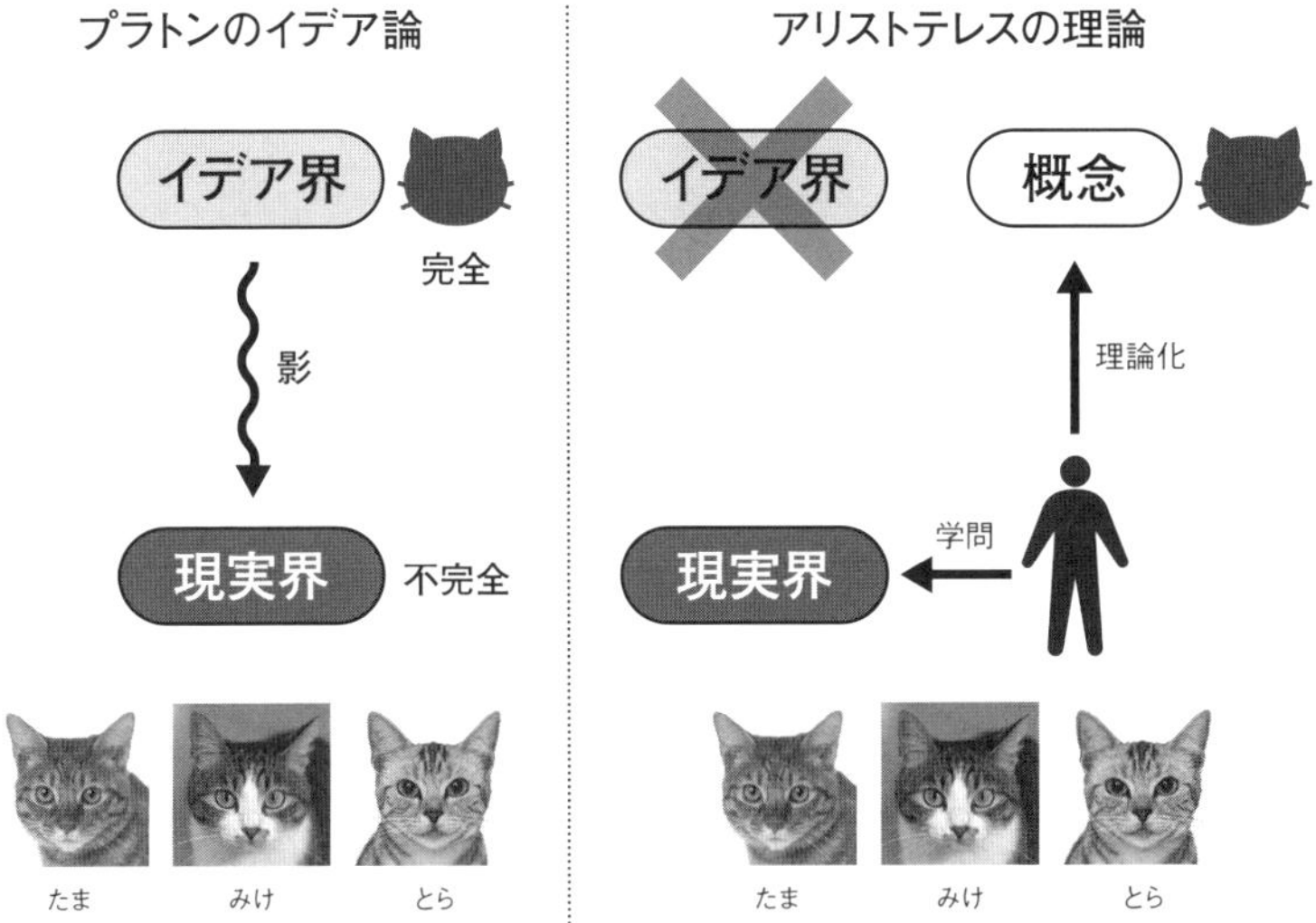

いまの世の中のウマは、みんな複写ということになるわけです。

実は「天国」の存在こそがリアルで、この世に存在するものはただの複写にすぎない。「ネコとは何か」と考えたとき、ネコはしっぽをなくしても、まだネコだ。片方の耳をなくしても、まだネコだ。どう考えてもネコのネコらしさは、ネコの中にはない。やっぱり天国にあると。これがプラトンの考えなのです。

茂木　その「天国」のような世界をプラトンは「イデア界」と呼びました。

モーガン　それにアリストテレスが反論します。「ネコのネコらしさは、ネコそれぞれの中に潜んでいるのではないか?」。つまり、アリストテレスは、プラトンの想像力に現実というブレーキを少しかけたのです。

茂木　イデア界というファンタジーに遊ぶプ

ラトン、現実を見て触って研究しようとしたアリストテレス。アリストテレスのほうが、サイエンスの始まりです。

モーガン　それでもアリストテレスの哲学を読めば、他のところで過剰な想像をふくらませているのがすぐわかります。

たとえば宇宙の構造です。惑星、星などは、大きな気球のような、透明な天球に固定されていて、それが大きな機械のように回っているというのです。では誰が動かしているのか、その機械がなんの腕力によって回されているのか。この問いには、「不動の動者 unmoved mover（宇宙の運動の根本原因）」だとアリストテレスが答えます（第3章P.111参照）。このあたりは、プラトンが唱えていたイデアとさほど変わらないでしょう。

茂木　これがのちの「天動説」につながるわけです。

モーガン　この現実と想像とのバランスがなかなか取れないという問題を背景に考えますと、キリスト教がなぜ西洋で大ヒットしたかがすぐわかるでしょう。この世の中を完璧に理解したい、「絶対的な神」を受け入れることで、「自分が神のようになる」という欲求をよく抑えてくれたと。

西洋でときどき耳にする、神学に関するジョークがあります。神学には、基本的に2つのレッスンしかありません。その2つを覚えればだいたい神学がわかったと言えます。

まず1つは、「神は存在する There is a God.」で、もう1つは、「あなたは神じゃない And you are not Him.」ということです。

★22
テリー・イーグルトン　Terry Eagleton
（1943〜）

日本のみなさんに通じるかどうかわかりませんが、「あなたが神様ではないことを忘れないでね」。これは西洋人の考えを見事に表すものでしょう。

ここで関連するのが、生贄《いけにえ》、犠牲という概念です。確かに生贄、犠牲は、両方とも英語で「サクリファイス sacrifice」です。

イギリスの哲学者で文学者にテリー・イーグルトン★22という人がいます。彼は「マルクス主義は本当のキリスト教に近い」という訳のわからないことを言いますが、彼の『Radical Sacrifice』という本はおもしろいです。「生贄とはなんだろう」あるいは「犠牲とはなんだろう」とも訳せるでしょう。古代ギリシアからいままで流れてきた生贄、犠牲という概念はなんだろうと。

イーグルトンは「サクリファイスとは、この世の中は完璧ではないから、なんらかの形でこの世の中を壊して、また再構築すること」と考えました。まさにそれが重要なポイントだと思います。

イーグルトンは、古典ヘブライ社会の中の貧しい階級、「アナウィム anawim」を取り上げます。「アナウィム」とは、無産階級に当たるような存在で、この世の中で、つまり政治的にも「アナウィム」を救うことができるように頑張るべきだと。要するに天国に行くのを待っているのではなく、実際にこの世の中でも完璧さを求めようとイーグルトンは言うのです。

茂木　「地上に完璧な楽園をつくる」——それってマルクス主義ですね。

モーガン　そうなのです。私がその本の書評で指摘したのは、キリスト教とマルクス主義は、根本的に違うもので、両方同時に実現することはできない、ということです。なぜなら、「完璧さ」は我々に選択を求めるからです。「完璧を実現したいのは、〝この世〟か〝天国〟か」と問われるからです。

キリスト教は、もちろんイエス様、つまり、救世主と人間の両面を持たれているお方が殺される。でもイエス様は蘇《よみがえ》って天国へ行くわけです。そして我々の代わりに、我々が望むことをなさった。そうすると我々はそうしなくてもいいし、我々の欲求を抑えられる。だから「救世主（メシア）」なのです。

「あなたはイエス様ではないから、人を救う資格がない」と西洋ではよく言われます。日本ではたぶん理解されないでしょうが、西洋ではそういう考え方——自分は、あの人を救う、全世界を救う——などと言う人たちがいるからです。

ネオコンは、ある意味、堕落したメシア・コンプレックスの持ち主にすぎません。

まさにブッシュ・ジュニア大統領は、ある意味では自分がイエス様だと思っていたはずです。

「イラク、アフガニスタンを、テロや独裁から救います」と言ったのですから。

もっとも彼がもたらした宗教はキリスト教ではなく、アメリカ型民主主義でしたが。

茂木　イラクに対する徹底的な空爆は、「最後の審判」のつもりだったかもしれません。日本やベトナムに対しても、アメリカは同じことをしました。

モーガン　恐ろしいことです。世界にはいろいろな宗教・信条がありますが、プラトンのイデアとイエス様の考えがよく似ていると思います。つまりこの世の現実を否定し、実際に存在している人間の社会を否定します。ワシントンの連邦政府の場合、爆弾を使って人間社会を否定します。「それは民主主義のためだから、大丈夫なのです」。このオルブライト国連大使（当時）の発言を思い出してください。

私はこれをまったく違うと思います。「理想はこの世の中にはないからこそ、一応この世の中を大切にしましょう。まわりの人たちと愛し合いましょう」。これが重要なポイントです。

ちなみにほとんど取り上げられていませんが、アリストテレスの弟子は、あのアレクサンドロス大王です。紀元前4世紀にインドまで行って、オリエント各地で虐殺を繰り返した彼なのです。これは偶然ではないと思いますよ。

茂木　なるほど！　アレクサンドロスは元祖ネオコンだった！

モーガン　理性を野蛮な東方の国々まで広めなさいという意味で、アリストテレスがそれを応援していたのです。いま日本はアメリカの同盟国として一蓮托生ですが、日本人はアメリカの思想的DNAがどれほど恐ろしいか理解しているのでしょうか。

イエス様は十字架上で、我々人類が犯した罪の身代わりとなった生贄になられました。ではなんの罪かというとプライドです。人類の傲慢を取り消してもらうために生贄になられた。傲慢が人類の心の中に潜んでいるとよくわかれば、理想はこの世にはないこともわかる。プラトンもそれに絶望していました。プライドは神をも殺す力を持っている恐ろしいものです。

世界の歴史は民主主義と独裁の繰り返し

茂木　プラトンは結局、「もうアテネ民主政は終わった」ということでシチリア島に行って、シチリアの独裁者のアドバイザーのようなことをして最期を迎えるのです。結局プラトンの思想を突き詰めると、独裁の肯定になってしまう。「優れた独裁者が治めるのが一番素晴らしい」ということ。一種の選民思想です。

モーガン　ドイツのハイデガー[23]がまさにそうでした。初めハイデガーは「ヒトラー万歳！」という立場でした。社会契約説のホッブズ[24]も同様で、優れた独裁者を求めていたわけです。西洋にはそういう傾向があります。ハンナ・アーレント[25]はその危険性をよくわかっていたので、やはりすごいですね。

茂木　これは永遠のテーマですが、やはり大多数の民衆は愚かなのです。だから民主主義はだいたい失敗します。するとその反動で、人間は強力なリーダーを求めてしまう。まさにナチズムがそうでした。ワイマール体制があまりに滅茶苦茶だったから、こんな民主主義ならば優れたリーダーに治めてもらったほうがいいだろう、ということで、あの末路をたどりました。

　世界史の中では、「民主主義がダメになる」と「人々が独裁を求める」が、ずっと振り子のようになっているのです。そしてもっとひどい結果をもたらしてしまう。

　歴史は繰り返すのです。２５００年間、政治はほとんど進歩がないのです。

モーガン　まったくです。アテネとスパルタの戦争は、その繰り返しでした。民主主義がどれ

★23
ハイデガー
P.282参照

★24
ホッブズ
P.217参照

★25
ハンナ・アーレント
P.286参照

だけ愚かだったかがわかります。

優れた将軍が「いま戦うと負けるから、次の機会を待ちましょう」と言っただけで、大衆たちが「お前たちは臆病者、裏切り者だ！」と叫んで、どんどん将軍たちを処刑するから、最後は軍の指揮をとれる者が誰もいなくなって、スパルタが勝ちます。そこでアテネの大衆がようやく反省する。「将軍たちを殺さなければよかった……」と（笑）。

プラトンはたぶん呆れていたと思います。民主主義は本当に用をなさず、指導者がいなければとんでもないことになるから。

私は、西洋思想の束縛からの脱し方、西洋思想という刑務所から抜け出す裏口の1つは、アナーキズム（無政府主義）だと思います。

アナーキズムは、カオスではなくカオスの反対と理解しています。国家、政府は非常に危ないものだから、最初から政府とは距離を取って、政治家が言っている嘘を一切信じるのをやめよう、と考えています。それでもまだガチガチに西洋っぽい考え方でしょうが。

アリストテレスは子どもの感覚で物事を見ていた人

茂木　あまりに民主主義がうまく機能しなかったので、結局ギリシア人たちは、優れたリーダーを求めました。そこからアレクサンドロスが出てきます。そのアレクサンドロスの先生がアリストテレスです。

★26
カール・ポパー
P.268参照

モーガン先生はアリストテレスについて非常にお詳しいとお聞きしました。僕はアリストテレスをあまり好きではなかったのです。文章がプラトンと比べて難しくて読みにくい。だから今日はアリストテレスについて教えていただきたいのです。

モーガン　私のアリストテレス論ですか。20～30年前、アリストテレスの本を読もうと何度も挑戦したのですが、すぐにあきらめました。堅いし、難しすぎて、具体的に何を言いたいのかよくわからない。彼は気取っているんじゃないかと思っていたのです。

ところがいまでもアリストテレスの本を読んでいて、大好きになりました。プラトンについて書いたのはカール・ポパー★26で、オーストリアの人ですね？

茂木　そうです。あの投資家ジョージ・ソロスの先生ですね。

モーガン　ポパーがよくプラトンを取り上げて書いていました。ファシズムの発想はプラトンからきているのではないかと。プラトン、ヘーゲルやマルクスの考えを抑えられるのは、デモクラシーだけだ、とポパーはプラトンを批判します。

その主張は理解できますが、民主主義を絶賛するポパーが、ジョージ・ソロスにも影響を与えたとなると……、そこは賛成できません（この問題については6章で改めて議論します）。

茂木　モーガン先生は、アリストテレスのどういうところがお好きですか？

モーガン　アリストテレスはある意味でずっと子どもでした。ずっと子どもの感覚、意識で物事を見ていた。

たとえばカエルはどこからくるのでしょうか。カエルが棲んでいる小川に行って、オタマジャクシを子どものように見てみる。「これはすごいな。オタマジャクシはどのように成長するんだろう？」と。子どもがカブトムシを飼うような感じで、「この世の中はおもしろいな。魚の赤ちゃんはどこからくるのか？」と魚をよく見ていた。

アリストテレスのような、何を見てもおもしろがれる、好奇心にあふれた姿勢が大好きです。これは、実際に政治や政治家の悪影響を大きく抑止することにもつながるのです。

世の中は実際にはこうなのだと言って、大きな嘘をばら撒いて、自分の政治ビジョンをみんなにアピールしている政治家の話には、現実味がなく、ただの空想にすぎません。つまり、リアルワールド（現実世界）に両足をしっかり着けているのであれば、政治家の嘘に振り回されないのです。

一方でアリストテレスは、宣教主義的な側面も持っていたので、外国まで行っていわゆる「文明」を輸出しなければならないと思っていたかもしれません。

それでも、リアル、現実は嘘つき政治家の宿敵だと思うので、アリストテレスの本をもっと読みたいと思います。

アリストテレスが考えていたことは、西洋思想史の中での大きなテーマです。「世界はなぜ変化するのか。そもそも変化とは何か？」ということ。変化しているのに、なぜ同じ人間と言えるのか。人が赤ちゃんからおじいさんまで成長して、ずっと同じ人間だと言えるのはなぜか？

たとえば枝を燃やすと灰になります。木が枝になって、枝が灰になる。このように何かが変化する中で、「そのもとにあるもの」「本来あるもの」があると彼が主張しているのがおもしろい。なぜ同じものがさまざまに変化するのかと考えるとおもしろいのです。

これはピタゴラスやアラン・バディウにもつながるのですが、私が一番好きなのはアリストテレスですね。

アリストテレスは「この世」に意味を見出そうとした

モーガン　それから、中世の神学者聖トマス・アクィナス★27がアリストテレスの思想について取り上げていた「The one and the many（一にして多）[3]」も非常に重要なテーマです。

たとえばミカンが10個あるとします。ミカンというものは、もちろんそれぞれよく似ています。色も形もほぼ同じです。でもよく見れば、それぞれ若干違っています。だから10個あるというのは、当然それぞれ違う存在だからということになります。

なぜ人は皆「ミカン」と呼ぶのか、その一致性は具体的にどこにあるのか。ときどき緑色のミカンも見かけます。あり得ない話ですが、染色体の変化で紫色のミカンが存在したとしましょう。色が違ってもミカンですね。

もしミカンをトラックのタイヤの前に置いて、トラックに乗って、少し前へ進めると、ミカンはペチャンコになるでしょう。でもそれは、まだミカンの跡だとわかります。このように、ミカンらしさとは一体何かを考えると、おもしろくて仕方がありません。

プラトンなら「それがイデアである」と言うでしょう。天国（イデア界）には本物のミカンの

★27
トマス・アクィナス
P.107参照

木があるから、「現世のミカンはみんな複写物なのです」と。ただ、プラトンならそれでいいのでしょうが、それでは説明にはなっていないと思います。〝天国のミカン〟なんて、具体的にどこにあるのでしょうか？

一方、たとえばネコの中にネコらしさがあるとするとき、我々の魂は、それを受容できるということです。英語の「imagination（想像力）」という言葉。これはいまの使い方と昔の使い方ではだいぶ方向性が違うのです。

もともと魂は「モノを頭で理解しない」スピリットだからです。映像、イメージで受容する。モノを映像に切り替えるのが人間の「imagination」です。つまり、世界の写真を撮って、その映像を魂に送り出すわけです。

いまでは逆に、「imagination」が私たちの頭の中から湧いてくるように考えられています。つまり自分の頭で考えて「新しい物事を想像してみてください」などといった使い方となっています。

それはたぶん、デカルトとカントの悪影響だろうと私は思っています。世界が私の頭の中から出現してくるという、非常におかしな考え方の影響で、「imagination」の方向性が変わったのでしょう。

このように、アクィナスは「imagination」の役割を見事に説明しましたが、アリストテレスは我々が見ているのはネコそのものではなくて、「ネコらしさ」を受容した魂が、世界と対話しているのだと考えていました。

ということは、「ミカンらしさ」はミカンの中にあるわけです。ミカンそのものが変わっても、まだ「ミカンらしさ」が中に潜んでいるから。しかし、そのミカンらしさが失われるときもあります。たとえば、ミカンが腐ったり潰されたりして、ある程度を越えたら、「ミカンらしさ」がどこかへ飛んでしまうか、ミカンらしさが違う「らしさ」に変化します。

こうした入口から、私はアリストテレスにハマってしまったわけです。

茂木 その「ミカンらしさ」を感じることができるのは、もちろん人間ですよね。

モーガン まさしく人間です。しかしよく考えれば、他の動物も感じとっていますよね。たとえば私の家で飼っているネコたちは、食べられる物と食べられない物とを、見事に区別できています。餌のカリカリは食べますが、家具は食べません。カリカリらしさ、食べ物らしさをネコはよくわかっているのです。

つまり私たちの魂がイマジネーションを通って何をつかんでいるかというと、存在まるごとなのです。たとえばいきなりオオカミを見たとき、「オオカミだ！」と心が叫ぶのは、オオカミの存在そのものに対してです。

また、1匹のネコが天国に召されたとき、その亡くなった仲間がどこか違う、何かが抜けているとネコたちなりにわかるようです。ネコの形、匂いはまだ残されていますが、根本にあるネコらしさは消失していると。

ネコたちは心のどこかでそのことを理解していると言えると思います。当然、それは抽象的で、言葉、ロジックを使って考えることはたぶんできないと思いますが、「らしさ」の有無の区別は、自然にできています。

ちなみに私とアクィナスの考えが大きく異なるのは、動物に関する考えです。アクィナスは、動物は天国に行けない、と主張していました。動物には理性がなくて、神様を愛することができないからと。私は、天国は、動物で溢れかえっていると思います。子犬、子猫などのいない天国はおもしろくありません！

茂木　私もネコちゃん天国に迎えられたいです（笑）。つまりプラトンは、「ミカンらしさ」というのは、イデア界、あの世に存在する。アリストテレスは、「いや、そうではない。『ミカンらしさ』というものは〝この現実の中〟にあって、それを僕らの頭、理性で捉えることができる」と考えた。この理解でよろしいですか。

モーガン　私はそう理解しています。あるもののカテゴリー（類）、たとえばミカンの〝類〟はそのミカンをプロデュース（産出）するわけですが、類はあくまで天国と関係がない。この世の中の素晴らしさ、魅力の視点から出発したのがアリストテレスです。たぶん彼は神々の存在を否定するつもりはなかったと思います。ただ神々の存在によって〝この現実〟をどれだけ説明できるのか。この世の中そのものに意味があるのではないか、という疑問が残るのです。

茂木　プラトンは、アテネ衆愚政治というこの世の現実に絶望していたのに対して、アリストテレスはこの世の中にこそ意味を見出したということですね。

モーガン　そう。絶望しないで、「この世の中は素晴らしいではないか」と。子どものような考え方を持っていたのがアリストテレスでした。

★28
エティエンヌ・ジルソン　Étienne Gilson
（1884〜1978）

私の大好きな本があって、表紙カバーを見ていただければ一目瞭然です。著者はエティエンヌ・ジルソン★28というフランスの哲学者です。彼も、そうした考え方がとてもいいと主張しています。表紙には子どもの手が大きく映し出されています。

茂木　子どもが何かを触っている。

モーガン　子どもが石を触る。そのようにして世の中を知ることができます。この『Methodical Realism』とは、世の中とは何か、実際そこに何があるかをできるだけつかんで、イデオロギーなどを鵜呑《うの》みにしないという試みです。

でもこの世の中だけが存在するとは言ってはいけない。彼はカトリックでしょうから、神々の存在を否定するつもりはない。しかしこの世の中は確かに存在する。私たちには理性がある。ここに意味があるのです。理性を使って、この世の中は何かと考えればおもしろいと言っているわけです。

私はこの考え方が大好きです。人間はモノであり魂でもある。つまり両方の存在であり、2つの世界をまたいで住んでいる。宇宙の中で一番不思議な存在は人間なのです。

茂木　そうすると、ミカンならミカンについて見て触って、食べて調べてみようとなりますね。それにより植物学が生まれる。ネコについて見て触って実験して、動物学が生まれる。石について調査して、鉱物学や地質学が生まれる——。

さまざまなサイエンス、自然科学の出発点となったのがアリストテレスです。彼のことを日本語では「万学の祖」と称しますね。すべての学問の先生だと。

プラトンのイデア論は検証できないから、どうしてもスピリチュアル、宗教になるのです。現実から検証しようという姿勢が、アリストテレスの特徴です。

モーガン　まさに、検証するということ。

茂木　哲学もやはり振り子のようになっています。理想に向かって突き進むとその反動で、現実側というか、アリストテレスのような方向に戻る、その繰り返しなのです。

モーガン　西洋ではいまやほとんどの科学者は無神論者です。それを指摘したのは、あまり有名ではありませんが、私の大好きなウォーカー・パーシーという小説家でした。20世紀を生きた彼は、私の地元のルイジアナ州の小さな村の隣にたまたま住んでいて、途中からカトリックになりました。

パーシーの主張は非常におもしろくて、「サイエンスは素晴らしい」と言います。「20世紀には、サイエンスを使って、星の構造までわかるとか、顕微鏡で、分子・原子レベルの物事を研究している科学者がいる」

「その科学者は望遠鏡や顕微鏡を使って、世界のすべてを理解できるかもしれない。しかし科学者は科学者のことを理解することはできない」

ここが非常に重要なポイントです。アリストテレスはその両方のバランスが取れています。科学の限界もわかっていた。もちろん科学者はこの世の中を見て、おもしろいと思ってもいいのですが、それだけではありません。

ニコマコス倫理学は非常に優れた人間論

モーガン　アリストテレスが記したものの中で、私が一番好きなのは『Nicomachean Ethics（ニコマコス倫理学）』です。アリストテレスの愛する息子のための道徳書、人生のガイドブックだとも言われています。「君に幸せになってほしいので、いい人生の送り方を伝授します」と、父が息子に教えているのです。

茂木　ニコマコスは若くして亡くなってしまうのですが、父のアリストテレスは数人の家庭教師を付けて、期待していたようです。

モーガン　その中で説かれる人間論はおもしろいですよ。人間は幸せを求めますが、幸せとは何かについて説明します。

幸せとは結局、道徳よりも倫理よりも、the good（善）を求めること。それはある種イデアのような抽象的な存在ですが、the good を行うことによって、自分の人生の中で the good を実現することができる。

具体的にどういうことかというと、たとえば大工であれば、いい大工でいましょうということ。毎日起きていい仕事をする。人をだまさない。いい材料を使って、いい家を建てよう。その家に誰かが住んで、幸せになることがいいこと。それしかないと。

あなた自身がそういう倫理観を持って人のために行動できれば、この世の中で the good が実現するだろうと言うのです。人間の日常を固定的に捉える考えです。

これはいまの常識の逆ですね。自分の外、この世の中にいくら探しても善はないのです。また、アイデンティティばかりにこだわる世の中ですが、アリストテレスは「the good は人間が動いて、それを実現したいと思って実現できる」と言っています。それだけなのです。人間とはそういうもの。the good は、good men and women が good things をすればこの世の中に現れてくる、ということです。

ここで重要なのは、the good とはいったい何かということと、the good をこの世でつかむことはあくまで無理だということです。いくら頑張っても、the good は永遠に求める目的地です。考えてみれば、何が good なのかは1つのミステリーです。the good は定義できないのです。当然、これは非常に優れた幸福論だと思います。科学者が人間の意味を理解することはできない、とアリストテレスは逆に言う。おもしろいですね。

幸せになることは、ある意味非常にシンプルなことです。誰かの幸せにつながるようなよいことをして、よい人生を送れば、それこそが幸せである。毎晩、仕事で疲れて家に帰ったらひたすら眠るだけでしょうが、the good のこの世の中への入口は1つしかなくて、人間のよき努力の成果だけなのです。

ここでお伝えしたいのが、サイエンス（science）の意味の移り変わりです。

サイエンスは、「知ること」を意味します。特に科学実験などを指していないのです。語源的に言えばサイエンスは、たとえば流星の探求などという意味ではなかった。もともとは「知ること」です。誰が知るかと言えば人間です。サイエンスは人間が知ることの原理なのです。

サイエンスを極めた人がサイエンティストです。「知る人」＝「知識の原理がある人」たちです。つまり、哲学者もみんなサイエンティストであると。

ということは、「人間の存在を否定する科学者」は矛盾したことを行っているわけです。神々はそもそも否定することはできません。本当の意味で、無神論者は科学者ではないのです。狭義で言うと、神の存在や、人間とは何かはわからない。星や魚を理解できても、人間としての科学者自体はいったい何者なのかは理解できないのです。だから、とにかく朝起きて、何か善行を積みましょう、それしかできませんとアリストテレスは言う。おもしろいですね。

茂木　世界を観察している「私」とは何か、というのは、哲学の究極のテーマですね。デカルト以後の近代科学は、「私」の存在を絶対化してしまった。

モーガン　アリストテレスがわかりやすいということに絡めて、モーティマ・アドラー[★29]の本が大好きです。彼はアメリカの哲学者で2001年に亡くなりました。デューイ[★30]の弟子でしたが、デューイの思想に満足できず、アリストテレスに遡って勉強し直そうとしました。

デューイの主張は道理に外れている、とアドラーは実際に考えていて、学生ながら、デューイの講演中にそう発言してしまった。まあ、若者は先生を乗り越えようとすることがよくあるのですが、アドラーはその後反省します。

自分は生意気な若者で、デューイはお年寄りのすごい哲学者だった。いくらその考え方が間違っていると思っても、人間として目上の人に対してもっとリスペクトを表明すべきだった、と反省するわけです。

★29
モーティマ・アドラー　Mortimer J. Adler
（1902～2001）

★30
デューイ　John Dewey
（1859～1952）

つまり、人間には頭だけではなくハートも存在する。アドラーはそのメッセージを込めて本を書いたと思います。彼は考え方だけではなくて、人間のすべてを包括して考えないといけない、と言いたかったのです。

アドラーは、アリストテレスはただの哲学だけではなく、自分の人生において有用なことを言っている。哲学は頭だけではない。そう教えてくれるのが、アリストテレス先生だと。

この考えには私も大賛成です。この本もそういう気づきを与えられるものになれればうれしいですね。

アリストテレスの論理学

茂木　アリストテレスの最大の功績は論理学です。『オルガノン』という本を書いています。

モーガン　難しい本です。正直なところ数学もそうですが、論理学にも非常に苦労しています。私が大学院生の頃、論理学は点数が一番低かった授業でした。論理学はどうしても最初は抵抗感がありました。ただ、ふたを開けてみれば、一番好きな授業になったわけです。

私はよく感情で言葉を読んでいます。頭ではなく心や感情で読んでいる場合があります。ところがアリストテレスは、「言葉は具体的に何の意味があるのか」を極めた人です。アリストテレスはスーパードライなのです（笑）。

言葉ではこういうことを言っているのですが、具体的にどういう根拠、どういうエビデンス、なんの証拠に基づいて考えているのかを研究しました。『オルガノン』は、私には本当に難しい本です。たとえば三段論法が有名です。

① 「ソクラテスは人間だ」

② 「人間はすべて死ぬ」

③ 「なのでソクラテスは死ぬ」

という例が有名かもしれません。何かを考えていくと、いろいろなパターンがあります。いくつかのパターンがあって、何を分析するにも論理学は非常に役立ちます。

ただ、これを知れば非常に便利なので、逆に政治家は論理をよく悪用しています。というかほとんど悪用しています。

茂木　実際に考えれば、言っていることは詭弁《きべん》だとか、いや実際はそうでもないということが多い。詭弁論理学で有名なのは、「アキレウスと亀」の話。ノロノロ進む亀の後ろから、俊足のギリシア神話の大英雄アキレウスが迫ってくる。しかし、アキレウスが亀に追いついたときには、亀はもう少し進んでいる。そこにもすぐ追いつくが、その時点で亀は少し進んでいる。だからアキレウスは亀に追いつけない、という屁理屈です。

こういう論法を使って、相手を論破して勝ったと思っている人が、いまでもいますね。

この論理学から発展して、ディアレクティク（dialectic）が出てきます。日本語ではほとんど理解不能な言葉、「弁証法」と訳されますが、この弁証法について教えてください。

モーガン　これはさきほど申し上げた変化の話にもつながると思います。弁証法と言えば、ほとんどマルクスとヘーゲルの弁証法しか連想されませんが、アリストテレスの弁証法はこのような感じです。

まず、論理の始まりを、論理では検証できない。つまり論理の外があるということで、論理は否定することのできない、根拠のない、検証することもできないことから始まるということ。たとえば「Aである」と「Aではない」は違うとか、そのようなことから始まります。

反対の命題、たとえば「Aである」「Aではない」があり、両者がなんらかのダンスみたいなことによって関係をもって、まったく違うBになる、ということが弁証法だと理解しています。うまく説明できなくて申し訳ありません。

茂木　プラトンの書く書物は、みんな対話形式です。ソクラテスと誰かとの対話みたいな感じで、対話法や問答法と言います。相手の発言の矛盾を突いていって、どんどん高まっていく。この対話（ダイアローグ）が弁証法（ディアレクティク）の始まりと思っていいですか。

モーガン　そうですね。さきほど紹介したモーティマ・アドラーは、「弁証法こそが本当の哲学の大事な一部」と言っています。

デカルトやカントは、このような対話は行いません。本来神様がすることを、彼らは自分の頭の中で、まったく新しい世界をつくりだそうとします。[4]

弁証法はソクラテスというパッとしないおじさんと一緒に、広場で座って会話をする中から生まれました。人の考えをよく聞いて、「でもちょっと違うんじゃないですか」「ああ、なるほど」となる。それが本当の哲学だと言われています。

茂木　日本語でややこしいのは、ディアレクティクを「弁証法」、レトリックを「弁論術」と訳すのです。レトリックのほうは、もともとスピーチの技術ですよね？

モーガン　口先だけの美辞麗句とされて、レトリック、弁論術は否定的に考えられてきました。それを多用したのがソフィストと言われています。

それでもアドラーは「いや、レトリックは重要なのです。私たちはロボットではない。感情があるから。昔の人はそれをよくわかっていたのだ」と言いました。

有名な例として挙げられるのはシェイクスピアの『ジュリアス・シーザー』です。

茂木　シーザー（カエサル）を暗殺したブルータスが主人公です。

「独裁者を倒す」という大義を掲げてテロを決行したブルータス、カエサルの後継者の地位を狙うアントニー（Marc Antony）との葛藤を描きます。

モーガン　シーザー暗殺のあとブルータスはローマの大衆に対して演説するのですが、大失敗します。なぜ大失敗したか。人々の感情を否定して、ただ言いたいことだけを論理的に言ったからです。

一方、アントニーの演説で感じられるのは、大衆の感情に強く訴えたということです。大衆はほとんど感情で動くので、まず感情をつかんだ。

茂木　テロの犠牲となったカエサルが、いかに公明正大で無私の政治家だったか、アントニーは切々と訴えます。最初、「ブルータス万歳」と叫んでいた市民が、「アントニー万歳、ブルータスを倒せ！」と変わります。

モーガン　まさにそれが弁論術《レトリック》です。弁論術がなければ論理には入れない。まず弁論術を使って、そのあと弁証法《ディアレクティク》ができる。真実は大事ですが、真実だけで人の心が揺らぐとは言えないのです。

　人間は複雑な存在で、真実の「伝え方」に左右されることを忘れてはならないとアドラーは述べています。ある意味、ソフィストたちもそう言っていたじゃないかと。アドラーを読んで、なるほど納得と思ったのです。

　プラトンの『対話篇』をよく読めばわかります。ソクラテスは「何言っているの！」と彼の話を聞く聴衆によく怒られるでしょう。

　相手はまず怒って否定する。それを受け止めたあとで、「もう少し話を聞いていただければ」と言って、相手の感情を落ち着かせる。その後、言いたいことがすんなり相手の心に入っていく。

　レトリックの中でこの重要さがわかります。そのことをプラトンが強調したかったのだと思います。

茂木　よくわかりました。さっきのアントニーの演説とよく似ているのが、鎌倉時代の北条政子の演説です。後鳥羽上皇が討幕の兵を挙げ、鎌倉幕府は動揺しました。このとき、頼朝の未亡人の政子が、頼朝の恩義を切々と訴えた結果、鎌倉武士たちは一致団結して後鳥羽上皇の軍勢を破りました。人間は理性だけでは動きません、そのとき感情を動かすのがレトリックだと。だからレトリックとは政治そのものだ、ということですね。

保守の父、アリストテレスの否定が西洋の大失敗

茂木　アリストテレスが現代西洋に何を与えたかについてお話しできればと思います。私の考えですが、理想があって、あまり見たくない現実があります。まず理想を基準にして現実を変えていこうという考えが一方にあります。これがプラトンの考えです。もう一方は、いまの現実がこうだから仕方がない。だからこの現実の分析をきちんとしようというのがアリストテレスの考えだと思っています。西洋思想はその両極を行ったりきたりしているように私には思えるのです。

マルクス主義というのは完璧に理想じゃないですか。理想のために現実をどんどん変えていっている。その理想を実現するためにスターリンや毛沢東やポル・ポトが、少なく見積もっても何千万人も殺してきたのがマルクス主義の歴史ですから。それに対して現実から出発しようというのが保守の考えです。

アリストテレスは保守主義の一番始まりと僕は見ているのですが、いかがでしょうか。

モーガン　まったくそのとおりです。私にとってはマルクス主義、リベラル主義、◯◯主義は、ほぼ変わらないと思っています。さきほど触れたオルブライト元国務長官は、自分はマルクス主義ではないとたぶん言うでしょう。しかし、彼女も理想のために何十万人の犠牲はいとわないという人間でした。人間の本来あるべき姿を否定するのが、プラトンの延長線上で生まれたモダンで、結局は啓蒙思想だと思うのです。

★31
アヴェロエス
P.118参照

★32
アヴィセンナ　Avicenna
（980〜1038）

私はアリストテレスが大好きです。アリストテレスを軽視したことが、西洋の大失敗だったと考えています。実際、トマス・アクィナスはアリストテレスのほとんど補足にすぎません。アクィナスがアリストテレスを読んで神学に取り込んだのです。

それからアヴェロエス★31＝イブン・ルシュド、アヴィセンナ★32＝イブン・スィーナーなどのアラブの哲学者も、私は大好きですよ。特にアヴェロエスは好きです。

茂木　イブン・ルシュド、ラテン語でアヴェロエス。当時イスラム圏だったスペインのコルドバの学者です。アリストテレスの膨大な注釈本を書きました。これが西洋に逆輸入されて、トマス・アクィナスが読むのです。

モーガン　アリストテレスやトマス・アクィナスについては、さきほど茂木先生が非常に重要など指摘をされたと思います。

弁証法はやはり人の対話ですね。それが否定されて、カント、デカルト、ホッブズ、ハイデガーのように、自分の頭の中だけで新しい世界を考えてつくり出す。自分が神であるかのような姿勢をとる思想が現れた。これが恐ろしいのです。ナチスもソ連もアメリカもこうした遺伝子を受け継いでいる。ここは重要ですよ。

アリストテレス、中世のアクィナスという人々はスコラスティックス（Scholastics スコラ哲学の、学者ぶった）と言われているのです。スコラスティックスはいまとなっては侮辱ですよ。何を言いたいのかわからない、ただただ堅いラテン語の言葉だけを使って、難しい哲学を展開するのがスコラスティックスです。

茂木　日本語では「スコラ学者」です。「スコラ学」とは、日本語でもちょっとバカにした言い方です。「日本国憲法を死守する憲法学者は、スコラ学者だ」とか(笑)。

モーガン　日本語でもそうですか。さきほどのアドラーは重要な指摘をしています。スコラスティックス(スコラ学)というのは、文字どおりスクール(スコラ)からきています。スクールは、まず学生として教室に座って、先生の話を聞くことです。先生は何を言いたいのかを聞く、まずそのスキルから始まる。「未熟な18歳くらいの学生に、君の考え方はどうでもいいから、まず先生の話を静かに聞いて、何が言いたいのか理解する」。それがスクールです。

それを受けて、自分の頭の中で「これはなんなのか」を考えて、いろいろな人と話し合いを重ねて、時間が経ち、勉強を重ねれば、あなたも先生になれるかもしれない。会話を繰り返すなかで、人が何を言いたいのか、まずそれがわかること。それができなければ、なんにもならないのです。

私もそのとおりだと思うのです。現にアリストテレスとトマス・アクィナスだって1700年くらいの時を超えて対話していたわけです。啓蒙思想が台頭する前は、アリストテレスとアラブの哲学者と西洋の哲学者が、みんなで対話していたのです。これこそが平和の源ですよね。みんなで対話する、相手は何が言いたいのかを聞いて「なるほど」と思う。それが嫌なら、別の人とすればいい。戦争をする前にそうすればいい。

私の哲学の恩師、ピーター・レッドパス(Peter A. Redpath)は、「まさにそれが世界の平和の源なのです」といつも主張しています。とにかく人の話を聞くだけなのです。少し熱くなってしまいましたが、私も絶対にそう思います。新しい世界を自分の頭の中からつくり出すことはやめましょう。それこそが「西洋の病」です。まさにプラトンがそうなのです。彼の言葉はきれいですが、内容はクレイジーです。

ところで、私は自分をラディカルだと思っていてあまり保守系と思わないのですが、いややはり保守系ですね。なぜならラディカルの語源は、ラテン語の〝根っこ〟を意味するradixです。ラディッシュは根っこです。ラディッシュとラディカルは同じ語源で、ルーツの意味ですね。

私がラディカルを自負する理由は、過去に生きていた人の話を聞きたいからです。

これは保守系もラディカルも同じですね。保守系とはどういうことか。昔の人にも言いたいことはあったはずだ、昔の人々との対話を続けることだと、私は考えます。伝統がまず大事で、先祖がつくりあげた物事を「無意味」「迷信だ」と切って捨てて無理やり壊すのではない。

リベラルもマルクス主義者も共産主義者も、自分たちが世界を新しく発明しなければならないと思っている。LGBTもそうでしょう。たとえばゲイの人々は、これまでも十分に一緒に社会生活を営んできたのではないでしょうか。アメリカの私の友達にもゲイの人はいますし、否定するつもりはありません。十分に自由なのですよ。

LGBTという名の政治運動は、実は、性差の問題ではないと思います。社会を新しくする言い訳に、「性的少数者の権利」が使われているだけと思います。それこそが「西洋の病」です。世の中になかなか受け入れられないのなら、新しくつくればいいという考え方は、問題ですね。

第2章
ヘレニズムとローマの哲学

★1
エピクロス　Epikūros
（前341～前270）

ストア派とエピクロス

茂木　アレクサンドロス大王の東方遠征のあと、今度はローマ帝国が地中海世界を統一します。紀元前後のローマ帝国の時代に2つのグループがありました。禁欲的《ストイック》の語源となったストア派と、エピクロス派のエピキュリアンとの論争があります。エピクロス★1という人について、どのように感じますか？

モーガン　エピクロスはちょっと誤解されていると思います。エピキュリアンとは快楽主義者で、気持ちのいいこと、おいしい食事、セックスなどを求める人たちという意味になっています。それが人生のすべてかのような。

さきほどの話とつながりますが、快楽主義というのは、魂の種類ではないでしょうか。ローマ帝国はギリシアと大きく違っていました。私たちが古代のギリシア、ソクラテスの時代に行けば、たぶんものすごく貧しい国、スラム街に近いと感じるはずです。もちろん下水道や清潔なトイレはなく、街は異臭をはなっていて、人々は豊かな生活はできていなかったでしょう。

ところがローマ帝国になると、経済的にも豊かになり、公共事業で上下水道も完備されました。裕福になったのです。それでも人生の原理は何かと考えた。モノがあふれる世界の中で、快楽がすべて、快楽さえ満たせれば、なんとなくリッチな気分になる、ひいてはそれが人生の意味になる。そういう考えに至っても、仕方がないところもあったのではないでしょうか。

いまではそれはただのニヒリズム（虚無主義）だと捉えられがちですが、もう少し深いところまで、エピクロスは考えていたように思いますが、いかがでしょうか。

茂木　日本語でこれを「快楽」と訳しているのが、よくないと思います。別にこの人は食欲や性欲を満たそうとは言っていない。健康でいようとか、お友達を大事にしようとか、そういうことですよね。

モーガン　ただ食べればいい、セックスできればいい。そうではないのです。

茂木　セックスについては彼自身が否定的なことを言っています。一時の快楽で終わってしまって、そこから幸せは生まれないというニュアンスですね。それはそれでいいのですが、ただ彼が拠って立つ基盤が、デモクリトスの原子論なのです。だから人間をただ肉体的な存在として見ている感じがしますね。

「死を恐れるな」とエピクロスは言います。「あなたが生きていれば死は存在しないし、あなたが死ねばあなたは存在しない。だからあなたは死を体験しない」。

実際にはスイッチを切るように死ぬケースなんて稀で、人間は生死の境目でのたうち回るものです。要するにエピクロスは唯物論ですね。

このエピクロスのグループのライバルがストア派です。ストア派は人間の価値というものを道徳に求めるグループで、ローマでは彼らが主流派でした。

ストア派がアリストテレスを受け継いでいると考えてよろしいでしょうか？

モーガン　ストア派がアリストテレスのどの考えを受け継いでいるかは、具体的にそこだと指

★2
アウグスティヌス
P.94参照

摘することは私にはできません。ストア派は、武士道、武士の考え方に近いというか、いつ死んでもいいという感じで、それ自体はいいと思うのですが。

彼らは禁欲主義でした。ローマ帝国はいまのアメリカみたいに、非常に道徳的に汚れているような生活を送っている人が多かった。いまで言うところの麻薬中毒者とか、とにかく道徳を否定している人が多くいました。アウグスティヌス★2が『神の国 The City of God』の中で描写したとおり、当時のローマ帝国は相当堕落していました。

それに反論するのに、ストア派はまず肉体を否定します。体を無視するような感じで、意思だけで生きるのです。この心身二元論は近代哲学のデカルトにまで影響を及ぼします。

その意味では、ストア派がアリストテレスの哲学と似ているところは、正直いまだによくわかりません。エピクロスやストア派は、とにかく基本が非常にローマらしいでしょう。デモクリトスはまさにローマらしいと思います。

ギリシア人の場合、生きていること自体を喜んでいるというのが感じられるでしょう。フランス語のジョワ・ド・ヴィーブル（joie de vivre）、生きててよかった、楽しい、まあいいじゃないかという感じ。対してローマ人はちょっと厳しいというか、生きている意味は仕事と戦争くらいでしょうか（笑）。

それからローマのいわゆる快楽には、グロテスクな一面があったでしょう。たとえばギリシアのスポーツは、ボクシングはあったにせよ、レスリング、走り、円盤投げなど、健康的でしたね。一方、ローマは、人をライオンに食べさせる、剣闘士が殺し合うといった、気持ち悪い

★4
ウィトゲンシュタイン
P.267参照

★3
カルナップ
P.266参照

血まみれのスポーツが多かった。

ギリシアは、ジョワ・ド・ヴィーヴル、ローマは、人が死ぬのを見て楽しむ――。このように、あまりにも文化が違うのです。そのような考え方から成立しているのが、ストア派とエピクロスであると、いかがでしょうか。

茂木 私は、アリストテレスの人間の営みの最終目標というのが、先生がおっしゃった「善」、「よいこと」だという話から、ストア派を思い出したのです。「善」というのは道徳ですよね。

モーガン たとえば、道徳と倫理と善で私は迷うのです。西洋では、善は the good、結局これは God ですね。語源的には違いますが、概念が一致するのです。この場合 God と good を考えると、難しい……。the good とは何か。これは重要なポイントですね（第1章P.68参照）。

余談ですが、この世の中で定義できないものがいくつかあります。たとえばアクィナスが言っていた the one。この世にはミカンが存在するが、なぜミカンと呼べるのか。考えてみると神様がお一人（唯一絶対）だから、モノが異なっていても、単一性がある程度担保されている。しかし the one、the good、特に the good はなかなか定義できないですよ。

解釈があっても、これだと断言できない。カルナップ★3やウィトゲンシュタイン★4がヴィエナ・スクール（Vienna School）から出ていると思いますが。

茂木 20世紀のウィーン学派（第6章P.265参照）ですね。

モーガン そう。ウィーン学派の学者たちはそれがよくわかっていた。結局彼らが答えようとしていたのは、the good（善）とは何か。それは「私が欲しい」「こう望んでいる」「自分の中からくる」ということではなくて、前にも言った、私たちの遺伝子の中の小さな要素のミトコンドリアDNAなどが、私たちを操り人形として使っていて、たとえばお母さんが子どものために死にますとか。それがthe goodです。定義できないのです。

古代ローマ人と中世日本人の死生観は類似している

モーガン　マルクス・アウレリウス★5の本が大好きですが、茂木先生はいかがでしょうか。

茂木　マルクス・アウレリウスは僕も大好きです。彼はローマ皇帝でストア派の哲学者。日記のような感じで少しずつ書いた文章が本になっています。日本語の書名は『自省録《じせいろく》』ですね。「自ら省みる」で自省録ですが、英語ではメディテーションズ、「瞑想」です。この本は日本人ならわかる内容です。ほとんど中身は鴨長明の『方丈記』なのです。

そこには無常が描かれているのです。彼はローマ皇帝としての激務をこなしながら、常に自分の死を意識していたのです。次のようなことを言っています。「人生というものは芝居だ。幕が上がり舞台に上がる。幕が下りたら去っていく。舞台の上で一生懸命、演ずるのが私の人生だ」と。ものすごく達観しているのです。

こういう死生観みたいなものは、なぜ共通するのかとずっと疑問に思っていました。古代ローマ人の死生観が、中世日本人の死生観とそっくりなのです。

それがストア派の思想とどうつながるのかは、僕もよく説明できないのです。自分を客観的

★5
マルクス・アウレリウス
Marcus Aurelius Antoninus
（121〜180）

に外側からいつも見ている感じがしますね。だから感情に流されない。

モーガン　話が深まっていますね。アリストテレスやプラトンの時代は、民主主義が誕生したばかりの未熟な西洋でした。民主主義をまだ信じている人々がいて、すべてのことが政治につながっていると考えていた。ポリス（都市国家）も人間もまだ全体性（whole）、つまり一貫性があった。まだ絶望していない。

特に、アリストテレスはかなり楽観的な人だったと思います。頑張ればうまくいくだろうと思っていた節がある。人間が生きているこの世の中は、厳しくも楽しいこともいっぱいで、頑張れば幸せになれると信じていたのです。

ストア派の特にマルクス・アウレリウスは鳥肌を立たせながら読んだのですが、その根底には「空《くう》」というか、チベット仏教のようなものを感じたのです。「空」から「色《しき》」が出て、実体はなんにもない。というよりも、空と色とがセットで、「上」「下」という問いこそナンセンス。ではそういった中でどう生きるべきか。人生を舞台にたとえたのは、まさにそのとおりのことだからです。

マルクス・アウレリウスは、まさに全世界を支配していたローマ帝国の皇帝で、ある意味で表舞台に出ている。そこで味わったのは無常観ですね。まさに盛者必衰です。人生は、あくまでパフォーマンスで、うまく演じられれば最高の成功だというあきらめも感じ取れます。

自分をよくわかったうえで、皇帝の役割を果たして、ある日、自分も死ぬことを覚悟していた。だから人生はすべて舞台から始まって舞台で終わると言った。

ちなみにアメリカ人はいま、ローマ人の真似をやめてギリシア人に回帰しようとしていますが、無理でしょう。つまり帝国をダウンサイズしようとしているのです。ギリシアのイノセンス、心の無垢さには戻れないですね。一度ローマ人になってしまうと、ストイックなストア派でいくしかなくなります。これは帝国の悲劇と言えばよいでしょうか。

ローマの哲学者では、たとえばキケロ★6がいます。この人はいいですよ。それでもギリシア人に比べると、ちょっとレベルが違います。ギリシアの哲学者のレベルはもっと高いと思います。

茂木 あとは皇帝ネロの教育係だったセネカ★7。この人も達観していました。最後は主君のネロから「お前、死ね」と言われて、友人たちを招いてお別れをして、粛々と自害するのです。

確かに言われてみると、ローマ人は仏教的ですよね。仏教の影響はあるのでしょうか？

モーガン ローマ人と仏教との違いは重要なポイントだと思います。セネカはなぜ自死を促され静かに死んだのか。理由としては「ローマ人だからだ」と皆が言うではないですか。種族のプライドです。

仏教ではそういう発想はあまりしないでしょう。仏教のコスモポリタンとローマのコスモポリタンは、その点で〝あきらめ〟が違います。

ローマ人は役割を果たそうとするのがほとんどだったと思います。恐ろしいことが目の前に存在しても、「自分はローマ人だからしっかりしよう」と考える。アイデンティティがすべて〝ローマ人意識〟に由来している。これが私のローマに対する印象です。

ギリシア人はあまりそういうことはなかった。日本の侍も、「お家のため」とは言っても、

★6
キケロ　Marcus Tullius Cicero
（前106〜前43）

★7
セネカ　Seneca
（前4？〜後65）

「日本人だから」とはあまり言わなかったのでは。とはいえ仏教と重なっているところは、セネカには多いと思います。

茂木　いまのお話で思い出したのは、ローマ時代は、自殺はむしろ美しいことだったことです。ローマの軍人は、戦いに敗れると自害したのです、侍みたいに。

『ジュリアス・シーザー』のアントニーは、最後はオクタヴィアヌスに敗れてエジプトに追い詰められて、その地で自害します。そこに「美」を感じるのがローマ人だったのです。だから確かに武士道と似ているところはある。後にキリスト教が広まると、自殺が禁じられます。

モーガン　おもしろいですね。自殺が禁じられても、違った形で生き残っていく。それは決闘です。

つまり自殺のベースには〝名誉感覚〟があったのではないでしょうか。自殺は禁じられていても、戦いで相手を殺すのは禁じられていなかった。二人きりで「お前は私を侮辱した」と刀を抜く。本来それは認められないですが、名誉のためなら少しは認められていた。名誉はこの世を超越して、ある意味、形而上学《けいじじょうがく》的な価値だから黙認されていたのでしょう。

中世になると決闘が本当に盛んになりました。決闘こそ騎士の象徴でしょう。だから騎士は名誉ばかりを求め、自殺はできなくても、相手を殺すことで自分の栄誉にはなった。ここにはちょっと違ったパターンで、ローマ人の遺伝子が生き残っていますね。

茂木　決闘文化はアメリカ人にも受け継がれました。初代財務長官のハミルトンは、ピストルによる政敵との決闘で死んでいますね。

★8
プロティノス　Plōtinos
（205？〜270）

新プラトン主義のプロティノスは西洋版仏教ガイド

茂木　マルクス・アウレリウスを境にして、3世紀以降、ローマが衰えていきます。原因の1つは不景気です。財政難を理由に増税を繰り返し、GDPが成長しなくなりました。
それから移民が流入し、いまのアメリカのようになってきて、社会不安がどんどん広がる中で、今度は新プラトン主義、ネオプラトニズムと言われる思想が出てくるのです。
それまでのストア派的な穏やかな思想と違って、この新プラトン主義が、またちょっと危険な方向に舵を切ると思います。プロティノス★8が理論化した新プラトン主義のご説明をお願いします。

モーガン　伝承かもしれませんが、プロティノスはインドを訪れて仏教に影響されたという説があります。

茂木　なるほど。当時のインドでは、大乗仏教が隆盛を誇っていました。

モーガン　プロティノスは「西洋版仏教ガイド」だと思います。プラトンが唱えていた一者《ひとつもの》（万物の最高原理）は天からくるなどと言いましたが、プロティノスは、神様は「絶対的な意識」と言うんですね。その「絶対的な意識」が、この宇宙を動かしていると。
これは仏教の教えに近くないですか。それは「仏」でしょう。要は悟りに近いことを言っていると思います。私はそのように捉えています。まさにプロティノスという人は、仏教を学んでいたのではないでしょうか。

残念ながらプロティノスは西洋哲学の中ではほとんど強調されていません。かつては非常に影響力を持っていましたが、近代社会が到来し彼の存在感が急落しました。仏教に寄りすぎて、たぶん西洋哲学では不合理だと思われたかもしれません。あるいは西洋の人間が実際に仏教と接する機会が増えてきて、新プラトン主義の意味が希薄化したのでしょうか。

茂木　少し補足します。プラトンは、この世界にはミカンやネコなどが存在しますが、その設計図みたいなものがあって、それをイデアであると言いました。イデアはこの地上とは違う次元の世界にあって、それをコピーしたものが、いまの現実であると考えました。

プロティノスは、簡単に言うとそこに宗教を持ち込んだのです。設計図をつくった神様がいるはずだ。その神様というのは、ギリシア神話に出てくるような、浮気や夫婦喧嘩をしたりする神ではなくて、宇宙全体を設計した神だと言う。

それと同じような考えが仏教やヒンドゥー教、あるいはもっと遡るとバラモン教にたどり着くのですが、「宇宙全体の意識」みたいなものがある。

モーガン　ブラフマンとアートマン。

茂木　個体の意識がアートマン、宇宙意識がブラフマンですね。ブラフマン的な宇宙意識的なものを、プロティノスはインドかどこかで学んできた可能性はありますね。

この頃キリスト教がローマに伝来してきます。プロティノスがはっきり断言しなかった神様の名前について「それはヤハウェだ、『旧約聖書』にそう書いてある」とキリスト教徒が言ったことに、「ああ、そうだったのか!」とローマ人に合点がいった。

2-1　新プラトン主義とキリスト教の違い

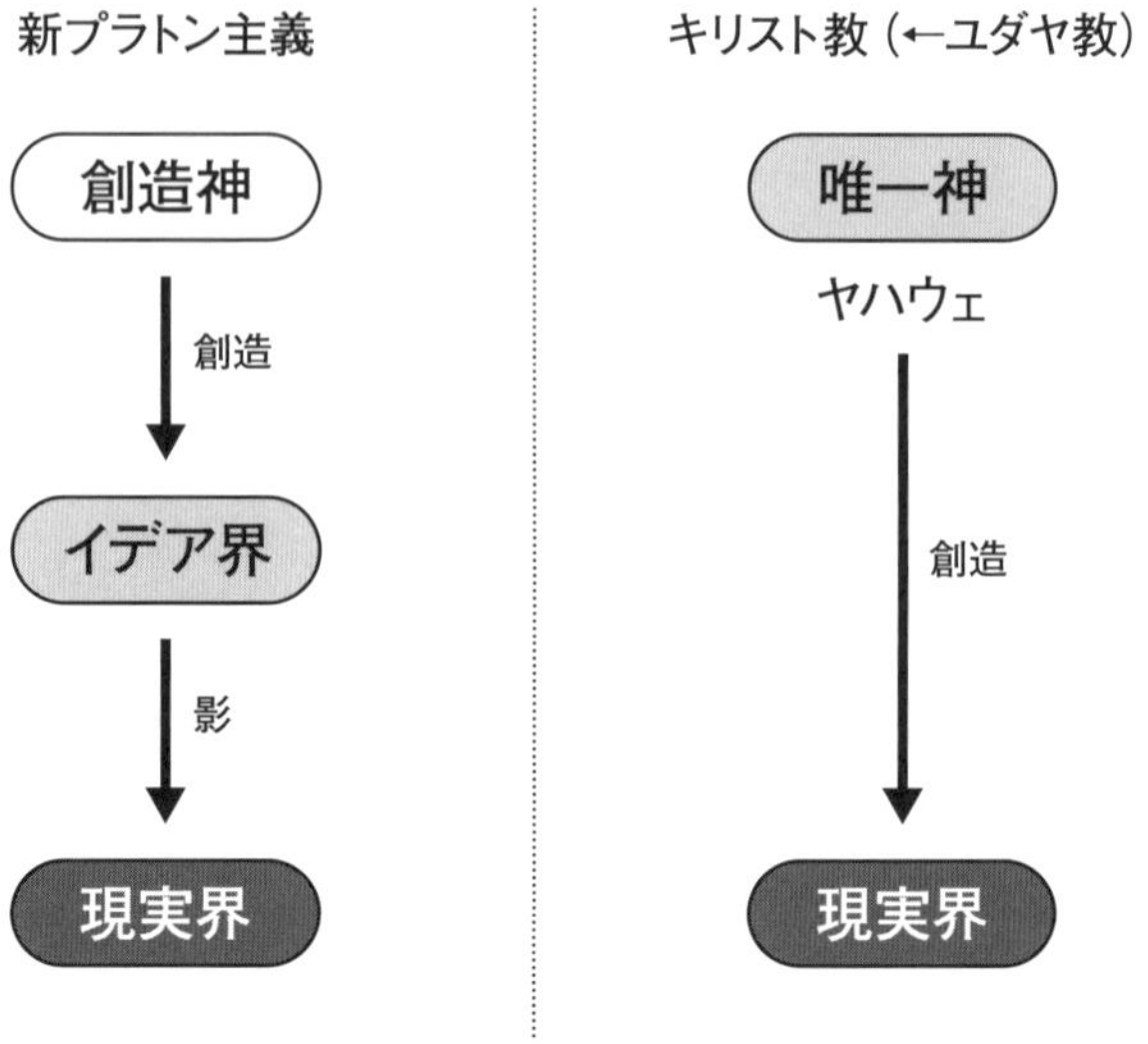

これが、キリスト教がローマ人に受け入れられた1つの要因だと僕は思っていますが、いかがでしょうか。

モーガン　宗教はそのように広まっていくと思います。「あなたが言っているのは、実は我々の神のことですよ」。まさにキリスト教でよくあったことです。

「新プラトン主義者が言う絶対的な意識とは、結局我らの神じゃないですか」とか言って、キリスト教は取り込む力が優れていると思います。「あなたが言う神は、この神の側面」「私の神の一部」とか、なんでもかんでもまわりの宗教を吸い込んで、キリスト教が成り立ってきた。

聖パウロ[★9]がアテネで演説をした際、アレオパゴスの丘に立って、「みなさん、あなた方が知らないという神を、私は知っている」とやるわけです。

★9
パウロ　St. Paulos
（5？〜65？）

アクィナスはアリストテレスに対してそれと同じことをしました。「アリストテレスは、我々の神についてこう言っていたではないか」。

このように、昔の哲学者を先例にしながら、その過程でキリスト教が膨張してくわけです。それはいまも変わりませんが。

さきほどのアートマン、ブラフマンについては、私はまさにそのとおりだと思います。プロティノスの人間論は、コスモスの中に人間が存在しており、個々の人間はコスモスのミニチュアであるというふうに理解します。これはアートマン、ブラフマンではないかと。とてもおもしろいですね。

ちなみに「コスモス」はたぶん「宇宙」と訳されると思いますが、ニュアンスが違う気がします。「コスモス」の反対は「カオス」です。つまりコスモスは秩序のこと、またはある超越的な秩序に基づいてできたことを指すのです。

もちろんプロティノスはアートマンやブラフマンとは言いませんが、ヒンドゥー教や仏教の考え方とあまりにも酷似しています。しかもローマ帝国が隆盛してから生まれた考え方なので、ヒンドゥー教と仏教に影響されていてもおかしくないと思います。証拠はありませんが、かなり似ていると思っています。

★10
アウグスティヌス　Augustinus
(354〜430)

★11
マニ　Mani
(216〜277)

聖アウグスティヌスに大きな影響を与えたマニ教

モーガン　もう1つ指摘しなければならないのは、「悪はどこからくるのか」という問題です。アウグスティヌス[★10]はマニケイズム（Manichaeism）の信者になります。その開祖のマニ[★11]という人が「この世界は悪と善の戦い」と説いています。

　アウグスティヌスは「神は善で、悪というのは善がただ届いていないところにすぎない」、つまり悪は善の光が当たらない部分だと言います。

　プロティノスの新プラトン主義はもう少し違います。世の中に物理的にモノが存在しているのは、我々が下界に住んでいることを意味している。一方天界には神というか、絶対的な意識があるが物理的なモノではない。プラトンはそれを示唆しているではないか、と言っていて、仏教と西洋哲学が混ざっているような考え方で興味深いです。

茂木　「世界をつくった絶対神」という設定の宗教が、このローマ時代の終わり頃に、さまざまなバリエーションとして出てきます。それらをまとめてグノーシス（霊肉二元論）と言い、その代表的なものがモーガン先生のおっしゃった、英語でマニケイズム、日本語で「マニ教」です。

　これがかなり危険な宗教で、光と闇の二元論なのです。ペルシアで生まれたゾロアスター教はもともと二元論ですが、マニという神官が現れ、仏教と混ぜ合わせたのです。

　人間は肉体と精神が分かれます。肉体はやがて衰えて、髪も抜けて目も悪くなり、腰も曲がって最後は死にます。つまり肉体は不完全なものである。不完全なもの、食欲や性欲にまみれているこの汚らわしい肉体をつくったのは「闇の神」だと、こうなっていくのです。ところが、この肉体の中に清らかな魂が捕われていて、魂は肉体を抜けて、また生まれ変わるので永遠であり、その魂をつくったのは「光の神」だという設定になっていくわけです。だからマニ教は徹底的に食欲や性欲を否定して、断食を繰り返して、教団に入ると結婚もできないという、すさまじい宗教です。

あまりに過激なので、ペルシアで「お前たちは異端だ」と弾圧されて、信者たちは世界中に散り、中国にもローマにも伝わっています。ローマ帝国の末期には、キリスト教が広まる直前に、マニ教がかなり流行ってしまったのです。

これから話題にする聖アウグスティヌスという人が、このマニ教にハマっていたことがあるのです。

モーガン　私はアウグスティヌスが大好きです。彼は自分の人生について、赤裸々に語っているのです（笑）。だからおもしろい。『告白録』という本では、まさに告白しています。

茂木　生まれはいまのアルジェリアで、教育を受けたのがカルタゴ、いまのチュニジアです。18歳頃に、ある女性と同棲を始めて、学生時代に子どもを授かります。

ところが彼女は身分の低い女性で、彼は上流階級でしたから、結婚できないと言い始めた。結局この女性と息子を捨てるのです。若いアウグスティヌスは自分の性欲に支配されていました。

彼はそのことがずっと心の重荷になっていて、自分はなぜ性欲を抑えられないんだろうと、悩み抜きます。それで若い頃にマニ教の門を叩いたのです。

モーガン　マニ教は当時の出世ルートの1つです。支配層の一部はそれを信じていましたし、アウグスティヌスもマニ教が人生を変えてくれると信じて、夢中になったのだと思います。マニ教は肉体を否定しますが、アウグスティヌスは再び女性と遊びまわるばかりでなかなか落ち着かない。

「マニ教はこのことについて、具体的に何を教えてくれるのか」と彼が専門家に質問しても、まともな答えが返ってこないのでマニ教を疑うようになりました。

結局アウグスティヌスは、アンブロシウス（Ambrosius/St. Ambrose）というミラノの司教と友達になり、アンブロシウスを師と仰ぎキリスト教徒になるわけです。

マニ教は悪の存在の説明ができません。これはドストエフスキーの作品などでもよく表れる特徴です。『カラマーゾフの兄弟』では、「なぜこの世の中に悪が存在するのか。絶対的な神様と言うけど、無垢な子どもが苦しんでいるのはなぜか。なぜ絶対的な神様はそれを止めてくれないのか」と問いかけます。

アウグスティヌスは、人間が最初に原罪を犯したというキリスト教の考え方に一番説得力があると考えて、マニ教から離れてキリスト教に入信します。

茂木　当時のローマ帝国は、現在のアメリカのように総崩れの渦中でした。

「ローマ人がキリスト教徒になってから、ローマ帝国が蛮族に侵略された。それはお前たちキリスト教徒のせいだ」「古代の神々ではなくユダヤ人の神を崇拝するようになった結果、ローマが侵略された」と非難されたとき、「いや違う、キリスト教はこういうものだ」と弁明したのがアウグスティヌスの『神の国』です。

モーガン　結局、彼はマニのようなことを説くのですが、これはルター★12につながります。この世の中は汚れているが、絶対的な善が存在するからこそ、その陰としての悪が存在する。でも悪は実際に存在していない。悪には存在の重さがない、本当は存在しない、ただの陰にすぎない、と。

「善の届かないところは悪」と言います。世の中の悪を説明するために、アウグスティヌスは非常に重要ですが、私は、結局彼は100％マニ教から離れていないと考えます。まだ二元論です。ただ悪と善は対等ではなくて、善が上になるだけです。

当時のローマに広まっていたのは、このような宗教です。人は死んでもまた蘇るとか。このような教えはローマの兵士のあいだでよく流行って、「私は明日死ぬかもしれないけど、この宗教を信じて、明日死んでも蘇るから」と。それが、マニ教やキリスト教が流行った大きな要因でもあると思います。

つまりこの世の中はダメだから、なんらかの「出口」が必要だという。茂木先生が前におっしゃったことは、非常に素晴らしいと思います。日本の平安時代の「出口」は仏教で、ローマ時代の「出口」はキリスト教でした。この社会はダメで、なんらかの「出口」が必要。そのときマニ教では足りないので、アウグスティヌスがもう1つの列車に乗って、「ではキリスト教で出よう」と言ったのだと思います。

茂木　『告白録』に有名な話があります。「欲望に負ける俺はなんてダメなんだ」と思い込んで、

★12
ルター
P.138参照

自暴自棄になって家で引きこもっていたのです。そんなとき外で子どもたちが歌いながら遊んでいた。「手にとって読め　手にとって読め……」と歌っていた。アウグスティヌスがなんの気なしにふと手を伸ばすと本棚に手がいって、そこにあったのがたまたま聖書だったというおもしろい話です。ちょっとできすぎですが（笑）。

要するに彼はマニ教も、新プラトン主義も、聖書も知っているので、理論武装できるのです。当時キリスト教は怪しげな新興宗教とみなされていました。みんなから叩かれていたのを、彼は「キリスト教はこういう論理だから、イエスを信仰する」ということをギリシア哲学の言葉で説明できたわけです。これが『神の国』という本ですね。

マニ教の善悪二元論がキリスト教を一変させた

茂木　『神の国』の中にマニ教的な善悪二元論が入っている。ということは、善悪二元論というのは、もともとのキリスト教には、あまりなかった考えですか？

モーガン　これは深い話ですね。ルターはアウグスティヌス派の修道者です。プロテスタントがあの学派から出たと考えてもおかしくない。もともとのキリスト教を見ると、プロテスタントのどこに問題があるのか？　という捉え方ができます（第4章P.138～で詳述）。

1章で述べたテリー・イーグルトンはマルクス主義者ですが、彼もカトリックですね。マルクス主義者でありながら、バリバリのカトリック。私は彼をよく批判するのですが、日本ではあまり知られていませんね。

『Radical Sacrifice』の表紙カバーを見ると、ハンマー（十字架）を握る手がある。それは共産主義のシンボルです。彼は、イエス様の教えを素直に読むと、この世の中はいただけない、だがKingdom of God（神の国、つまり完璧な棲家、場所）というのは、この世の中でつくれるはずだと言います。

茂木　「神の国は、この世の中そのものであるべきだ」――。

モーガン　そう。政治やラビ（ユダヤ教の指導者）がダメだから世の中を台無しにしている。「みんな偽善者ばかりで、本当の宗教の意味がわかってないので、この社会がダメになっている。私は新しい宗教、新しい考え方を教えます」とイエス様は言ったという。これがイーグルトンの解釈です。

イエス様が十字架にはりつけになって亡くなり、3日後に蘇った。そうなると、その後の信者は、まったく違う方向性に向かってしまったと。

ところが、イーグルトンは、イエス様の言葉を本当に素直に読むと、マルクスが言っていたこととほぼ変わらない、と言うのです。アウグスティヌスが唱えた悪と善の二元論、マニ教の二元論、ゾロアスター教の二元論……、結局、天国は天にあるのか地なのか、その選択肢が迫ってくるでしょう。地を選ぶ人がいっぱいいるので、それが西洋の病の1つでもあると言えるのかもしれません。

茂木　「地上の楽園をつくりたい病」ですね（笑）。ところでアダムとイブの堕落に始まるといわれる「原罪」ですが……。

モーガン　原罪とは英語で〝オリジナル・シン〟。

茂木　ロシア正教には原罪という概念がないという話を聞いたことがあります。もしそれが正しければ、原罪という概念を強調するのは、アウグスティヌスからではないかと思ったのですが、いかがでしょうか。生まれたての赤ちゃんも原罪を背負っている、という考え方には、多くの日本人はついていけません。

モーガン　キリスト教で洗礼というものはいつ行うのか。私たちカトリックは、必ず幼児洗礼という儀式を受けます。覚えていませんが、私は赤ちゃんのとき洗礼を受けました。人間は原罪をつけたまま生まれるから、それを洗い流すために洗礼を受けるのです。

　ところが「大人になって、信者になりたいと思ってから洗礼を受けるべき」というキリスト教の一派もあります。

　アウグスティヌスは、たぶん原罪からは逃げられないから、「私はキリストに救われた罪人だ」と言ったのだと思います。

　それと同様に、ルターもたぶん自分の性欲が半端ではなく、女性を追いかけることをなかなかやめられないので、思い切って罪人だと認めてしまおう。すべてを神様の問題にして、キリストに依存すればいいと彼は言ったのです。結局、それはマニ教ですね。

　しかしルターが言っているのはとんでもないことですよ。私たち人間というのは大便なのです。大便の上に雪をふりかける。その雪がキリストなのだ。つまり人間は大便にすぎない。キリストはその上にふりかかった真っ白の雪、そういう存在だと、まさに雪と大便の二元論ではないですか（笑）。

ここでさきほどの話に戻りますが、アリストテレスやアクィナスの考えは違います。我々人間にはいいところ、悪いところが混ざっている。純粋な善、純粋な悪ではない。人間は頑張ればよくなるから、頑張りましょう、悪と善の二元ではないのだ。イエス様は、たぶんそのようなことをおっしゃった、と解釈できます。

アウグスティヌスが少しマニ教っぽくしてしまったことは、いいかどうかわからないのですが、確かにキリスト教を大きく変えたと思います。

茂木　いまこのことを伺ったのは、僕は善悪二元論が、世界を本当にダメにしていると思っているからです。つまり「自分が正義、他は悪」としてしまうと、そこにはもう会話は成り立たない。最後は暴力になる。

それでどれだけの人が死んだかを考えると、この善悪二元論、マニ教はとんでもない悪影響をもたらしたと僕は思っているのです。それがもしキリスト教の中に入ってしまったとしたら、とても残念なことです。

モーガン　善悪二元論、マニ教はアウグスティヌス経由で入ってしまったと思います。しかし中世の神学者アクィナスはちょっと違っておもしろいですよ。

たとえばアクィナスは、売春を禁止してはいけない、と言います。なぜなら禁止しても人はやるものだから、そういう法律はいらない。逆に、下手に禁止してしまえば、大衆の法律に対する尊重意識が薄まって、全体として社会が損をすると想像できる。つまり人が罪を犯すのは当然である。

このリアリズムはまさに日本の文明の考え方だと思います。人が完璧になることを必要以上に期待しないで、目の前の人間をそのまま愛しましょうと。

一方、現在の西洋は善悪二元論ばかりになっています。マルクス主義はまさにそれを体現しています。

茂木　善悪二元論は最近の日本、特にネットの言論空間で蔓延っています。何か問題が起こると、すぐに犯人探し、黒幕探しを始める（笑）。

モーガン　昔、ルター派を信じている知り合いがいました。東京大学名誉教授の平川祐弘先生の文の一部を読んだ彼はそこに書かれていた「Even the Devil is not so black as he is painted.」、つまり「悪魔でさえも描かれるほど黒くはない」に対して、「いや、これはとんでもないことだ」と。

サタンは真っ黒じゃないか。純粋な悪だと。私もそう思いますが、たとえ話と実際の話の区別が大事です。しかしお堅いルター派は、二元論が思考のパターンになっているようです。

ヒトラーは最悪の人間だと思います。そのヒトラーはイヌが好きだった。彼は99・999％いけないがイヌが好きなこと自体は悪くないでしょう。人は１００％悪、１００％善、とにかく純粋な善か悪という区別はできません。

これはカトリックの考え方で、人間は純粋な悪、純粋な善にそもそも分けることはできない。

日本人の伝統的な考え方もそうだと思いますが。

　ところが西洋世界、特にプロテスタントの世界では、この考え方は通じないですね。「ヒトラーは純粋な悪」と決めつける。もちろん悪だというのはわかるのですが、でも、〝純粋〟というものはそもそも定義できないと思っています。

茂木　聖書にこういう話があります。姦通は悪とみなされていました。石打ちの刑という残酷な処刑方法があって、みんなで姦通の罪を犯した女に石を投げて殺そうとする。そこにイエスが通りかかると、「あなた方の中で、罪なき者、石を投げよ」と。つまり罪なき者なんて一人もいない。「みんな罪を犯しているのだから、君たちにこの女に石を投げる権利はない」と言うのです。

　僕はこれがキリスト教の真髄だと思っています。人間の弱さ、悪や罪と向き合う、それを抱きしめるみたいに。

モーガン　まったくそのとおりです。あとは「サマリアの女」の話もありますね。

　イエスと弟子たちが井戸でたまたま出会った女性がいました。その女性はサマリアの人、つまりユダヤ教徒の宿敵で宗教的な確執があったのです。しかもその女性は5回離婚をしたことがある。宿敵で何回も結婚と離婚を繰り返している、とんでもない人です。

　ユダヤ人には、そういう人を相手にする人はほぼいません。ところがイエス様はあえてその女性と話をして、「あなたも人間です。あなたにも救いが訪れる」と説かれた。

　それはとてもいいと思います。人を無視して見捨てるのではなく。でもいまの西洋はやっぱ

2-2　サマリアの女

り……。

　この前、伊藤貫先生の番組「伊藤貫の真剣な雑談」でお話ししたこと、これは茂木先生の番組「もぎせかチャンネル」で初めて話したと思いますが、「プロテスタントは、キリスト教とあまり関係がない」と言ったら、かなり反論をいただきました。

　でもそうだと思います。プロテスタントは実はマニ教で、本来のキリスト教とはまったく違うものになってしまったと認識しています。いまの西洋はプロテスタントの影響が強すぎて、世界を本当に台無しにしていると思うのです。

第3章
中世の哲学

★1
アベラール　Pierre Abélard
（1079〜1142）

唯名論の祖、アベラールの数奇な人生

茂木　ここから中世に入ります。ローマ帝国崩壊後の混乱が続く中、キリスト教一色に染められた時代です。キリスト教神学のスコラ学から近代思想につながるという意味で、唯名論（ノミナリズム）がかなり鍵になると思うのですが、このあたりから話を進めましょうか。

まず唯名論で有名なのが、パリ大学の講師だったアベラール★1です。アベラールという人は、私生活も破天荒で、女子生徒のエロイーズと恋に落ちて妊娠させるという大スキャンダルを起こします。女子生徒の叔父から追いかけまわされ、最後はつかまって去勢されたという。

彼は大学を追われ、彼女は尼さんになるのです。それでも二人の恋は続くのですね。ずっと文通していてアベラールとエロイーズの文通書簡が残っています。遺言で「もう会えないけれど、一緒の墓に入れてくれ」と、最後は同じ墓に入りました。つまり当時の道徳などをみんな捨てた人なのです。

僕は、アベラールをアウグスティヌスとちょっと似ていると思ったのです。肉欲に身を任せるところがあって。これは彼の思想と関係はありますか？

モーガン　あると思います。ルターもそうでした。自分の性欲に負けてしまう。その代わりに教会を壊した。教会ではなく私の性欲が正しいと。

アベラールもまた同じように悲劇的な人でした。恋に生きたロマンチストで、明らかに天才レベルで頭のいい人です。

★2
トマス・アクィナス
St. Thomas Aquinas（1225？〜74）

私は昔、その書簡を読んで、アベラールを可哀想に思いました。ロマンチックな生涯を送った人です。

ところがそれこそが問題ではないでしょうか。頭の中には想像した天国やイデアといった、神様がつくった理想的な存在がある。しかし彼は生身の男なのです。だから女性がきれいだと思うのです。両者の間には人間の居場所はないという問題があります。

イデア論と唯名論の間には、人間がいられる場所がないということです。

そうなると、思想的な問題と個人的な問題とがほぼ同列になってしまう。キリスト教神学の世界で生きながら、自分は教え子と恋に落ちるなど、私生活レベルで問題を起こす。もし個人ワールドを優先させたいと思えば、思想ワールドを破壊しなければなりません。アベラール、ルターなどは、そういう意味で、悲劇の人間でした。

中世はある意味、この世を否定する傾向が強かったのです。この世を否定して、天国ばかりを考えていた。

トマス・アクィナス★2もその傾向がかなり強かったですし、この世の中で贅沢《ぜいたく》はできないから、かなり苦しんでいた。少し野暮ったいかもしれませんが、「渡る世間は鬼ばかり」とか（笑）。そういう感じですね。

茂木　僕が想像していたのは、アベラールがもし現代の世界に生きていたら、彼は間違いなくＬＧＢＴ運動の指導者になっていると思うのです。

モーガン　絶対そうです。現実と理想の戦いの繰り返しじゃないですか。ＬＧＢＴはまさにそ

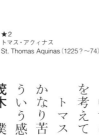

うです。
最近日本は歴史的にみるとLGBTについて非常に感情的ではないでしょうか。日本は性に関しては実におおらかでした。何がダメというのでしょうか。

茂木 西欧やイスラム世界のような迫害の歴史はないですね。

モーガン たとえばマツコ・デラックスさんやはるな愛さんなどはメディアに登場しています。昔の侍では同性愛は珍しくなく、三島由紀夫先生も天才にしてゲイでした。全然問題はなかった。では問題は何かというと、唯名論の影響です。西欧の病が問題です。現実を否定して、理想ばかりを追いかけてしまうと、現実の世界が混乱してしまいます。それこそがいまのLGBTの状況ですね。
「男になりたい」と女が言っても、それは無理に決まっています。アベラールは去勢されたではないですか。

茂木 エロイーズの叔父さんにつかまって無理やり……。

モーガン ところがいまの現実を否定する人たち、トランスジェンダー推進派は、医者に手術を「やってください」と頼んでいるわけです。その繰り返しですね。
「西欧の病」の問題は、現実と理想との共生ができないことです。我々現代に生きている人間は、中世の人間を批判する資格がないのです。彼らは、私たちに比べてまだマシでした。

茂木 アベラール本人は、これについて「罪を犯した部分に罰を受けた」と言っています。

唯名論VS実在論――普遍論争が後世に与えた影響

モーガン　唯名論の本来の哲学的問題に戻りましょう。茂木先生はいかがですか。ユニバーサルズ（universals）と英語で言うのですが……。

茂木　日本語では「普遍論争」と言いますね。「普遍」とは「変わらない」ではなく「遍《あまね》く」のほうです。モーガン先生がおっしゃったとおりで、プラトンからきていると思います。

前に説明したとおり、プラトンは、この世界のすべてのものには設計図があって、その設計図のコピーが現実のイヌやネコやミカンであるとし、その設計図を「イデア」と呼びました。イヌのイデア、ネコのイデア、人のイデアがあると言ったのです。

それを中世キリスト教の神学者がパクって、「イデアをつくったのは神だ」と言い出し、神様がつくった設計図のことを「ユニバーサルズ、普遍」と名づけました。プラトンの「イデア」のキリスト教的な解釈が「普遍」なのです。

ところが「普遍」というものが実在するのかという論争が起こります。

モーガン　そこがポイントです。

茂木　まず神が「万物の設計図」を実体としてつくったのだという考え方をリアリズム、日本語では「実在論」と言います。

それに対して、「いや、そんなものはなくていいのだ」。つまりイヌやネコという概念は、人間の頭の中に生まれるものであるから、主体は神ではなくて人間であると。これをノミナリズム、唯名論と言います。普遍的なものは名称にすぎず、実在するのはそれぞれ具体的なものだけ。普遍的な概念は現実にはないということです。

もちろん時代が中世ですから神の否定はできませんが、「神を語らなくても世界は説明できるじゃないか」と。たとえばネコというものを神がつくったかどうかは、私たちは知りません。私たちが知り得るのは「ネコ」という名前だけ。ただ単に名前だけだというので「唯名論」と言うわけです。この説明で合っていますか？

モーガン　私はそうだと思います。

茂木　僕は予備校では、この唯名論が近代的な価値観の始まりになったのだと、つまりサイエンスを宗教から切り離した、というように教えているのです。

一方で、モーガン先生がおっしゃったとおり、神が決めるべきことを人間が決めていいということになるので、これが近代の傲慢、人間の理性の傲慢につながっていくということ。この点を僕らはなかなか教える機会がないのです。

モーガン　そのとおりだと思います。宗教と科学は、そもそも対立していないと私は思います。天文学に優れたカトリックの神父様はいまだにけっこういますし[1]、その一人は理論物理学のホーキング博士とかなりディベートしていました。スピッツァー（Fr. Robert J. Spitzer, SJ）[2]という哲学者です。

「ビッグバンの前に何があったかわからないじゃないですか」

とスピッツァーは問いました。するとホーキングはこう答えます。

★3
ガザーリー　Abū Hāmid al-Ghazālī
（1058〜1111）

「いや、絶対無から宇宙が生まれたのです」

このスピッツァーはイエズス会の人で、「科学を使っても神様が存在しないことは検証できないが、無から有が生まれるはずはない。ビッグバン以前に何があったかはわからないけれど、始まりのあるモノは、それを始めた「何者か」（＝神）からくる。それしか言えない」と反論します（これはカラーム宇宙論《Kalam argument. 中世のイスラム神学。ギリシア哲学を受容し、信仰と理性〈科学的真理〉との調和を模索した》の一種でしょう）。

茂木　この議論は遡るとアリストテレスまでいきますね。宇宙のさまざまな動きには根本的な原動力、「不動の動者 unmoved mover」——それ自体は何者にも動かされず、宇宙のすべての動きの源となる「存在」があるという考え方です。

この概念をコーラン研究に取り入れたのが中世イランの神学者ガザーリー★3（カラーム宇宙論）、聖書研究に取り入れたのがイタリア人のトマス・アクィナスでした。

モーガン　この「科学とは何か」という問題を、科学者自身が忘れているようです。科学は、目に見えるデータが材料です。目に見えるデータは現実そのものですから、特にそれを信じなくて済むわけです。データに基づいて言えることは、物理的に存在している宇宙の中の物事に限定されます。科学は、神様が存在しているかどうか、そういった飛躍的な結論まではいけません。この飛躍を埋めるために、西洋の中では信条、つまり信じなければならない教えが必要になる。

ここでカントが「物自体」を措定《そてい》したことに触れます。「物自体は認識できない」とカントが定めることによって、人は神の問題を封印し、現象を科学的に探究することが可能になりました。カントはある意味で無神論です。

今日では、逆に科学は宗教的になりました。「絶対にそうだ」とか「科学がすべての問題を解決できる」と、それは宗教の主題だと思います。科学的セオリーには限界があります。セオリーは限定的なものです。「もしも」「たぶん」「たとえば」という条件下では、「かもしれない」と言える次元のものです。その次元から逸脱してしまうと、即座に宗教になってしまうのです。

茂木　日本での新型コロナ・ワクチンの有効性と危険性に関する議論は、そういった限定を取っ払い、「WHOや厚労省の専門家委員会が認めたから、絶対に正しい」という宗教になってしまいました。

モーガン　欧米でも同じです。前にも言いましたが、そもそも科学こそが人間が世界を知る原理になってしまった。知ることはあくまで人間の行動なのに、科学は人間の存在を取捨してしまう、その自己矛盾を現代的な科学のベースにしている。論理的にも成り立たないのです。

茂木　これは唯名論とどう関係するのでしょう？

モーガン　プラトンが言う「天国のイデア」はこの世にはないので、人間の頭を使って、どうやってこの世を理解することができるかを論ずるのが唯名論です。さきほどおっしゃった「リアリズム（実在論）」と逆ですね。

中世の終わり頃まで、目に見えないことについての学問を「メタフィジックス」と呼んでいたのです。アリストテレスの『フィジックス（自然学）』という本がまずあって、その次が「メタフィジックス」＝「フィジックスを超えた」または「フィジックスのあと」という意味です。

茂木　日本語では「形而上学《けいじじょうがく》」ですね。形として存在しているこの世の中を扱うのが「形而下学」。物理学や化学、生物学がそうですね。それより高い次元に存在しているイデアとか概念とか愛とか、そういう目に見えないことについて論ずるときに「メタフィジックス／形而上学」と言うんですね。現実を超越したものを考察するものと言えます。

モーガン　その形而上学はいま、西洋の中で非常に否定されています。科学史家のトマス・クーンなどが言ったとおり、科学には社会的な背景があって、科学者は自分が置かれている時代の常識（パラダイム）を無意識に受け入れているのです。形而上学が笑い物になっている現代で、科学者が形而上学をバカにすることは不思議ではないのです。

茂木　形而上学の流行が終わったとすれば、いまは何が流行っているのでしょうか。

モーガン　いまは「オントロジー（存在論）」でしょう。メタフィジックスが扱っていた天国の存在とか、天国が存在する可能性が否定されてしまい、オントロジーになって、この世の中だけが存在するということになりました。

　これは唯名論とも深くつながっています。皮肉なことに、「存在がすべて」となったと同時に存在とは何かがわからなくなる。形而上学の後にきた存在論は、存在とは何かがまったくわからないのです。

　中世のアクィナスは、いくつかのアイデアをアリストテレスから盗んだわけです。本当にコピペ（笑）。そのコピペの下に自分のアイデアを書き込む。

ところが中世の終わりになると、神の存在を大前提とするアクィナスの考えはもう通じないのです。その大前提を否定する人とどう議論ができるのか。つまりこの時代になると、神の存在を否定する、懐疑的になる無神論がますます激しくなります。

もし後代の誰かがアクィナスの哲学の中の「神の存在」を否定して、でもその考え方の芯を残したいと思ったらどうやればいいか。それを実践したのがカントでした。彼は自分の存在論を構築したのではないでしょうか。彼は無神論者とも議論しているからです。

ここで強調したいのは、これらはあくまで人間同士の論争だということです。神様の存在は一切変わらないのです。神様が存在するかしないか、自由に論じてもらいたいのですが、誰がこの西洋哲学論争で勝利しようがそれに左右される問題ではないのです。

その意味で、偉そうに形而上学を否定して存在論に切り替えた人は、何をもって自慢できるのか、よくわかりません。

その論理をもう少し膨らませると、唯名論者は、何をもって自分の哲学が合っていると主張できるのか、考えてみれば何もないのです。唯名論者自身がその踏み台をはずしてしまったのですから。

ドゥーギンによる「唯名論＝西洋の病」論

茂木　プーチン大統領に強い影響を与えているアレクサンドル・ドゥーギン[★4]というロシアの哲

★4
アレクサンドル・ドゥーギン
Aleksandr Dugin（1962〜）

学者がいます。ウクライナ侵攻を正当化した人物として西側からは目の敵にされ、娘さんを爆弾テロで亡くしています。モーガン先生は哲学者としてのドゥーギンをどう評価されますか？

モーガン　はい。とても重要なポイントです。私の好きな現存する哲学者、アレクサンドル・ドゥーギン。過激な人ですが、書いていることはほとんどうなずけます。

彼は、「西洋はどこで脱線したか。唯名論から西洋の病が始まったのだ」と指摘しました。私もそうだと思っています。

唯名論は既に少し説明しましたが、たとえば、いくつかのミカンがあって、どれもミカンと呼んでいるけど、それぞれみんな違います。その「ミカン性」「ミカンらしさ」は一体どこにあるのか。

プラトンのイデア論なら、天国に永遠のミカンの木があって、この世のあらゆるミカンはその複写だと、そういう説明がある。

逆に、ミカンは存在せず、我々は個々のオレンジ色で、ミカンのような味がする丸いものを、勝手に「ミカン」と呼んでいる、つまりただ単に名前だけ「ミカン」と呼んでいるだけで、本当のミカンはない、そういう説明もあります。これが唯名論ですね。

後者はつまり「ミカン」という概念は、ただ私たちが勝手に頭の中で想像して名前を付けただけ、という考えです。しかしこれには非常に危ない考えが生まれてきます。なぜなら、「現実はない」ことになってしまうから。そうなると、権力が決めるしかないのです。一番強い人が名前を決める権利があるわけで、まさにいまトランスジェンダーはそうではないですか。男と女との客観的区別は存在しない。もし私が自分のことを「女」と呼びたいと思ったら、私の意思が強ければ、あなたも私の想像に屈してくれ、となります。

「私は女だよ。お前もそう思ってくれ」

「いや、思えません」

そこで自分の意思を押し通すため、政治の力も使い、現実を否定しようとする。相手の意思を屈服させるまで押そうとする。つまり現実を無視したら、次の段階は、終わりなき暴力です。現実を否定する人間は、永遠に安定した精神、安定した社会を期待できない。すべてが暴力的に決められるわけです。

ドゥーギンはこういう状態を唯名論が原因だ、と論じています。私もそうだと思います。唯名論は全然ダメです。

たとえそうだとしても、本来の問題がまだ残されていると認めなければなりません。ミカンらしさはどこからくるのか、その疑問は残っているんですね。「唯名論はダメ！」と叫ぶ私は、結局、皮肉なことに、猛烈な唯名論者になっている！　口先だけで大きな声で「こうだぜ！」と言っても、現実の説明にはなっていないのです。

「トマス・アクィナスはアリストテレスに洗礼を施した」

茂木　ここまでお話ししてきた「普遍論争」に一応の決着をつけたのが、既に何度か登場してきた中世最大のスコラ学者トマス・アクィナスです。アクィナスの話に入りましょう。この人はドミニコ会修道士ですね。ドミニコ会は異端審問でも悪名高いのですが、その一方で学者をたくさん輩出していますね。これはどういう組織なのですか。

モーガン　当時のヨーロッパでは文字を読める人はほとんどいませんでした。教会には通っていても、キリスト教について理解している人はほぼいなかったでしょう。中世の教会には、像やステンドグラスなどがたくさんありました。教会に入ると聖書の物語がわかる絵をいっぱい飾っていました。しかし聖書の教えの詳細は、本を読めない人には理解できなかったことが多かったでしょう。

茂木　まして当時の聖書はラテン語で書かれていましたから、一般の人が読めなかったのは当然ですね。一般の日本人が漢文で書かれた仏典を読めないのと同じことです。

モーガン　識字率は非常に低いわけです。[3] ドミニコ会を立てたドミニクス★5という人はお説教が上手でした。ドミニカン（ドミニコ会修道士）の役割は、愚かな大衆の中に入っていき、キリスト教はこういうものと説明することでした。つまり頭の中の整理ができている冷静な人であることが求められた。

アクィナスはまさにそのとおりの人で、頭の中でなんでも整理ができた。彼の本を読むと、アリストテレスやアラブの哲学者、そういう人たちの哲学論議は難しいのですが、それでもかなり整理できているわけです。彼のハードディスクは容量も速さも抜群でした。

アクィナスの最大の功績は、アリストテレスの形而上学をキリスト教神学の道具として発展

★5
ドミニクス　St. Dominic
（1170～1221）

★6
アヴェロエス　Averroes
（1126〜98）

させたことです。「トマス・アクィナスはアリストテレスに洗礼を施した」とよく言われます。

茂木　アリストテレスの著作は西ヨーロッパではほとんど忘れられていました。教会が東西に分裂して、ラテン語聖書を使うカトリック教会とギリシア語聖書を使う正教会（オーソドックス）が相互破門に至った結果、カトリック教会はギリシア語自体がけしからんと言い出しまして、ギリシア語の本を持っているだけで、「お前は異端者か？」とまで疑われたんです。

　だから西ヨーロッパではギリシア語の本はどんどん焼かれ、アリストテレスなんか誰も読んだこともない。かすかに名前くらいは伝わりましたが、学説の中身はよくわからない状態が何百年も続いていました。

　むしろイスラム教徒がアリストテレスを高く評価していて、普通に研究していたのです。アヴェロエス＝イブン・ルシュド★6が詳細なアリストテレスの注釈をイベリア半島のコルドバで書いていました。

　数百年後、西ヨーロッパ人がアリストテレスを再発見したのは、まさにイベリア半島（現在のスペイン）でした。キリスト教徒がイスラム教徒を徐々に追い払っていくレコンキスタ（キリスト教徒による国土回復運動）、十字軍のミニチュア版がありました。その過程でトレドという街を占領したキリスト教徒がアラビア語に訳されたアリストテレス関連の書物を発見したのです。それをユダヤ人が翻訳して……。

モーガン　そう、ユダヤ人の役割が大きい。

茂木　「これがアリストテレスか！」とみんなが驚いて、そこから研究が始まりました。本格的

★7
アルベルトゥス・マグヌス
Albertus Magnus（1200頃〜1280）

な研究は12世紀になってからなのです。トマス・アクィナスの先生のアルベルトゥス・マグヌスが★7、かなり研究していますね。

モーガン　アクィナスの師匠にあたる人ですね。

キリスト教以前の古代の人物であるアリストテレスは、ペイガン（異教徒）ですね。いまもよく日本人について言うとき、この言葉を耳にします。ペイガンとは、キリスト教を信じていない人のことで……。

茂木　「キリスト教も知らない愚か者」という意味ですね（笑）。

モーガン　そうです。アリストテレスは異教徒《ペイガン》だ、とよく思われました。ところがアクィナスがすごかったのは、「違います。キリスト教の神様がこの世界をつくったので、世界には良いことがいっぱいあるはずです。キリスト教徒でない者にとっても、真実は真実です。あらゆる真実は、神がつくったものなのですから」と主張したことです。

アウグスティヌスも同じことを書いています。真実は真実であり、その人がキリスト教の信者ではなくても、その真実を認めるべきだと。

アクィナスもそういう人でした。アリストテレス、アラブの哲学者などは、キリスト教徒ではないですが、だからといって、彼らが言っていることを無視していいとは決して言えないということです。

たとえばアリストテレスは当然、イエス様の存在は知りません。その前の時代に生きたからです。それでも彼は神様から与えられた理性を生かして、ある程度この世の中がわかったと。

★8
ニュートン
P.181参照

★9
コペルニクス　Nicolaus Copernicus
（1473〜1543）

もちろん、アリストテレスが言っていたことがすべて正しいとは思いません。たとえばアリストテレスが言う、この宇宙を動かす「不動の動者 unmoved mover」が、かなり複雑な仕組みを駆使しているという仮説から、惑星の動きも説明できる、というのは、いまではまったくナンセンスに思えます。

けれどもアクィナスは、アリストテレスの「不動の動者」は、天地創造の神様だ、と補足するわけです。ここがアクィナスのすごいポイントだと思います。

アクィナスの時代が終わって近代に入れば、アリストテレスが想像したとんでもない宇宙の仕組み全部を壊して新しい宇宙のセオリー（理論）、たとえばニュートン★8とコペルニクス★9とライプニッツ★10とガリレオ・ガリレイ★11のセオリーが普及しましたが、アクィナスがやったことは、彼が生きていた中世という時代を考慮に入れれば、すごいと思います。

もちろんかなり攻撃されましたよ。アラブのイスラム教徒やユダヤ人が訳したものとか、しかも異教徒の本も読んでいるじゃないですか。だからよく批判されました。それにちゃんと反撃して脅し半分で反論しているのです。

「もし俺に問題があるのであれば、直接出てきて論争しろ」と書くのです。アクィナスは男だった（笑）。

『神学大全』は唯名論と実在論の調和を目指した

茂木　「神様の話を持ち出さなくても世界を説明できる」という唯名論に対して、実在論の側は「聖書に書いてあるんだから、聖書が絶対なんだ！」というレベルの反論しかできなかった。

それでは説得力がないから、アクィナスは異教徒の哲学者アリストテレスを引っ張り出してきて、聖書をまるごと信じるのではなくて、人間の理性を使ったとしても、神の存在はある程度は証明できるのだと、だから無神論になってはいけないということを説いた人だと、私は理解しています。

唯名論が全部ダメなのではなくて、唯名論で説明のつく部分はあるし、実在論で正しい部分もあると。アクィナスは聖書の内容について、「この部分は証明可能」「この部分は証明できない」と仕分けしていったのです。それが『神学大全 Summa Theologiae』という本です。だから唯名論と実在論の調和を図った、というふうに言われます。ものすごくバランスのいい人ですよね。

モーガン　バランスがいいです。茂木先生のおっしゃったことは、アクィナスの本を読むとすぐわかります。『神学大全』は問いから始まる。問いに数字がついているわけです。たとえばクエスチョン48。どういう問題があるかまず紹介します。こういう問題があります。こういう意見があります。そこで必ず、たとえば聖書から引用して「イザヤ書 Isaiah」何章何節にこうあり、アウグスティヌスはこう言った、シリアの神学者偽ディオニシウス・アレオパギタ★12はこう言った……などと書かれるわけです。

茂木　聖書や神学者の著作だけでなく、古代の異教徒の著作からも引用しているのがおもしろい。

モーガン　そうですよ。1つずつ反論して片づけて「論理的に考えるとこうです」と。「それは神様が言っているから」とは言わないのです。そこがすごいのです。

　これがドミニカンですね。誰が聞いても納得できるような話をする。「神様はこうおっしゃった、以上」ではなくて、「神様はこうおっしゃっているが、自分の頭を使って考えてみればどうかな、人間の理性を使って真実を追求すればどうかな」というスタンスです。

茂木　「むしろ合理的に考えると神がいる、と考えたほうが説明がつくのである」という言い方をするのです。「聖書を全部信じろ」ではなくて。

モーガン　そう言われると説得力がありますね。宗教と科学という対立にはなっていないのです。ガリレオの地動説問題はありましたが、それは宗教問題というより、教会の中の官僚組織と、ガリレオという頑固おやじとの間の軋轢《あつれき》にすぎないでしょう。

　一般的なガリレオ問題の捉え方が少し違っていると思います。結局、宗教も科学も限られた知識なのです。宗教を信じても科学を信じても、人間は同じ限られた人間なのです。だから、キリスト教の信者でなくても誰でも理性を生かせば、ある程度この世の中は理解できると。神の存在さえ理解できるという。

茂木　僕がこの人に興味を引かれるのは、『神学大全』を完成させる前に、突然書くのをやめてしまったのですね。「何か」が起こったらしいのですが、わからない。教会で祈っているときに、何かを見たか聞いてしまったか……。つまり神秘体験をしてしまって、神の存在は論理で説明するのは無理だ、と書くのをやめてしまうのです（笑）。

理性を極めた人が、最後に理性を捨てるという。数奇な人生ですね。

モーガン　最後に「私の本は藁《わら》にすぎない」と言ったのは、本当に衝撃を覚えますね。何かを見てしまったのですね。

イスラムの哲学が中世の西洋に与えた知とは？

茂木　これと同じことが、イスラムの哲学者でガザーリーという人に起こります。ギリシア哲学を使ってコーランを論証しようとした人なのですが、彼も最後に「神は論理では説明できない」と言って、書くのをやめてしまう。これが宗教の本質だと思うのです。

モーガン　日本では、イスラムの哲学者とユダヤ人の哲学者がどれだけ西洋に影響を与えているかについてまとめられたものはありますか？

茂木　「12世紀ルネサンス」といって、高校教科書で教えていますよ。

モーガン　12世紀ルネサンスは非常に大きいポイントです。イスラムに関しては、一般的な批判として、失われた啓蒙主義（Lost Enlightenment）という概念があります。イスラムには啓蒙思想のような過去があったが、それは終わったという内容で、西洋人の傲慢がちょっと感じられる考え方です。

私は、イスラム教がダメになったのは啓蒙思想ではなくて、アクィナスのような人間がいなかったからだと思います。つまり、神の存在を絶対化した。対話がない。いまもそうだと思いますが、イスラム教の一部には、こういう思想があります。

「この世の存在、宇宙は、神様が一瞬ごとに壊し、また創造し、また壊して……」

つまり神様の存在が絶対です。人間の理性は使えないという感じ、神の意思がすべて。これは皮肉なことに、非常に世俗的な考えなのです。誰でもわかることができるからです。

神様は一体どういった存在か、神様が我々に見せてくださらない限り、我々には知りようがないのです。よって人間は、認識論的に宙ぶらりんの状態にいるのです。

茂木　アッラー（神）を絶対的なものとして祭り上げた結果、人間の力、人間の理性では神の存在を論証できない、という自縄自縛《じじょうじばく》に陥っている……。

モーガン　神の存在を絶対に否定できないし、同時に神の存在を絶対化もできない。だからこそイスラムは、非常にモダンな道を選んだと言えます。オサマ・ビンラディンらイスラム過激派は、宗教を政治の武器として使ったわけです。本当に信心深い人なら、そういうことは絶対にしないと思います。神様は人間をはるかに超えた存在だからです。簡単に神の意思を政治の道具に書き換えられない。神様を天国から引き下ろして、この世の中で役割を果たしてくれ、という一部のイスラム教徒は、西洋のモダンの人々、啓蒙思想ギャングと変わりません。
もしアッラーが絶対であれば、この世的に絶対であれば、「イスラム」は服従、神の意思に従うという意味でしょう。そうなると科学的思考は無意味になりますね。

この世の中は神様がつくって、壊して、つくって、壊すので、意味がない。神が「死ね」と言えば死ぬしかない。「殺せ」と言ったら殺すしかないというように。

イスラム教の哲学は一切否定するつもりはないですよ。かなり尊敬しています。いまもかなりすごい哲学者がいっぱいいますし。しかしイスラムに必要だったのは啓蒙思想ではなくて、アクィナスですね。

茂木　イスラムも時代によってどんどん変わるのです。アッバース朝の時代、都のバグダッドには知恵の館（バイト・アルヒクマ）という大学があり、プラトンからアリストテレスからギリシアの哲学をどんどん翻訳していきました。さきほどのガザーリーみたいな学者が、まさに理知的にコーランを解釈していたのです。

そういうものすごい時代がなんで終わってしまったかというと、モンゴルの侵入です。モンゴルが13世紀に攻め込んできて、大学を破壊するのです。しばらく異教徒であるモンゴル人の圧制のもとでイスラム教徒は苦しんだ。そこで何が起こったかというと、「我々がイスラムの教えを軽んじたからだ、これは罰なのだ」と彼らは考えました。だから本当の、純粋なイスラムに戻ることによって、異教徒から脱することができるという、非常にラディカルな思考にたどり着きます……。

モーガン　ファンダメンタリズム。

茂木　原理主義が出てくるのがモンゴル時代です。そうすると自由な研究はできなくなるじゃないですか。

同じ頃、西ヨーロッパでは逆に12世紀ルネサンスで、イスラムから受け継いだアリストテレスが花開いたのです。実はこの12～13世紀は、ヨーロッパとイスラムが完全に逆転した時代なのです。

モーガン なるほど。おもしろいですね。

堅いフランチェスコ会と緩いイエズス会

茂木 モーガン先生、さっきアクィナスがドミニコ会士だったという話が出ましたが、そのライバルでフランチェスカンがありますね。聖フランチェスコ[13]という人が開いた修道会です。イタリアの富豪の息子として生まれ、教皇のために戦い、騎士になることを目指していたフランチェスコ青年がある日、「なぜ主人に仕えず、僕《しもべ》に仕えようとするのか?」という「声」を聞き、全財産を放棄して修道士になってしまいます。彼の仲間たちは貧民とともに暮らし、お布施だけで生活したので、「托鉢修道会《たくはつしゅうどうかい》」と呼ばれました。どちらかというと唯名論的な人はフランチェスコ会の人が多いですよね。

モーガン そうですね。

茂木 ウィリアム・オッカム[14]も、錬金術の研究をしたロジャー・ベーコン[15]もフランチェスコ会。あれはどうしてなのでしょう?

★14
ウィリアム・オブ・オッカム　William of Ockham
(1285頃～1349頃)

★13
フランチェスコ　St. Francesco d'Assisi
(1181／82～1226)

★15
ロジャー・ベーコン　Roger Bacon
（1214〜94）

★16
マテオ・リッチ　Matteo Ricci
（1552〜1610）

モーガン　それは正直わかりません。なぜフランチェスコ会が唯名論になったか。その研究をしたことはないです。ただフランチェスコ会は体験的ですよね。つまり神様がつくったこの世の中で、自分たちは貧民街に住んで、実際に貧しい人々として生きる。そう考えると、自分というものを捨てて、神様の意思、神様の存在と一体になる傾向があると、いまこのように想像しています。ある意味単純です。

たとえばヨーロッパ人が中国に行ったときの話をしましょう。イエズス会の宣教師たちも中国で布教にあたるわけです。そのときに中国に行ったイエズス会のマテオ・リッチ★16らは、儒教に基づく祖先崇拝などの儀式を見るわけです。異教徒の儀礼をどう見るか、そういう問題に直面したのです。

そのときのライバルがフランチェスコ会でした。彼らはこれを「悪魔がつくった」「サタンがつくった」などと批判しますが、イエズス会は「いや、これにもいいところがあるんですよ」と。儒教にもいいところがいっぱいあるよと、イエズス会の人々は言ったのです。

フランチェスコ会は、「イエズス会が儒教の儀式などを肯定している」とローマ教皇に訴えます。それで教皇が、「お前たち、異教の儀式はやめろ」と命令するわけです。

つまり中国の文化・文明はすべてダメ。純粋なキリスト教を布教しなければならない。これを「典礼論争（Rites Controversy）」と言いますが、西洋の思想史の中で、非常に重要な転換期だと思います。

フランチェスコ会は堅いのです。非常に堅い。神様の存在は絶対ということで、イスラム教に近いのです。その裏で世の中の独立的な存在や論理を否定して、残るは人間の言葉だけということになるのかなと。

もう1つ想像すれば、唯名論は、やはり人間の理性には限界があるので、私たちはただ名前をつけているだけで、神の絶対性は言うまでもないこととして言及しない。私はいまそんなふうに想像しているのですが、研究していないのでわからないです。

茂木　フランチェスコ会とイエズス会は、布教する地域をしっかり分けていて、ポルトガルの勢力圏はイエズス会、スペインの勢力圏はフランチェスコ会という決まりがありました。日本に来たイエズス会は、日本人の信仰に対しては比較的緩かった。神社仏閣を破壊したキリシタン大名もいましたが。フィリピンはスペインが占領したから、フランチェスコ会が入っていって、もともとのフィリピンの先住民の宗教を、徹底的に破壊したのです。だから彼らからするとポルトガルのイエズス会は「生ぬるい」のです。

「なんでアジア人の異教と妥協するのだ」と言うように。

後に日本にもフランチェスコ会は入ってきて、これはマズいというので豊臣秀吉は彼らを捕まえて、長崎で処刑した。日本二十六聖人と言われる人たちで、多くはフランチェスコ会士と信者でした。むしろイエズス会は、秀吉に協力したという。

モーガン　まさにそうです。邪魔者は入ってくるな、と思っていたのです。

茂木　緩いイエズス会だったからまだキリスト教は日本で布教がうまくいったのです。キリスト教の神はラテン語でデウス（Deus）と言いますが、これをどう訳すかということで、ザビエルは「大日」と訳したのです。大日如来だと（笑）。太陽神だから別に問題ないだろうと。だから受け入れられたと言えるでしょう。

モーガン　そこが分け目ですね。

キリスト教は本地《ほんじ》垂迹《すいじゃく》から生まれた宗教

茂木　トマス・アクィナスがドミニコ会士だったという話ですが、一方でドミニコ会は、非常に過激な異端審問をやっているのです。中世の後半にカトリックから異端と見なされた人間を拷問にかけて火あぶりにするという異端審問が繰り返されますが、その審問官はほとんどがドミニコ会でした。

ウンベルト・エーコの『薔薇の名前』は異端審問を描いた作品ですが、ドミニコ会の審問官ベルナール・ギーを、フランチェスコ会のウィリアムが追い詰める、という設定です。ドストエフスキーの「大審問官」のモデルとなったトルケマダもドミニコ会士でした。ドミニコ会による異端審問はトマス・アクィナスの柔軟性と矛盾するように思うのですが、アクィナスはドミニコ会の中では、変わった人なのですか。

モーガン　イベリア半島でレコンキスタ（キリスト教徒による国土回復運動）があって、政治的背景が大きく変わったのではないかと思います。フランシスコ・スアレス★17は重要人物ですが、イエズス会士ですね。彼はスペインの変わりつつある政治背景に対して、キリスト教はどうある

★17
フランシスコ・スアレス
P.143参照

3-1　異端審問

べきかを考えた人です。当時のイベリア半島の政治的な変化が非常に重要だと思います。キリスト教、西洋哲学を理解するには、イベリア半島の歴史を知らないと、ちょっと理解できないと思います。

茂木　スアレスは宗教改革の嵐の中で、カトリック神学の立て直しをやった人ですね。同時に、スペインによるアメリカ先住民への圧制に対しては批判的でした。

ところで異端審問の始まりは、13世紀、カタリ派戦争のときですね。南フランスにカタリ派（アルビジョワ派）という異端が現れて、これがまたぶっ飛んでいるのですが、「神は二人いる」と言うのです。なぜなら聖書が2つあるだろうと。旧約の神と新約の神は違うだろうと言うのです。この旧約を認めなかったカタリ派の討伐の中心だったのがドミニコ会ですよね。

モーガン　そうです。フランスもそうでしたね。おもしろい本があるのです。[5] その当時のフランス王が「聖王」ルイ9世ですね。なぜその人が異端討伐をやったのか、という謎について説明しているのです。

つまりルイ9世は、全世界がミサ（カトリック教会の重要儀式。イエスの肉体と血を象徴するパンとワインを、信徒が共食する）だと思っていて、神がつくった全世界が平和な状態であってほしい。

その中に異端者が現れたら、それは世界の平和に対する脅威だから、彼らを排除しなければ、この世の中は平和にならない。つまり、彼らをなくせばいいと。

でもそれはまさにジェノサイドですね。本物のジェノサイドです。凄まじい皆殺しをしたのです。そのご指摘は、おもしろいポイントですね。考えたことがなかったですが、それもドミニコ会ですね。

茂木　ルイ9世が言っていることは、アメリカ政府を牛耳ってきたネオコンと同じじゃないですか（笑）。それでは彼に討伐されたカタリ派とは、いったい何を信じていたのか？

旧約の神ヤハウェ（Yahweh）は非常に恐るべき神です。敵に対しては皆殺しにしろとか、街を滅ぼせとか、平気で命令する神です。

ところが新約の神イエスは、本当に愛の神です。

「右の頬を打たれたら、左の頬を差し出しなさい」

正統派キリスト教は両者を同じ神と主張しています（アタナシウス派の三位一体説のこと。ローマ=カトリックと東方正教会はいずれもこの考え方）が、それは違うだろうとカタリ派は言う。おもしろいのです。

そもそも人間の肉体をつくったのは旧約の神です。旧約の創世記に「神は土からアダムをつくった」と書いてあります。土から生まれた肉体は汚らわしい。食欲や性欲にまみれ、どんどん年老いて最後は死ぬ。このように不完全で汚れた肉の塊をつくった旧約の神は、実は悪魔なのだと言うのです。

これに対して新約の神は魂をつくった清らかな神です。だから人間は、「悪魔のつくった肉体の中に、本当の神がつくった魂が閉じ込められている」という話になっている。

どこかで聞いた話ですが、前にお話ししたマニ教なのです。マニ教徒がペルシアから逃れてきて、キリスト教徒のふりをしたのが実はカタリ派なのですね。

カタリ派から見れば、正統派キリスト教は、「ヤハウェがイエスとして宿った」と教えていますから、「ヤハウェ信仰＝悪魔崇拝である」という結論になります。教皇は激怒し、その命を受けたフランス王のルイ9世が討伐軍を差し向け、ほとんど皆殺しにしたのです。アルビジョワ十字軍と言います。

モーガン　カタリ派が問うているのは、キリスト教の根本ですね。考えてみると旧約の神と新約の神はかなり違うわけです。二人の神がいると、聖書を普通に読めばそう思えますね。街を滅ぼす神と、人のために死ぬ神……違いますね。しかしそれはキリスト教の根本にかかわる致命的な脅威です。だから教会側は認められないと。ルイ9世はもしかしたらバチカンに利用されたのでは、という指摘もあります。もし異端を放置すれば、キリスト教のブランドが崩れてしまう……。

茂木　キリスト教が言う「我々の神」とは本来はイエスですが、三位一体説（神、イエス、聖霊は3つの位格として一体で現れるという説）により旧約のヤハウェでもあると解釈されました。ユダヤ教のヤハウェ信仰を取り込んだわけです。

モーガン　これは本地垂迹《ほんじすいじゃく》ですね。キリスト教の教えというのは、ほとんど本地垂迹です。

異教徒《ペイガン》の祭り、たとえばイースター（Easter）は、もともと異教徒からくるのです。

茂木　そうです。あれはもともと春分の祭りです。

モーガン　ところがキリスト教は、「いや、イースターは我々のものです」と。クリスマスもそうですね。これに対してカタリ派が、「冷静に考えれば違いますね」と（笑）。でもそう言われたくない。認めてしまうと、キリスト教の教義が総崩れになる。

茂木　モーガン先生がおっしゃった「本地垂迹」は、目から鱗《うろこ》です。この言葉は、仏教が日本古来の神道を取り込んだことを意味します。神仏習合とも言いますね。仏教側としては日本の神々をどういうふうに説明するのか？

「インドの仏が日本にやってきて神になったんだ」と。

神々とは、仏が姿を変えたものなのだと。もしくは日本の神々というのは、いま仏になろうと努めている、修行中の身だと説明します。だから仏教が本体で、神道はそれに従属するのだと。これが本地垂迹です。ところがキリスト教も同じことをやっていたわけですね。

モーガン　いろんな宗教に本地垂迹とよく似た現象が見られます。弘法大師が、このお寺を守護してくださっているのは古来の神々ですと言いましたが、キリスト教はそのようなことを繰り返し行っているわけです。新しい地域で布教するとき、「あなたたちの神は、実はキリスト教の神なのだ」とか、「あなたたちも聖人になれるのだ」と。これはまさにダイナミックな本地垂迹です。キリスト教の歴史とはその繰り返しです。

キリスト教は本地垂迹から生まれた宗教だと思います。イエス様の最初の弟子たちは、自分がキリスト教徒だと思っていなかったのです。皆ユダヤ教徒だと思ったまま死んだわけです。

1つ重要なエピソードがあります。正統派のユダヤ教では男の子が赤ちゃんのときに割礼をしますが、割礼していない異邦人、ローマ人などは仲間とみなされません。

そういう異邦人でもイエス様を神様だと思えば、キリスト教徒の輪の中に入れるのです。

または神々にお供えされた肉などは食べてもいいのかと。ローマの神々に供えられた肉を食べていいのか。結論は、誰でもウェルカムとなる。要は自分たちのユダヤ人らしさ、もっと正確に言えば自分たちのユダヤ人としての特別さを捨てたのがキリスト教なのです。旧約聖書にはあれを食べるな、これはこうやって料理して食べろと、細かい食事についての制約が存在するのです。

茂木　律法ですね。

モーガン　「この動物を食べてはいけない」とか。

茂木　「ブタを食うなとか、土曜日は仕事をするな」とか。

モーガン　そのような本当に細かいルールがあります。もちろん私たちキリスト教の信者は、安息日は仕事をしないことが十戒の中に書かれてあるので、日曜日は休みますが、食事の制約については一切無視です。しかし考えてみれば、同じ神がそうしろと言っているのであれば、それにも従うべきですよね。

キリスト教は、旧約の神を一部否定して、自分なりの信仰に合わせた神をあらためて発明したわけです。安息日はユダヤ教では土曜日ですが、キリスト教の場合、それがイエス様が日曜日に復活したから日曜日に変わったのです。

まさに本地垂迹ですね。イエス様が旧約の神ヤハウェの細かいルールを乗り越えて、新しい契約を成した。これこそキリスト教の誕生であって、キリスト教のDNAなのです。

ユダヤ教の神は、本当はイエス様だ。人間イエスがなぜ神になるのか。それは、イエス様の中で神性と人間性が完全に融合する。つまり位格的結合（hypostatic union）です。これ自体が本地垂迹ですね。なぜあの旧約の神が、我々が信じているイエスという人間と同じなのか。つまり昔の神を受け継いで自分のものにすることが、キリスト教の中の本地垂迹だと考えています。

クリスマスもそうですね。クリスマス、つまりイエス様の誕生日がいつかはわからないけれど、ゲルマン人やケルト人の異教徒《ペイガン》たちが、太陽がいったん止まって、また動き出すと信じていた。キリスト教徒は、太陽が蘇った古来の祭りの上に、イエス様が蘇ったのだと意味を重ねた。これがまさに本地垂迹ですね。クリスマスツリーも本地垂迹だとか、いろいろあります。

茂木　春の訪れを待ちわびて、冬でも緑のモミの木をまつる。日本のお正月の門松と同じですね。これは中東で生まれたキリスト教が、冬が長い北欧の習慣を取り入れたものです。非常に腑に落ちるお話でした。よくわかりました。

第4章

近世の哲学

★1
ルター　Martin Luther
（1483～1546）

本当は恐ろしいルターの宗教改革

茂木　いよいよ宗教改革の時代に入りましょう。ルター★1が言ったことは要するに、もともとのヨーロッパの異教徒《ペイガン》たちの神々を取り込んできたカトリックの、本地垂迹的なやり方はおかしいと。純粋な一神教のキリスト教に戻ろう、という運動ですよね。

教会でイエス様やマリア様、聖〇〇様をたくさんまつっているのはおかしい。旧約には「偶像をまつるな」と書いてあるだろう、十字架だけまつればいいのだ、というようなことをルターという人が言い出します。彼は、どうしてそういう考えになったんでしょうか。

モーガン　茂木先生がおっしゃったとおり、ルターは唯名論のアベラールと近いのではないですか。アウグスティヌスにも近い。私もルターをけっこう読んできましたが、彼は、あくまで自分の都合のために、非常に複雑な哲学を展開していると、感じます。

つまり性欲に負けてしまうのが人間だと。私は性欲に負けてしまう。カトリック教会があれもダメ、これもダメと言っているが、教会自体を否定してしまえばそういった束縛がなくなるだろうと。つまり自分の都合に合わせて書いている感じが強いですよ。

ルターが言ったのは、「昔のキリスト教に戻ろう」ということです。でも、ここが重要なポイントですよ。カトリックの信者として私はどうしても申し上げたいのです。そもそも聖書を編纂したのはカトリック教会です。

聖書として認められなかった文書がたくさん存在したわけです。教会が「あれはダメ」「これはOK」と審査して、いまの聖書を編纂したわけです。ルターはその聖書を基準にして、本来のキリスト教に戻ろうという。そこがそもそもおかしいのです。

もし戻ろうとするならば、プロテスタントとして、教会の権限を否定する人間として、聖書は絶対に使ってはいけない。カトリック教会がつくったわけですから。だから彼は、この聖書の中のここを削除しますとか、これはあとで入れられた1行だから削除しますというように、自分であらためて聖書を書き直す必要があるわけです。

そもそも聖書でキリスト教を説明することがおかしいと思います。キリスト教はイスラム教やユダヤ教と違って、「本の宗教」ではないのです。

イスラム教では「啓典の民 People of the Book」と呼びますね。ユダヤ教、キリスト教、それからイスラム教と、3宗教はみんな同じ唯一神のお言葉を記した「聖なる書物」を大事にする仲間だと。一神教はみんな同じだと言っていますが、まったく違うと思います。

初期のキリスト教徒は、新約聖書を1回も読んだことがなかった。新約はまだ存在していなかったからです。ではその時代、たとえば聖パウロは、キリスト教徒ではなかったと言えるでしょうか。言えないでしょう。聖パウロ自身が新約の一部（パウロ書簡）を書いているわけですから！

しかし私は、「パウロ教」を信じているのではありません（聖パウロがキリスト教を発明したという説もありますが、それはいったん置いておきます）。

キリスト教は本の宗教ではなくて、伝承の宗教です。言い伝えを信じている。そう書いてあるからではなくて、そう口承されているから信じるのです。イエス様という人がいて、その伝承が世代から世代へ受け継がれていまのキリスト教が存在する。キリスト教は柔軟なのですよ。本当に本地垂迹に優れている宗教なのです。

「そういう神がいるのね。いいじゃないですか。どうぞウェルカム！」

「あの神はキリスト教の神かもしれないから、あの神も違う形で受け入れましょう」

日本に来て、ああ、なるほどと思いました。いろいろな宗教があって、それに対して日本人は寛容ですね。寛容すぎるとよく言われますが、あの神もあの人も、みんなウェルカム。それは実はカトリック的なんですね（笑）。

失礼ですがルターにはドイツ人特有の頑固さがあります。ドイツ人は頭が固くてすごい存在ですよ。とにかくローマの支配が嫌なのはわかりますが、ローマ帝国時代から連綿と続く、ローマに対する嫉妬ややきもちが、ルターの中ではバリバリに燃え上がっている、という背景もあります。たぶん宗教問題ではないですね。ルターは日本人を見習えばよかったのです（笑）。

茂木　ドイツのナショナリズムとつながっているのですね。ルターはアウグスチノ修道会ですが、このことも彼の思想と関係ありますか？

モーガン　たぶん先生が前におっしゃったとおり、マニ教的な善悪二元論そのものですね。アウグスティヌス本人はある程度それを乗り越えて、キリスト教の中に織り込んだわけです。

ルターがそれを破壊して、元の善悪二元論に戻ってしまうのは……、おもしろいですよ。ルターは神は善、人間は悪、我々はただの大便だと。イエス様は我々人間という大便の上に白い雪を振りかけた。これは善悪二元論でしょう。しかしマニ教と違うのは、この世は全部ダメ、人間はみんなダメだと言う。これでは救いがない。

カトリックは、「いや、我々人間は確かに愚かなことばかりするけれど、でも善良な存在でもあるのです。お母さんは、何もできない自分の赤ちゃんを愛する、それはよいことではないですか」と考える。

そのような複雑な人間論に対して、ルターは「いや、大便です」と言うのです。単純な善悪二元論ですね。アウグスティヌスが取ったバランスを破壊して、「いや、悪はいらない」と。

次のルターの「名言」を考えてみてください。

「理性は信仰の正反対のものだから、理性を捨てたほうがいい。理性を信じている者は殺され葬られるべきだ[1]」

これは完全な二元論です。そして、二元論と暴力との関係をよく示してくれる発言ですね。

茂木　アウグスチノ修道会とは、聖アウグスティヌスが創設したのではなくて、アウグスティヌスを崇める人たちが後に立ち上げた団体で、アウグスティヌスが乗り越える前の単純二元論をそのままキリスト教に持ち込んだということですね。

それをルターが学んだ。そのことが、彼の言葉からよくわかりますね。

モーガン　ドイツのナショナリズムという視点からルターの本を読むと、最初、ルターはカトリック教会から離脱するつもりはなかったと思います。１５１７年に発表した「95カ条の論題《テーゼ》」を教会の扉に釘で打ちつけて、教会を批判しただけです。

ところが話が広がれば広がるほど、ドイツの諸侯たちは、「これはいいチャンスだ」と便乗して「ローマ教会から離脱しましょう」と煽ったので、すぐ政治問題になってしまったのです。ルターがその渦に巻き込まれたのだと、思います。最後にルターはマルクスのように、「ちょっとマズいことをやってしまった」と反省していたかもしれない。「私は何をつくっちゃったのだろうか。そんなつもりではなかった。そこまで言わなかったよ」と（笑）。

茂木　最後にはルター派諸侯とカトリック諸侯との内戦になってしまいます。こんなに大騒ぎになると、ルターは思わなかった。

モーガン　そう、そこまでいくとは思わなかった（笑）。

茂木　ルターとエラスムス★2の論争がありました。人間は自由意志を持つか持たないか。エラスムスは「人間は理性を持つから自己判断できる」と言い、ルターは「人間は大便だから、神に従え」と言った（笑）。

僕ら日本人は、カトリックというのは十字軍や、宗教裁判、異端審問を行ったりして、それこそが怖い宗教で、それと戦ったルターはヨーロッパをいい方向に導いていったと学校で教わってきていますが、実態はそんな単純な話ではなかった……。

モーガン　私の偏見が強いのかもしれませんが、ルターとそのあと出てくるジャン・カルヴァン★3は、本当にジェノサイドのDNAを持っています。実は、ルター派やカルヴァン派も魔女狩りをやっていますからね。

★2
エラスムス　Desiderius Erasmus
（1466頃〜1536）

★3
カルヴァン
P.146参照

茂木　カルヴァンはサイコパスですよ。
モーガン　恐ろしい人間ですね。

フランシスコ・スアレスが近代的個人の1つのルーツ

モーガン　ちょっと1点だけ。宗教改革の歴史的背景がおもしろいと思います。「個人」とは誰か、「個人」の権利とは何か――。宗教的秩序の中に聖職者とか平民とかヒエラルキーがきっちりあった中世から、民主主義の芽生えがみえる近代に入っていきますよね。個人とは誰か、王様の権力はどこからくるのか。このことについては、その後ルソーなどが主張します。唯名論から宗教改革へと「個人」が肥大したことが、ロシアの哲学者ドゥーギンの言う「西洋の没落」の始まりです。

この時代のアクィナス学派の最後の人として知られているフランシスコ・スアレス★4は、ほとんどアメリカでも知られていません。日本でもたぶん知られてないと思いますが、非常に重要な人です。

茂木　スアレスはイエズス会ですね。
モーガン　イベリア半島生まれのスペイン人でしょうか。彼の主張は私からすると、初期民主主義（protodemocracy）のカトリック論です。

「私には理性があるから、個人として価値がある」と考えれば、政府は私の意思を考慮に入れ

★4
フランシスコ・スアレス　Francisco Suárez
（1548〜1617）

★5
グロティウス　Hugo Grotius
（1583～1645）

★6
エーリッヒ・フロム
P.334参照

なければならないというわけです。

スターリンや毛沢東のように王様が絶対的に自分の意思だけを通そうとすれば、それは理性と道徳に反する。人間には価値があるから。人間の個人としての政治的立場を、政府が尊重しなければならない、とスアレスは言います。

戦争で一般市民を狙ってはいけないといった、戦争のルールもスアレスが考えたのです。ただ戦争をやりたいからやっていいというわけにもいかないので、つまり国家の動きを「自然法」を使って抑えようとした。「自然法」もグロティウス★5につながりますね。

茂木　グロティウス！　オランダが産んだ天才です。国家権力の上に、人類共通の「自然法」の存在を置くことで、国家権力の暴走を止めようとした。

モーガン　グロティウスとスアレスは同時代だと思うのですが、グロティウスは、「たとえ神がいなくても、自然法は機能している」と言い、スアレスも実はそれに近いことを言っています。なぜ自然法が重要なのかを説明する人としてスアレスは非常に重要です。たとえばあなたは神を信じていなくても、罪を犯してはいけないでしょう。一般平民を殺してはいけないでしょうと。つまり政治権力に対してルールを決めようとしたスアレスは、非常に重要な人物なのです。「個人とは何者か」。これからその問題を検証していこうかと思います。

アクィナスは「自然法は神からくる」と言っていますが、現代の自然法学者ジョン・フィニスは、「自然法は神とは関係ない」と言います。そういう人は大勢いるのです。

茂木　エーリッヒ・フロム★6が『自由からの逃走』という本でこう書いています。中世カトリッく世界では、共同体がちゃんと機能していた。ところが近代に入ると共同体がバラバラになって、個人が一人で生きていくような時代になった。すると人々がものすごく不安になっていく。そういった時代に、共同体的キリスト教のカトリック教会を批判し、個人主義的キリスト教のプロテスタント教会をつくったのがルターやカルヴァンであり、それが実は後のナチズムやスターリン主義といった全体主義につながるのだ、と。

エーリッヒ・フロムはマルクス主義を批判的に継承するフランクフルト学派の学者ですが、彼のこの指摘はすごく正しいと僕は思っているのです。モーガン先生はいかがでしょうか。

モーガン 私も大賛成です。〃マルクス主義者〃は、アメリカでも日本でも保守言論界の中では禁句ですが、マルクス主義者の本はけっこう好きで読んでいます。

彼らが言っているのは、共同体がなくなったことです。いまさら階級闘争をしたいとは言いませんが、マルクス主義のような大きな物語（story, narrative）によって、「世界とはこういうものだ」と、複雑な世の中を説明してくれる理論がなくなった。それではダメだろうと。

バラバラになってしまった個人をどうやって束ねるか。これは中世のあとの世界の大きなテーマです。西欧風の「力」で束ねるか、または自分の好みで束ねるか、社会契約（social contract）で束ねるか。

「自分がこう認めているから、この共同体の中に入っている」とか……。

さきほどのルイ9世の時代は本当にカトリック共同体が存在しました。だからこの共同体に対する脅威となるカタリ派は、なくすべきだとなった。

★7
カルヴァン　Jean Calvin
(1509〜64)

いまとなっては共同体はもうデジタルに突き崩されています。ある意味X(旧ツイッター)などのSNSが擬似共同体ですが、でもその世界はホッブズ的な弱肉強食の世界、万人の万人に対する闘争(bellum omnium contra omnes)です。共同体どころか、肉食動物のように互いに殺し合う場にすぎません。

しかしかつて実際に共同体は存在し、いまも一緒に暮らしながら、共同体を維持している人間もいるのです。

だからこそ人々は皆いろんな条件に合わせて、共同体に所属していると考える。

いまのトランスジェンダーの問題も、このグループに属している人と、それを認めない人がいるから、絶対に対立するでしょう。一方、ナチスは人種で区切って共同体をつくろうとしたために、非常に大きな問題になっていった。

アレクサンドル・ドゥーギンの言うとおり、いまや自然発生的な共同体はもう存在していないかもしれない。これこそが西洋がもたらした、本当に病的な問題だと彼は指摘していますが、まったくそのとおりだと思います。

カルヴァンが資本主義の道徳を生んだ

茂木　資本主義の始まりが、だいたいこの頃です。だから「資本主義」と「近代的自我に起因する孤独」と「宗教改革」は同時進行なのです。これらをすべて理論化したのがジャン・カルヴァン[★7]という人。彼は、我々日本人がその呪縛から乗り越えていくべき存在なのです。

カルヴァンはフランス人です。フランスで教会批判のビラを撒いて指名手配され、スイスのジュネーブに逃げるのです。当時は独立国で都市国家のジュネーブで、なぜか彼は市民に受け入れられます。ジュネーブの街を仕切っていくのです。

ルターと同時代を生きた人ですが、「カトリックも間違っているが、ルターも間違っている」と主張します。

キリスト教の一番のテーマは、「どうすれば人は救われるか」ですが、当時のカトリック教会は「救われたかったら寄進せよ」「ローマのバチカンに聖地巡礼せよ」という姿勢でした。教会には絶対手ぶらで来てはならない、寄進した金額によって天国に行けるか決まる、というわけです。バチカンは腐敗していたのです。

ルターは、「カトリックは嘘つき。お金を積んでも救われない。心底悔い改めてイエス様に救いを求めれば救われる」と主張しました。

カルヴァンは両方違うと言いました。「カトリック教会の言うこと、ルターの言うことはそれほど変わらない。救いは神が一方的に与えるものである。お金を積んだから、悔い改めたから……、と神様の決定を人間側からの働きかけで変更するというのは傲慢だ。神は絶対である。神があらかじめ救うと言ったら救う。救わないと言ったら救わない」と。

神はあなたを救済するかどうかをすでに予定している。この思想を予定説と言います。これで合っていますか？

★8
ハイエク
P.260参照

モーガン　はい。予定説はイスラム教に近いですね。神様は絶対という。

茂木　当時カトリック教会は盛んに、「お金を儲けたら寄進しろ」とも説きました。つまりこの世で財を蓄える者は罪である。地獄に行きたくなければ寄進しろなどと言ったのです。

カルヴァンはそんなのはまったくのデタラメだと言いました。もちろん貯まったお金を使って快楽に耽《ふけ》るのは罪だが、お金を貯めること自体は罪ではない。お金が貯まっても質素な生活を続けて、その貯まったお金はまた仕事に使えばいい。商人なら店を広げる、モノづくりをしているなら工場を広げる。というように、お金がお金を生むような仕組みづくりを彼は推奨した。これは資本主義ですよね。

モーガン　まさに資本主義です。

茂木　だから当時のジュネーブの商工業者に受けたのです。彼らは教会の手前、お金儲けをするのが後ろめたかった。ところがカルヴァンはそんなの関係ない、どんどん儲けろと（笑）。

カルヴァンが資本主義の道徳を生んだと言ってもよいと思いますが、いかがでしょうか。

モーガン　同感です。いまの話からハイエク★8を思い出しました。ハイエクも自由至上主義者とよく言われます。彼も資本主義の道徳を探求し続けていました。市場が道徳のメカニズムと言ってもよいと思います。

まさにこれは「個人とは誰か」という問題に行き当たります。いまだにその問題の解決は見られていません。

人間が救われるか救われないかは神の意志。個人では判断できないので、とにかく仕事をしなさいと、カルヴァンは説きました。

18世紀後半に産業革命が始まると、日本でも西洋から伝来した概念が根っこをおろしてしまった。日本人は働きアリだとよく言われますが、それは〝日本版カルヴァン主義〟です。中世の日本人、西洋人はおおらかで怠け者がたくさんいて、カルヴァンがどれだけいまの世の中に影響を与えているかは測りしれないですね。

カルヴァンと資本主義は概念レベルではほぼ同じで、アメリカもどちらかというとカルヴァン主義の国ではないかと思います。

茂木　まさにそうです。

モーガン　ドイツも、イギリスも、ローマ・カトリックから離脱しますが、ある程度伝統を大切にするところはありました。

カルヴァンは根本からあらゆるものを破壊し、伝統も壊しました。20世紀に入ると、共産主義者は有産階級《ブルジョワジー》（bourgeoisie）を敵対勢力とみなすのですが、ハンナ・アーレントの本を読むと、共産主義者は資本主義というよりもブルジョワジーを嫌悪していますね。ブルジョワジーとその道徳観、価値観を心底嫌っている。なかでももっとも嫌いなものは、おそらくブルジョワジーの偽善主義でしょう。

ブルジョワジーには本当の道徳観がないのです。あるのは英語で言うconventionだけ。つまりしきたりですね。みんながやってきたからそうやるだけ。こうなった理由や、いま行っていることが道徳的に大丈夫かどうかは、何も考えないのです。

２０１４年に大ベストセラーになった、ピケティ★9の『21世紀の資本』では、ジェーン・オースティンの小説のシーンが多く引用されています。

オースティンは、ブルジョワジーの偽善主義がよくわかっていたと思います。カリブ海の島で奴隷が働くプランテーションから富を得るイギリスの貴族や有産階級は、下層の労働者階級の習慣を「非道徳」として蔑《さげす》むのです。とにかく資本主義と道徳との関係がデタラメでした。

そういったわけで共産主義者はカルヴァンをひどく嫌悪し、集団が必要と考えたのでしょう。新しくグローバル規模で共同体の再建を目指すのが共産主義です（ピケティは共同体をほぼ無視しますが、グローバル税制度を使って格差を減らしたいと言っています。彼はある意味、共産主義者より程度が低いと思います）。大袈裟かもしれませんが、結局はカルヴァン対スターリン（資本主義対共産主義）と言えますね（笑）。本当の資本主義はカルヴァン主義と言ってもいいかもしれません。

いまのアメリカはカルヴァン主義ピューリタン帝国

モーガン　ここでルターの話に戻りますが、親鸞が日本版ルターだとよく言われます。なるほどと思います。仏教やキリスト教を根本から考え直そうという機運が当時の全世界で見られたのがおもしろいですね。カルヴァンもそうでした。

茂木　日蓮もそうでした。既成仏教は腐っているので、経典に戻れと言うのです。

ところでカルヴァンが悪名高いのは、訪ねてきたミシェル・セルヴェという若い神学者を焼

★9
ピケティ　Thomas Piketty
（1971～）

き殺したからです。

セルヴェはエラスムスと同じ立場で、人間は自由意志を持つべきだという考え方でした。それに対してカルヴァンは「お前は異端だ」と。カルヴァンにとって神は絶対ですから、人間の自由意志など認めないのです。カルヴァンは「この男を生きたままジュネーブから出さない」と逮捕して生きながら焼きました。カルト教団と同じです。

モーガン　すさまじいですが、いまのアメリカも同じことをしているでしょう。

アメリカのドローン攻撃には、カルヴァン主義が出ていますよ。アフガニスタンの上空にはカルヴァン・ドローンが飛び回っていて、アメリカ民主主義に抵抗する人々を生きたまま焼くのですから。

しかもワシントン政府はいまだに、我々は神の国、神に特別に選ばれた国だと言っています。アメリカは〝カルヴァン主義ピューリタン帝国〟なのです。究極的に排他的で純粋なカルヴァン主義が米帝国のドローンから出る――。凄惨なことです。

茂木　深刻なのは、これが人種差別とつながるのです。カルヴァンに言わせると、「神はあらかじめ救う人間と救わない人間とを分けている」。

このカルヴァン主義が16世紀にイギリスに伝わり、ピューリタンと呼ばれます。ピューリタンとは「ピュアな純粋な人たち」を意味しますが、その「純粋」が怖いのです。

彼らは、イギリスは腐っているとピューリタン革命を起こして失敗し、今度は新しいピュアなカルヴァン主義の国家をつくろうと言ってアメリカに渡っていきました。その地には先住民がいて、自然の神々を拝んでいた。

これは異教徒《ペイガン》を清めて浄化しなければならないと、先住民の殺戮を始めるのです。メキシコ征服で滅茶苦茶やったのはカトリックのスペイン人でしたが、英領13植民地（のちのアメリカ合衆国）における先住民殺戮の始まりは、カルヴァン派のピューリタンによるものです。

モーガン　そう、それが米国です。怖いですね。そう考えると日米同盟は絶対やめてほしい。あの国は危ないのです。日本に対しても20世紀に同様の殺戮をしたわけです。日本の神道を徹底的に壊そうとして、それもピューリタン的発想ですね。

茂木　おそらく広島・長崎の原爆投下では、日本をピュリファイ《浄化》したと思っているのです。

モーガン　そうです。広島・長崎はカルヴァン的な「洗礼」そのものです。お前たちの大切にする神道や天皇など壊してしまえというのです。

茂木　長崎ではカトリックの浦上天主堂も容赦なく焼きつくしました。

モーガン　その代わりに資本主義と民主主義を教えてやると。言ってみれば民主主義は啓蒙思想ギャングです。アメリカにはナバホ（Navajo; Diné）やホピ（Hopi）などいろいろな種族の先住民たちがいます。いまだに彼らは自分たちの土地が返還されていなくて、リザベーション（reservation）の中に押し込められているのです。

茂木　リザベーションは「保留区」です。

モーガン　「お前たちはどうしようもない人間だから、出て行け」と、まさにカルヴァン主義そのものです。

ピエール・マナンというフランス人政治学者は、「区別の管理はリベラル主義だ」と言っていますが、まさにそのとおりでおもしろい話でしょう。

アメリカではなぜ州が増えていったのか、理由の1つはカルヴァン主義です。たとえばピューリタンが植民地に行ったとします。途中でそこに住む他のピューリタンたちを、「お前たちは異教徒《ペイガン》だ、異端だ、ここから出ていけ」とやるわけです。その人が別の土地へ行って、新しい州をつくるわけです。そこでもまた異端を唱える人が現れて……、これを繰り返すのです。その当時の史料を読むとルールがあるのです。追放の距離が決められていて、少なくとも定められた距離以上は離れなければならなかった。

ピューリタンと距離、つまりピューリタンと開拓とでも言いましょうか。追放を繰り返して、フィリピンやハワイまで行って、結局月まで到達したでしょう。

アメリカは広い国と日本でよく言われますが、その広さはカルヴァン主義の副作用です。この思想を受け継ぐリベラル主義者は、自分たちと異なる思想を持つ人たちと一緒にいられない、暮らせない。他のところを探して開拓するのです。その際、人間が抱いている問題を一切解決しようとしません。

アメリカ国内では、いまだに人種差別がひどいわけで、白人と黒人がまったく別な存在とされている場所もあります。それなのに、この世の中の問題を無視して月に行く、そのような仕組みなのです。

現実の問題を否定して、次から次へと距離を重ねていく。そうするともっとピュアなところへ行けるはず――。これこそがカルヴァン主義で、追放と殺戮、ジェノサイド、人種差別はワンセットです。カルヴァンの間接的影響で人種差別がひどくなるのです。人種差別は、リベラルアメリカの中で醸成されました。隔離、区別、距離をもって人間や社会の問題を解決しようとして、黒人、白人、常に人間と人間との絆を断ち切り、分断します。

ここで重要なのは、奴隷制度を発明したのはイギリス人ではなかったのです。アフリカから拉致してきた人々を奴隷として売買する仕組みはポルトガル人が開発し、イギリス人がそれに便乗したのです。その際、イギリス人ピューリタンが必要とした「距離」が、奴隷制度に基づいた植民地制度、帝国の拡大を招き、その距離へのこだわりが、レイシズム（人種差別）をつくったのです。

伝染病を蔓延させ、先住民を虐殺したのはスペイン人ですね。労働者が必要だからアフリカから輸入しようとしたのです。その頃は人種差別がさほどひどくはなかったのですが、そこから始まるのです。

西洋人は、初めて太平洋を隊形を組んで渡ろうとしたとき（中世のヴァイキングが太平洋を渡っていますが、スペイン、ポルトガル、イギリスが後に実行したこととは桁が違います）、憎悪に駆られて非白人を探し出して殺したいと企てたのではありません。その背景には、十字軍やレコンキスタの延長線上にキリスト教を異教徒《ペイガン》に広めたいという動機（イスラム、イタリアなどとの貿易関係や競争、技術の発展、レコンキスタやイスラムの衰退）があったのです。ところが、時間が経てば経つほど、特にピューリタンの影響で、植民地のロジックが人種差別、宗教のロジックと重なり、絡み合ってしまいました。たとえばバージニアのタバコ栽培、ミシシッピーの綿花栽培の畑で黒人奴隷が裸足で重労働させられるようになったのです。

茂木　確かにスペインのカトリックも、メキシコのアステカに対してひどいことを行いました。ペルーのインカも滅ぼして、多くの人を殺しています。しかし後にスペイン人は現地の女性と結婚するのです。アメリカ合衆国の場合は、先住民をひたすら追放するだけで交わらないのです。もちろん交わった人もいましたがごく少数でした。実はモーガン先生のご先祖様にはチェロキーという部族がいるのですよね。

モーガン　私のひいひいおばあさんがチェロキー族です。ニューオーリンズはもともとフランス植民地ルイジアナで、住民はカトリックでした。カルヴァン主義者の街ではありません。そこに住む人々はアメリカ人とはいっても、私はいままで自分が白人だと意識したこともありません。昔のフランス人の考えはわかりませんが、人間同士が恋に落ちて結婚することは一般的なことです。

だからカトリックの植民地のルイジアナでは混血児がたくさんいました。イギリス植民地では、奴隷や先住民の女性との結婚は考えられないことです。カルヴァン主義者は非白人を殺すか追放するか、その2つの選択肢しかありません。

いまはメキシコ、スペインでも、混血の人がいっぱいいます。それはカトリックの特徴です。いろいろあっても人間同士だからまあ大丈夫ですねと。この考え方の違いは大きいですね。わかり合おうとするのです。

茂木　フランスの植民地だったルイジアナは、中南米とよく似た混血社会だった。おもしろいですね！

モーガン　ムラート（mulatto）は黒人と白人のあいだに生まれた子どもです。スペイン植民地にはメスティーソ（mestizo）もいます。先住民と白人の間に生まれた子どもです。

茂木　一方、人種差別で悪名高い南アフリカはオランダの植民地でした。オランダは国全体がカルヴァン派だったのです。彼らはひたすら先住民を追い払うのです。

モーガン　インドネシアもけっこう危なかったのです。ほとんど知られていませんが、20世紀、白人支配からアジアを解放しようとした動きは、インドネシアから始まったものも多いのです。確かにインドネシアはかなり重要です。オランダ人による人種差別がひどかったからです。

カルヴァンは市民革命思想も生み出した

茂木　カルヴァンの影響ですが、まだもう1つあります。市民革命という思想を生んだのがカルヴァンです。最初は教会組織を誰が支配するかという話から始まります。カトリックはもちろんローマ教皇です。ルターは地方を治める諸侯がその地域の教会を支配していいと説きました。イギリス国教会ではイギリス国王です。

いずれも権力者、教皇、貴族、国王が教会を支配していた。ところがカルヴァンは、それを全否定します。教皇はもちろん、貴族も国王も認めない。教会はそこに集う人たちの組織だから、信徒が代表を選べばいい、下から上に選べばいいのだという。これはデモクラシー、民主主義ですね。

　すると何が起こるのか？　ある国でカルヴァン派が多数派になると、その人たちは「国王なんかいらない」「神の名において国王を倒せ」と言い出すのです。これが市民革命ですね。

　市民革命はまずオランダで起こりました。オランダは当時スペイン王の支配だったので、スペイン王を打倒すると言い出したのです。これがオランダ独立戦争（1568～1648）です。

　次にイギリスに飛び火し、イギリス国王を打倒する動きが起こりました。これがピューリタン革命（1642～60）です。それがアメリカ独立、フランス革命につながっていきました。このように市民革命が成功した国は、すべてカルヴァン派の影響下にあったのです。

モーガン　茂木先生がおっしゃったことは神学でよく知られています。2キングダム（kingdoms、二王国論）ですね。カトリックにおける国家論では、聖職者が教会、王様が国家を統制しますが、あくまで聖職者が王様の上に存在するわけです。

　中世の諸国の王たちは、「神の代理人」[2]ローマ教皇との権力闘争で苦戦していました。イギリスではヘンリー2世（King of England）は教会人事に介入し、これに反対したカンタベリー大司教トマス・ベケットの殺害事件を引き起こしました。ドイツでは教皇との叙任権闘争を引き起こして破門された皇帝、ハインリヒ4世[3]が3日間昼夜を問わずカノッサ城門前に佇んで、教皇グレゴリウス7世に謝り破門を解かれました（カノッサの屈辱）。結局、教会が上、皇帝や王様が下になったのです。

★10
韓非子　Han Feizi
（?〜前233?）

ルターとカルヴァンは、そこを完全に分けています。2つのキングダムが存在すると言います。教会は天国のこと、王様はこの世の中のことと担当を分けたのです。王様は鞭などを使って我々罪深い人を打ってください、ときどき剣で我々罪深い人を切ってくださいと。これはつまり、独裁者を認めるということです。

カルヴァンとルターの考えは中国の秦漢帝国の皇帝の思想とほぼ同じです。秦《しん》の始皇帝は韓《かん》非子《びし》★10の教えに基づいて、「人間は愚かだから、我が輩が鞭になって、お前たち愚かな大衆に対して教訓を教えてやる！」と考えていました。これもカルヴァン派と同根ですね。独裁者が必要というのですから。まったく恐ろしい話です。

茂木　カルヴァンは王権を否定して「神の名」による神権政治を行いますが、韓非子は君主権の絶対を前提にしている点が違いますね。中国には国家権力を相対化できる強力な宗教がなかったからです。いずれにせよ、カルヴァンを理解しなければ、そもそも近代ヨーロッパがわからないのです。

カルヴァン主義のクロムウェルが欧米を狂わせた

茂木　カルヴァン主義がイギリスに伝わり、ピューリタン革命が起こりました。市民たちは国王チャールズ1世を処刑するという暴挙に出ました。

そのあとクロムウェル★11という軍人によって、カルヴァンが望んだような独裁政権がもたらされました。モーガン先生、クロムウェルについて語ってください。

モーガン　クロムウェルはヒトラーのような独裁者そのもので、自分が神かのような考え方の持ち主です。自らの独裁が国を清めると考えて、あらゆる王家の伝統などを国から追い出しました。

それも武力によってイギリスを改めようと考えました。オサマ・ビンラディンの100倍くらいのテロリストですね。

17世紀半ばのイギリスの内戦は凄まじかったですよ。グローバル戦争と言ってもいいくらいです。当時ヨーロッパ各地で同じような動きがあり、イギリスだけの問題ではなかった。

茂木　クロムウェル率いるイギリス議会軍はアイルランドにも攻め込んでいますからね。

モーガン　アイルランドに対するジェノサイドにも言及しなければならないですね。

茂木　アイルランド征服ではカトリック教会を焼いて、司祭やシスターを皆殺しにしたのです。

モーガン　性的暴行もありました。このときの思想的な動きがアメリカに流れついて、その成れの果てがいまのワシントンの連邦政府です。

茂木　クロムウェルの独裁がひどかったので、どんどん評判を落としていったのです。当時一般のイギリス国民は、確かに国王には問題があったから革命は仕方がないと考えていました。ところが革命が成功すると、クロムウェルの独裁が、国王時代の数十倍ひどかったのです。

たとえばカルヴァン主義では、「贅沢は敵だ」と説きます。お金は儲けてもいいが贅沢はするなと。娯楽も一切認められず、おしゃれもできず、装身具を身につけることも許されない。派手な格好の女性がどんどん捕まって鞭打ちにされるなんて、まるでアフガニスタンのタリバンです。

モーガン　ブルカ（burqa／イスラム教徒の女性用のマント、ヴェール）の強制と同じようなものでしょうか。

茂木　酒やタバコはもちろん、讃美歌以外の歌、ダンス、芝居も禁止されて、ロンドンの歓楽街は全部つぶれてしまうのです。クロムウェルの圧制に疲弊したイギリス人は、クロムウェルが死ぬのを待って元の王政に戻します。これが王政復古（1660〜）です。

少数派になった狂信的なカルヴァン派は、イギリスにいられなくなって、アメリカに渡ったのです。

モーガン　ピルグリム・ファーザーズ（巡礼始祖）が到着したマサチューセッツを皮切りに。

茂木　そこから今度はアメリカがおかしくなったのです。

モーガン　アイルランドで行ったジェノサイドを、引き続きアメリカ先住民に対しても行ったわけです。そういう流れで、カルヴァン主義は恐ろしいのです。

ミルトンは悪魔崇拝

茂木　独裁者クロムウェルの側近だったのが詩人のジョン・ミルトン[★12]です。彼は革命の失敗後に捕まって、獄中で失明するのですが、革命の理想を詩にうたっています。これが『失楽園[★13]

★12
ミルトン　John Milton
（1608〜74）

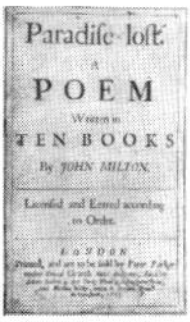

★13
『失楽園』

(パラダイス・ロスト)』です。この人は重要ですね。

モーガン　ミルトンの『失楽園』ではサタンがヒーローです。どちらかというと神様は愚かな存在でサタンは輝いている。サタンが最初の革命者ですね。神様はサタンの可能性を束縛するかのような存在で、それに対して反発するサタンはいいことをしたと、ミルトンは言わんばかりです。

ミルトンよりはるか前の時代に、詩人ダンテはサタンを決して絶賛しませんでした。

天国の一歩手前にある煉獄《れんごく》(purgatory/天国と地獄の間に存在するとされ、死者の霊魂が浄化される場所)に入ったとき、犯した罪が1つずつ自らの身から出て、魂から離れる、つまり罪が浄化される、罪がなくなるというのです。ところがミルトンはそれを一切認めず、サタンをヒーローとしました。

茂木　『失楽園』の内容は、世界の始まりとされるアダムとイブの話ですが、実は聖書にはここまで書かれていません。モーガン先生がおっしゃったように、聖書に入らなかった文献がたくさんあって、たぶんミルトンはそれを読んだと思います。

あらすじとしては、天の世界に神様がいて、そのまわりを天使たちが守っているのですが、その天使の一人が神に取って代わろうとして神を裏切るのです。すぐに神に気づかれて、天使は追放されますが、地下にまで落とされた天使がサタンになったという設定です。この話は聖書には収録されていない、ユダヤの古い神話です。

このサタンが再び反逆を試みる。ただ神は強すぎるので、神がつくったアダムとイブ

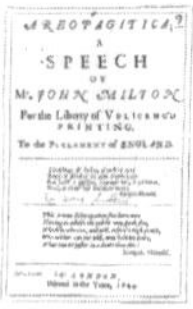

★14
『アレオパジティカ』

を穢《けが》そうと考えて、蛇に化けてもぐり込んで知恵の実を食わせた。これは西洋文明を考えるうえでの大きなポイントですよね。

モーガン　そうです。知恵の実を食うか食わないか。これこそ西洋文明の核心です。

茂木　神は人間に知恵の実を食わせたくなかったのですが、悪魔にそそのかされてしまったアダムとイブがそれを食った結果、人間は理性を手に入れてしまった。

ミルトンはそれを「素晴らしい」と褒め称えたわけです。だから「サタンを崇拝、賞賛している」というのはそういう意味で、理性は悪魔の教えであったのです。

モーガン　ミルトンは詩人として優れています。きれいな英語を書きます。ラテン語にも精通しているので、昔の神話をけっこう読んでいると思います。彼は学びの深い人です。『失楽園』にはアダムとイブのセックスシーンがありますが、素晴らしくロマンチックでここまで書くかと。サタンを絶賛する人はやはり危ないと思われてしまっても仕方ないですね（笑）。

茂木　ミルトンは『失楽園』の前に、『言論・出版の自由（アレオパジティカ）★14』という言論の自由を絶賛する本も書きました。

モーガン　アメリカではこの本を大学の授業で読むわけですが、これは本当の言論の自由を認めているわけではないと思います。

ミルトンが認めたいのは、戦略的な言論の自由です。自分が少数派のときは、「言論の自由」を主張する。つまり「私にも言いたいことがあるから、言論の自由を認めてください」と。ところが自分が権力を握った瞬間から、「私は言論の自由をつぶす」となるわけです。

★15
ジョン・スチュアート・ミル
P.239参照

実際イングランド内戦ではクロムウェルがそうした挙動を示しました。ミルトンは言論の自由を認めている人ではないので誤解しないでほしいのです。

いま言論の自由が本当にあるのは日本だけではないでしょうか。なぜなら言論の自由の下に文明がなければならないからです。言論の自由が絶対的な原理になると混乱するのです。たとえばジョン・スチュアート・ミル★15は1857年にセポイの乱[4]に遭い、しっかり取り締まってほしいと言ったのです。つまり言論の自由は現地の人には認めない。白人と非白人で区別して言論の自由を捉えないと、西洋社会では通じないのです。

このような言論の自由は言論の自由ではないですね。独裁者を正当化しようとした人だと考えていただいてもけっこうです。

茂木　自分たち文明人だけ自由。

モーガン　文明と非文明との区別の上に成り立っている自由ですね。

ところでアテネのアレオパゴス（Areopagus）の丘には「知られていない神 Unknown God」を思い起こすための石碑があります。これこそ本地垂迹で、聖パウロがそこに立って、あなた方が崇拝している「知られていない神」は実はゼウスではなく、聖書の神ヤハウェだと説いたのです。

かつてアレオパゴスには議場があり、ミルトンの『言論・出版の自由（アレオパジティカ）』の題名の由来でもあります。ミルトンはその名前を使って言論の自由を唱えたのです。これは非常に巧妙で恐ろしいところです。

4-1　アレオパゴスの丘からのアクロポリスの眺望

彼は真のキリスト教徒ではなく独裁を正当化するピューリタンで、カルヴァン主義を唱えています。聖パウロを隠れみのにしてキリスト教徒と見せかけた。ミルトンはサタンを崇拝しているのに、『失楽園』はキリスト教の本と見せかけている。悪魔のような才能です（笑）。ミルトンが紹介した「知られていない神」はサタンです。

茂木　サタンが与えた才能ですね。

モーガン　正直そう思うのです。そんなミルトンが西洋でヒーローになったのはおかしい。『失楽園』は危険ですよ。日本には悪魔がいいという本は、さすがにないでしょう。日本版ミルトンは存在しますか？

茂木　おそらくここまでの人はいないでしょうね。

モーガン　ミルトンを認める西洋はかなり異常で度を超していると思います。これこそまさに西洋の病です。

イギリス国教会という存在

茂木　イギリスは国王ヘンリー8世が1534年、カトリック教会を離脱して「イギリス国教会 Anglican Church」をつくりましたが、国教会についてはどうお考えですか。

モーガン　実は2023年3月に4年ぶりにアメリカへ帰国したのです。私は常々カトリックの総本山であるバチカンはおかしいと思っています。第2バチカン公会議が提供するミサには一切行きたくないので、アメリカでそうではないミサを探していました。ラテン語ミサも近くになかったのでアングリカン（Anglican）の人々がカトリック教会に「帰った」ことでできた教区のミサへ行きました。ちなみにアングリカンはLGBTなどを認めているようです。

茂木　アングリカンは「国教会」とも「聖公会」とも訳します。

モーガン　そのときに行った教会はカトリックに復帰していたのです。アメリカもイギリスもそういう教会はあります。イギリス国教会が普通ではないので、カトリックにまた戻ろうという。人生で初めてそういう教会のミサに行きました。

そのミサは本当に美しかった。シェークスピアの頃の英語、イギリス国教会がバチカンから離脱したときからの儀式がほとんどそのまま残っているのです。それを見て伝統を守ってくれていると感じました。バチカンよりもイギリス国教会のほうが極めてキリスト教の伝統を守っている。逆にバチカンがカルヴァン派になっていて、いまではイギリス国教会のほうがまともな教会になっています。

ただイギリス国教会が使っている建物の多くは、もともとカトリックのもので、イギリスのカンタベリー大聖堂もカトリック教会のものだから戻してほしいですね。

イギリス国教会はカトリックそのものではないですが、ピューリタンに比べれば役に立ちますね。

ヘンリー8世は、イギリスの宗教改革の立役者でありながら自分の性欲に負けて、どこかで精神を病んだのだと思います。奥さんを何人も殺してしまって。

茂木 6人の妻をめとり二人を処刑しています。

モーガン みんなは殺していないですね。結局彼は大嫌いなルターと同じように自分の性欲に負けて、自分の都合を優先してカトリックから離脱します。

そのあと、ヘンリー8世とアン・ブーリン（Anne Boleyn）との間に生まれたエリザベス1世が女王になってから、1585年にイギリスはカトリックの大国スペインと戦争する（英西戦争）わけです。プロテスタントとカトリックの戦争でイギリスが勝ってしまった。ここが西洋の大きな転換期になって、そのときから勢いがプロテスタントに傾いたと言えるのではないでしょうか。

プロテスタントが勢いを奪って西洋の真ん中に収まったことが、その後の植民地政策にもつながるので、やはりプロテスタントを理解しないと西洋の歴史、近代史はわからないですね。

戦国時代の日本と修道会――キリシタン大名たちの思惑

茂木　この頃の日本にはポルトガル系のカトリックが入ってきていました。イエズス会ですね。イギリスがスペインとポルトガルの力が衰え、代わりにオランダとイギリスが日本に来航してきますが、イギリスは途中で降りました。

日本はちょうど豊臣秀吉から徳川家康に代わるときでした。家康はスペインがフィリピンに宣教師を送り込んで植民地化していく実態を知り、別の西欧諸国に乗り換えようというタイミングでオランダにパッと乗り換えたのです。

オランダは強烈に選民思想が根強く、日本人なんか救われるはずがないと思っていたから、日本に布教する気はなく宣教師を送ってきませんでした。

蓄財が救いの彼らは、代わりに日本と貿易をして金儲けをしようとしたのです。逆にこれは日本にとってよかった。オランダをパートナーに選んで、ポルトガル人を追放しました。これがいわゆる鎖国です。当時の日本がもっと弱かったら、オランダに侵略されていたと思います。同じ頃、オランダはインドネシアで滅茶苦茶なことをやっていましたから。日本が天下統一されたタイミングだったので救われたのです。

モーガン　私もそう思います。かろうじて西洋の植民地にならなかったのは、織田信長と秀吉と家康のおかげではないでしょうか。

茂木　逆にオランダが日本人の傭兵を求めていたのです。日本の侍が強すぎるから、スペインと戦うのに日本人を借りたいと言ってきた（笑）。

モーガン　最近読んだ史料の中で、およそ500年前のスペイン人は「日本人は東洋のスペイン人です」と書いていました。つまりスペイン人と同じように日本人は強いと。西洋人も侍はすごいと認めていたのです。だから日本は簡単に侵略できないと。

茂木　九州にキリシタン大名といって、カトリックになった大名が存在していました。

スペインは彼らを飼い慣らして明国に攻め込もうと考えていました。明国を攻め滅ぼして、中国全体をカトリックにしようというのがスペインの野望でした。その手先に日本が使われそうになっていたのです。この計画をスペイン王に入れ知恵したのがイエズス会でした。

モーガン　スペインの野望とは明国だけではなく全世界を支配しようとするもので、イエズス会はそのスカウトだったのです。

茂木　秀吉はそれを止めたのです。ところが明国征服というプランには乗ったのですね。それが朝鮮出兵です。あれはもともとイエズス会のプランなのです（茂木誠『超日本史』参照）。

モーガン　明国は秀吉のライバルだったのですね。もう1つ重要なのは、ポルトガル人が日本に来航したときアフリカ人の奴隷がいたこと。日本人も奴隷として拉致され売買されたこともあった。当時の大名がそれを見て、「これはヤバい」と思って止めたと思います。

茂木　日本史ではキリシタン大名を「キリスト教を守った純粋な人たちで、秀吉に迫害された」ように教えていますが、そうではありません。彼らは武器を仕入れるために、どんどんポルトガルを導き入れて、土地も売りさばいて、宣教師に言われるがままに神社仏閣を破壊して、それに抵抗する「異教徒」を捕まえて奴隷にして売っていました。これが平和主義者でしょうか？　それを止めたのが秀吉ですから。秀吉は奴隷売買を禁止しています。

モーガン　秀吉はいいことをしたと思いますよ。いま考えたのですが、当時の日本は白村江《はくすきのえ》の戦いに近い勢いがあったのではないでしょうか。白村江の戦いは唐と結ぶ新羅と、百済復興を目指す大和《やまと》が関係していました。朝鮮半島には日本が関わっていたわけで、白村江で唐に敗れた結果、大和は日本列島だけを中心に発展していきました。

当時のキリシタン大名は、白村江の新羅のような存在で、外国と協力して日本列島を分断しようとしたわけです。

キリシタン大名を純粋な信者だと捉えてはいけません。彼らはかなり打算的で、大名だから愚かではない。何をやっているのかはよくわかっていたはずで、外国人と協力して同胞と戦うことは、まさに売国的行為でした。

彼らは単にクリスチャンになりたいという想いで動いていたわけではなかったかもしれない。かなり戦略的に考えて、秀吉に対して反逆の旗を翻していたと考えていいでしょう。完全に外国の侵略の問題だと思いますね。いまのウクライナと同じで、国内に外国に協力する人がいたのです。

茂木　もしキリシタン大名が勝っていたら、フィリピンからフランチェスコ会がどんどん入ってきて、西日本の神社仏閣は全部焼き払われていたかもしれません。

モーガン　少なくとも四国と九州はスペインのものになって、スペイン語が話されていた可能

★16
コットン・マザー　Cotton Mather
（1663～1728）

★17
ジョナサン・エドワーズ　Jonathan Edwards
（1703～58）

性はあります。

茂木　日本人の名前がアントニオ、ホセ、マリア、サンチェスのようになった世界線もあったかもしれませんね。

コットン・マザーとセイラム魔女裁判

茂木　アメリカの代表的ピューリタンとして、コットン・マザー★16について教えてください。

モーガン　この人は有名なピューリタンの牧師で、彼の説教を読むと、「お前たちはみんな愚かで、地獄に落ちる人間ばかりだからしっかりしろ」などと、ピューリタンを一番極端なレベルまで押し込んだ人間です。

他にもジョナサン・エドワーズ★17の「Sinners in the Hands of an Angry God（怒れる神の御手の中にある罪人）」[6]という説教も有名です。怒れる神の御手の中にあるままでいてはいけない、改心しろというものです。

ピューリタンがどのようにアメリカで発展していったかというと、1つには彼らのような牧師が重要な役割を果たしたからだと思います。

茂木　コットン・マザーに関しては「セイラム魔女裁判 Salem Witch Trials」が有名ですね。

セイラム魔女裁判は、マサチューセッツのセイラムという村で起こった事件です。始まりは10歳前後の女の子たちが夜に集まって、オカルトの降霊術をやっていたのです。すると本当に霊魂が降りてきて、何人かに憑いてしまいました。その様子を「魔女の儀式を行っている」と村人に密告されて、まさに中世の宗教裁判、異端審問が始まってしまいました。

捕まった女の子たちが「あの子もいた」と次々に密告するから、村人のほとんどが捕まるのです。２００人ほどが捕まって二十数名が処刑または獄死しています。この事件が起こったのは17世紀末、日本で言えば元禄時代ですからね。

モーガン　恐ろしいことです。皮肉なことに、セイラムはヘブライ語では、シャローム（shalom）で平和という意味です。１６９２年から始まったセイラム魔女裁判はいまだにわからないことが多いのです。多くの女性が魔女だと思われて、アメリカでもいまもあるモラルパニックが起こりました。そのパニックがいろいろな形で現れてきました。

たとえばこの村の中で悪魔がうごめいていて、女性たちは魔女になっている、真夜中に集まってサタンに対する儀礼を行っていると。それに対し「私も見た」「私も見た」と村人たちが言うのは、数年前の #MeToo 運動と同じです。

そこでヨーロッパでも猛威をふるった魔女裁判を行って、神様に有罪・無罪を試していただこうとなった。たとえば「川の中に飛び込ませて生き残ったら無罪、死んだら有罪」「熱い棒を1～2分持たせて火傷で死ななければ無罪」というように、中世風の神の裁きが蘇ってしまったわけです。

ピューリタンは迷信や伝統をなくそうとしたのですが、一番おかしな迷信を蘇らせてしまったのです。

西洋ではこのようなことがいまも起こります。トランプ候補は民主党系検事によって次々に訴追され、「これは魔女裁判にすぎない」と言うでしょう。まさに「魔女狩り」なのです。悪を追い出そうとする動きが極端になると、結局みんな追い出すことになる——。私はこう思っています。

残念なことに、アメリカでは何かの比喩として魔女狩りを用いることがあります。たとえばマッカーシズム（赤狩り、反共産主義）を魔女裁判にたとえる動きがありました。劇作家のアーサー・ミラーが共産主義に対するパニックを描いた『クルーシブル The Crucible』という劇のように。しかし魔女と違って共産主義者は実際にたくさんいたわけで、共産主義を追い出すのは魔女狩りとは違うと思います。

魔女裁判とピューリタンの動きは同じだと思っています。もはやワシントン連邦政府自体が魔女裁判の担当者になっていて、まさに全世界レベルで魔女裁判を行っています。

茂木　魔女裁判は、まさに「悪」を追い出すために先住民を追い出してしまった話につながります。

モーガン　これこそプロテスタントの矛盾というべきか。彼らは聖書、キリスト教、ユダヤ教をわかっていないのです。そのためユダヤ教とキリスト教以前の、西洋の悪いところばかりを蘇らせてしまうのです。私はその傾向が強いと思っています。

茂木　魔女狩りはカトリックもルター・カルヴァン派も両方やっていましたね。

モーガン　魔女狩りでは、フランスの軍人ジャンヌ・ダルクも処刑されました。

★18
デカルト　René Descartes
（1596～1650）

茂木　一種の集団ヒステリーみたいな感じだったのでしょう。

現世はデカルトの設計主義でできている

茂木　再びヨーロッパに話を戻し、近代哲学の巨人デカルト★18について語りましょう。

モーガン　デカルトはいわば共同体に入れない巨人になってしまいました。つまり自分の頭の中でだけ物事を考える道を選んだのです。個人ですべてをゼロから考えることになるということです。彼はオランダに関わっていますか？

茂木　時代背景を説明しましょう。デカルトが生まれた頃、フランスは混乱を極めていました。フランスのカルヴァン主義をユグノーと言いますが、貴族たちがカトリックとユグノーの2派に分かれて、すさまじい殺し合いをしたのです。これがユグノー戦争（1562～98）です。

当時、フランスを治めていたのがカトリック側で、国王の母であるカトリーヌ・ド・メディシスでした。自分の娘をユグノーの王子と結婚させて、内戦を終わらせようと目論んで、結婚式に集まってきたユグノーたちを一網打尽に捕らえて全員殺せという命令を出します。パリでは約4000人が殺害されました。これが「サン・バルテルミの虐殺」（1572）です。

この内戦末期にデカルトは生まれています。つまりカトリックもユグノーも両方とも信用できなくなった時代です。彼は「真理」を求めて数学にのめり込みます。

モーガン　実に優れた数学者です。

4-2　デカルト座標

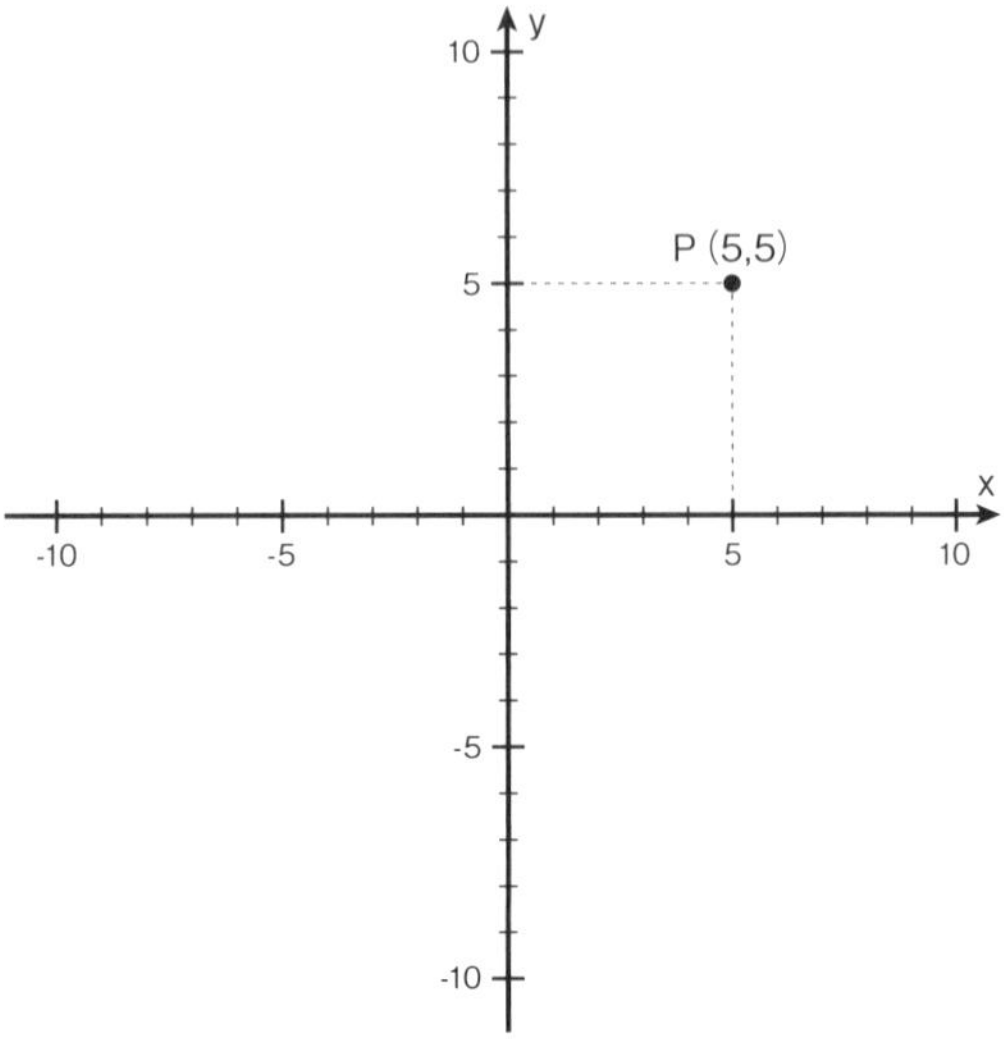

茂木　非常に頭のいい人で、デカルト座標というものを考えいう、縦がy軸で横がx軸というものを考え出し、数学に革命を起こしてもいます。

数学は誰が解いても必ず答えが浮かびますよね。カトリック、ユグノー、どんな立場の人間が取り組んでも結果は同じです。だから数学は正しいと彼は信じるのです。

ただ数学者はいまも昔も飯が食えません。彼はアルバイトで傭兵隊に入りました。当時は宗教戦争の炎がドイツを中心にヨーロッパ全体に燃え広がっていて、キリスト教の新旧教徒が入り乱れて戦っていました。三十年戦争（1618～48）では、彼はオランダ人の傭兵隊に入ってドイツまで出征して戦うのです。

オランダはカルヴァン派、ユグノーの国ですが、デカルト自身はカトリック。金儲けのためなので、宗教はどうでもよかったのです。

厳しいドイツの戦場で思索した考えをまと

★19
エドワード・フェイザー　Edward Feser
（1968〜）

めた、『方法序説』という本です。

「いままで自分が教わってきたことを全部疑ってみよう。カトリックもユグノーも嘘だ。学校の先生が言ったことも嘘だ。自分の頭の中から1つずつ疑わしいものを全部消していったとき、最後に何も残らないと思ったら残ったものがある。こうして自分を疑っている自分は存在する。これだけは確かであるから、この理性を使って論証できることは正しい」

以上がデカルトの考えです。これで正しいでしょうか。

モーガン　はい。私の哲学の恩師は、デカルトはもちろん、デカルトのあとの哲学者もほとんどがニセ哲学者だと言います。なぜなら茂木先生がおっしゃったとおり、彼はすべてを疑うことから始めるからです。

エドワード・フェイザー[★19]というアメリカの哲学者がいます。彼は『Aristotle's Revenge』などの非常に素晴らしい本を書いていますよ。優れた哲学者で、アリストテレスを研究する学者です。

フェイザーはデカルトのことをよく批判します。デカルトは神の存在を検証するために、まず神の存在を疑うところから出発する。これは数学的な考え方です。それほど神の存在を信じていたと言えるかもしれません。

このときがロジック（論理学）と哲学とが入れ替わった大きな転換点です。いま大学の哲学科へいくと、ほとんどがロジックを学んでいます。ただあくまでロジックは哲学の一部にすぎません。ロジックつまり数学的な考え方を使って、形而上学は理解できないのです。いまやロジックと哲学が入れ替わったことが非常に残念だと、フェイザーは主張しています。

つまり数学的な合理主義がすべて。民族固有の文化や文明の背景を否定して、純粋なコールド・ロジック（cold logic）、冷たい論理だけを使って、世の中が理解できるとした。このときが、西欧の歴史の大転換点だったと言ってもいいのです。「宗教戦争ばかり続くのなら宗教をやめればいい、ロジックだけで考えましょう」とデカルトは言うのです。

それが問題解決だと考えたようですが、これでは問題をさらに複雑にしただけでしょう。非常におもしろいポイントですね。

またデカルトはロボットに興味があったと言われています。江戸時代の日本のからくり人形のような。

そのときから彼の人間論がおかしな方向へいったとされています。つまり人間はロボット、機械である。だからロジックを使えば、人間はどういう機械か理解できるはず、というのです。

これこそ人間というロボットの中に魂が入っているような仕組みです。つまり、トランスヒューマニスト（transhumanist）がよく言う、科学技術を使って人間の身体、認知能力を進化、向上させようとする考え方（超人間主義）です。自分の心をパソコンにアップロードできる、体はただのロボット、我々は単なる機械とする考え方がデカルト周辺の文脈から出ています。人間はただの機械にすぎないという言説です。

まさに現代の西洋医学はその大前提のうえに成り立っているのです。漢方とは全然違うでしょう。漢方では人間を複雑な存在、西洋医学では人間を完全に機械だと捉えます。このように、たくさんの西洋のものがデカルトの思想から生まれているのです。

茂木　つまり理性によって、人間は100%理解できるし、誰でもコントロールできるし、なんでもつくり出すこともできると。デカルトは宇宙の中心から神を外し、人間の理性を据えたのです。

デカルトの『方法序説』の中で、一番印象的で怖いと思った箇所があります。街をつくるときに、人々が集まって勝手に街をつくってもうまくいかない。それより一人の天才がすべてを設計して、完璧な街をつくれば、よほど合理的だと言うのです。

街をつくれるということは、国もつくれるわけで、ハイエク言うところの設計主義なのです。人間の理性をどうしてこれほど信用できるのかと思います。これは後のルソーやマルクスに、結局はつながっていくのです。

モーガン　大きくつながっていきます。設計主義とはまさにそのとおりです。

だからこそ私は人間の複雑さを認める日本文化、文明を高く評価しているのです。そこには設計主義がほとんどないからです。

私の大好きな哲学者は相田みつを先生です。「人間だもの」(笑)。そこから始まってそこで終わると思います。だって人間だもの、どうしようもない存在でしょう。しかしそうと認めても、人間には無限の価値、無限な尊厳があるのです。

私は完璧ではありませんが、それでも愛してください。あなたも完璧ではないけれど、私はあなたを愛します。以上です。私にとって、それがすべてなのです。

★20
フーコー　Michel Foucault
（1926〜84）

だから設計主義は必要ありません。私たちはふだんまっすぐ歩くことはないでしょう。「あれもおもしろい」「それもいいな」と寄り道しながら、人生を歩むのです。

どうも西洋はまっすぐや完璧などの設計を求めます。社会、街などはすべて設計できるという発想をします。イーロン・マスクは理想的な社会を火星で築きたいと言います。そんなの絵空事ですよ。いまの世の中をよく見てください。デカルトの設計主義は失敗だらけです。

茂木　ヴェルサイユ宮殿に行ったとき、人工的で直線と曲線ばかりでなんてつまらない庭だろうと感じました。逆に僕は自然を再現したイングリッシュガーデンが好きなのです。

モーガン　確かにいいですね。

茂木　あの感覚はすごく日本人と合うのです。ヴェルサイユ宮殿を建設し、デカルトを生んだのもフランス人です。やはりフランスという国は病んでいるのでしょうか。

モーガン　うなずけることを書いているフランス人の哲学者は少ないですよ。どうも頭の中だけで世界を考え直そうとする傾向が強いので。ルソーもそうでした。

茂木　社会主義者をたくさん出したのはフランスですからね。

モーガン　アラン・バディウの存在論＝数学など、現実味はゼロでしょう。数学が存在論だなんてあるはずがない。フランス人が語るフランスの哲学はあまりうなずけません。フーコー★20の思想も興味深いですが極端なことも言っています。

★21
スピノザ　Baruch de Spinoza
（1632〜77）

デカルトの弟子スピノザ

茂木　デカルトの後継者たちの中で少し変わっている人がスピノザ★21です。彼はオランダにいたユダヤ人ですよね。スピノザについてお願いします。

モーガン　スピノザは西洋でよく取り上げられる重要な人です。彼は表面的に言っていることと、本当に言っていることが違うと指摘されたりします。スピノザはユダヤ人ですが、言うことがあまりにも恐ろしいから、ユダヤ人共同体から追い出され、相当批判もされました。

それで修道院の尼さんと一緒に住んで、メガネのレンズを磨くアルバイトをしながら哲学の本を書いていました。

彼の本を読めば、おそらく神の存在を否定しているのだなとわかります。ユダヤ教を理解しヤハウェを肯定する感じから、やがては神の存在を否定していったのが伝わります。代わりに自然というものが神の役割を果たしていると。デカルトはそこまで言いませんでしたが、スピノザは彼からヒントを得て、完璧にデカルト主義をもっと拡張させて想像すればどうなるか――。そのような哲学を書いた、私はこうスピノザを読んでいます。

しかし神を否定するようなことは明言できないので、2つの読み方ができるようにしています。同じアプローチをヘーゲルも試みています。たぶんヘーゲルも無神論者だったと思いますが、自然ではなくて歴史が神になった。でも神の存在を否定すれば、自分の身が危ないので、認めているかのように見せかけながら書いていますが、読めばそうではないのがわかるでしょう。

スピノザは、この現実の世界で神様の役割を果たしてくれるものは何かと考えて、自然という概念が出てきたのだと思います。

茂木　スピノザ家はもともとポルトガルの出身でした。レコンキスタの結果、スペインでユダヤ人が追放されます。ユダヤ人の多くは、スペインの敵国であるオランダに逃げました。アムステルダムにユダヤ人街があって、スピノザの父はそこの大商人の一人だったそうです。

ところが息子のスピノザは、明らかにユダヤ教とは違うことを言い出したので破門されて、ユダヤ人のコミュニティから追放されるのです。

そこでデカルトと出会って、数学ですべてを説明しようと試みましたが、やはり神様は存在する。その神様は子どもの頃に教わったユダヤ教の神とは違う。だけど神様はいるに違いないと……。

この自然あるいは宇宙は、ただなんの法則も規則もなく存在するのではなく、そこには一定の法則や規則があって、それこそが神だろう、つまり自然の法則自体が神、自然そのものが神であると彼は考えたようです。これらは汎神論《はんしんろん》、あるいは理神論と言われます。

「万物に神が宿っている」というのが汎神論、パンセイズム（pantheism）です。神が宇宙をつくったとき、ものとしての宇宙、その宇宙がどう動くか、天体がどう回転するか、地球がどう動くか、海流がどう流れるか――。このようなことを全部神が設計していて、神は宇宙をつくったあと、この宇宙には介入しないがどこかに存在している。神がつくった宇宙は、あとは

★22
ニュートン　Isaac Newton
（1642〜1727）

★23
レオ・シュトラウス　Leo Strauss
（1899〜1973）

神の法則に基づいて機械仕掛けのように動いていく。これを理神論、ディズム（deism）と言います。

この理神論を受け継いだのがニュートン★22です。そこから西洋近代の自然科学が一気に生まれてきます。

世界のいろいろな文明、中国やインドや日本にもある程度自然科学的な考えはありましたが、宇宙の仕組みを知ろうというところまでは至りません。宇宙の仕組みを知ろうというのは、ヨーロッパ特有の現象です。ただし「神による天地創造」という聖書の教えとの矛盾を隠すため、理神論という理屈を考えたのだと思います。

モーガン　いまおっしゃったことと密接につながるのですが、実はニュートンはキリスト教の信者ではなかったと、私は思っています。

レオ・シュトラウス★23 8は、中世スペインのユダヤ人哲学者マイモニデス★24に注目していました。彼は、ユダヤの哲学は西洋の哲学だと、逆に言えば西洋哲学とユダヤ哲学は並立していると指摘しています。私も、ユダヤ人の哲学の遺産《レガシー》を語らなければ、西洋哲学は理解できないと思うので話しておきます。

マイモニデスはシュトラウスやスピノザと同じことを研究していました。私はマイモニデスをけっこう読んできていますが、マイモニデスが神の存在を認めていたかどうかはわかりません。彼は神は存在するかどうかわからない、しかし神が存在するかのように生きましょうと言うのです。

茂木　いるともいないとも断言しないで、巧妙で曖昧な神論を展開するのがマイモニデスの特徴です。科学と信仰のバランスを保とうとした人ですね。

モーガン　その後のニュートンでは、神と宇宙は結局同じ存在になってしまいます。そうなると神の存在が物質や空間に溶け、沈むでしょう。道徳というか人間の居場所がなくなるわけです。

茂木　ニュートンは理神論者でしたから、天地創造後の宇宙は、機械のように自動的に動いていくと考えました。その運動法則を理論化したのがニュートン力学で、ここにはもう神様の出番はないのです。

フランス革命の指導者ロベスピエールはキリスト教を廃止したあと、「最高存在の祭典」というカルトを導入しようとしました。彼も理神論者でした。

モーガン　ＡＩの世界ですね。ＡＩの世界には道徳がない。神が存在しない。すべてが科学からくる純粋な理性でできており、その究極にあるのが人類の死、絶滅です。

理性的に考えれば、人間は不要でＡＩは必要なのです。人間は邪魔ものですね。絶滅してもらいたいとなる（笑）。

結局、西洋哲学がその曖昧さを失ってしまったことが大きな痛手です。その始まりがデカルトです。数学はフラットなので、この世の中ですべての理解ができるというのです。

デカルトに対する答えを出したのは、数学者ゲーデル★25だと思います。彼は「数学の中から数学の概念を理解することはできない」と言いました。数学の外から数学を理解するしかないと

★24
マイモニデス　Maimonides
（1135〜1204）

★25
ゲーデル　Kurt Gödel
（1906〜78）

いうことですね。

茂木　ゲーデルの『不完全性定理』。数学では宇宙を説明しきれないことを、数学的に説明した人ですね。

モーガン　それがデカルトに対する答えと私は思っています。人間の理解は限られていると思います。しかしモダン主義、社会を完璧にしようとする動きは、デカルトが起源です。

現代の世界はデカルトが創造してしまいました。すべてが機械的で、理性で理解できるなんて、決してそんなはずはないのです。

第5章
近代の哲学

★1
ライプニッツ
Gottfried Wilhelm Leibniz
（1646〜1716）

ライプニッツのモナド論とは？

茂木　デカルト主義に対抗できる哲学者として、ライプニッツ★1についてお話ししましょう。実はライプニッツの理論は私は少し苦手なのです（笑）。「モナド（monad）論」を唱えた人で、何か重要なことを言っているのはわかるのですが……。

モーガン　私も苦手です。

茂木　ライプニッツは何を言いたかったのでしょうか。

モーガン　ニュートンとほぼ同時期に生きて、何が言いたかったのか……（笑）。

　彼は微積分の考案者とも言われていますが、私の理解ではモナドで有名です。古代ギリシアのデモクリトスに戻りますが、「アトム」ではなくて、ライプニッツは「分割できないもの」をモナドとしていますが、モナド論は難しいのです。私も本質については勉強し直さないと説明できません。端的に言うと、デモクリトスが世界に再び台頭してきたと考えていいでしょう。

茂木　デモクリトスは、唯物論的な物質の最小単位としての「アトム」と言いました。

モーガン　それとは違います。ライプニッツは神の存在を否定しないのです。逆に神を信じている人。デカルトに代表されるように、世の中は理性ですべて説明できるという流れに向かう中で、どのように物理的な存在と神の世界を両立できるか考えた哲学者だと思います。ニュートンともかなり違うのです。

茂木　どのように違うのでしょうか？

モーガン　ニュートンは自分では神を信じていると思っていましたが、結局神のマインドと物理的存在を融合させました。力学や熱といった宇宙のメカニズムを私は解読できたと。しかし考えてみると、ニュートンの理論では宇宙が1つのモナド——自己完結的な閉じられた世界——になっていますよね。

水を入れたバケツをひもでぶら下げて、バケツを回すという有名な実験があります（ニュートンのバケツ）。

このとき、何に対してバケツと水は回っているのでしょうか。ニュートンの考えでは絶対的空間、スペースを基準にしてバケツと水が回っていたということでした。つまり宇宙は、神の存在がなくても自動的に稼働するロボット的な宇宙になっている、ニュートンはそう考えたのでしょう。

しかし、もし宇宙が勝手に動く永久機関（perpetual motion machine）であれば、神様はただの補足的な存在です。神様はこの宇宙をつくって、ひもを引っ張って、「はい、どうぞ」という感じです。この機械を最初に稼働させたのが神で、あとは機械的に動くわけです。ライプニッツ的に言えば、結局はそれがモナドですね。宇宙が1つのものとして動いている。

ライプニッツは神の存在が唯一、自分の力で存在するモナドだと言っていました。つまり神の存在と宇宙の中身の存在はある意味、モナドである限り、対等的です。しかし神が存在を与えるモナドだから、結局他のモナドと絶対的に異なります。神が常に内から内の存在をつくり続けるわけです。神を含んだ相対論です。

つまりこの宇宙はモナドで、それは原子のようなモノだけではなくて、実は魂がメインということです。神様がそう見ているというか。物事の変化の中で、「何がそのものの本体か、本質は何か?」と神様が見ているわけです。要するに、宇宙の最も基本的な存在が魂であり、そして神がその中のすべての魂に存在を与える、ということです。

茂木　スピノザの汎神論と似ているのでしょうか。細かい個別のものに、すべて神が宿っているという感じですかね。

モーガン　ライプニッツはスピノザの無神論的な考えを憂えていました。しかしスピノザについてはもっと勉強をしてきます(笑)。勉強不足で申し訳ありません。

茂木　モーガン先生にわからないことが、私にわかるわけがありません(笑)。

モーガン　わからないことばかりです。茂木先生がいなければ話し合いは成立しません。先生の整理の仕方はすごいと思って尊敬しています。

茂木　ライプニッツは、「ものすごい能力を持っていたが、後世になんの影響も与えなかった」。誰も理解できなかったと言ってもよいでしょうか(笑)。

モーガン　そう言っていいと思います(笑)。ところがアインシュタインはライプニッツを高く評価していました。イギリスの帝国主義がドイツ諸国に比べて、もっと強力だったためイギリス人のニュートンのほうがよく知られているだけかもしれません。

ライプニッツとバークリーが西洋哲学にもたらした新視点

モーガン　西洋哲学によって世界はどうつくられてきたのか。このことを考えるには、ライプニッツもふさわしいと思います。

私たちがいま生きている世界は、ライプニッツがつくった世界、あるいはライプニッツに影響を与えたデカルトがつくった世界ではないかと思うのです。ここまでデカルトの話をけっこうしましたが、茂木先生がおっしゃったとおり、「自分のすべてを疑っていくと、疑えないこととして考えている自分だけが残る。そこからまた疑いのない世界を築く」――これがデカルトの計画だったと思います。

そうすると、英語で言うところの「mind-body problem」が出てきます。マインドと身体のどちらが本当か。マインドと身体を完全に分けて、2つのことのように考えるのです。カルテシアン・スピリット、つまりデカルトが提案した心身分裂が、私たちの住んでいるいまの世界をつくってしまったと思います。

茂木　それを日本語では「デカルト的心身二元論」と言いますが、英語ではなんと言いますか？

モーガン　カルテシアン・デュアリズム（Cartesian dualism）、またはマインド・ボディ・プロブレム（心身二元論）と言います。これはデカルトだけではありません。カントも心身二元論の地雷を何回も踏んでいます（笑）。

　このカルテシアン・デュアリズムは、ただの水かけ論ではなかったのです。社会的な背景もあります。ライプニッツという人はデカルトの本をけっこう読んでいて、デカルトに対して否定的な面もありましたが、中世の神学者スコトゥス、アクィナスなどからの影響も受けています。それはライプニッツが、イギリス清教徒革命の終わり頃（1646）に生まれたからかと思います。

茂木　ドイツでは三十年戦争の末期、宗教戦争で荒廃した時代ですね。

モーガン　そうです。彼の父はルター派、母はカトリックでしたから、宗教戦争の傷を治したいと思っていたのではないでしょうか。デカルトのような二元論を一元論にしたいという。おそらく、そういう動機だったと想像します。

　ライプニッツのモナディズム（monadism 単子論）は、「何が1つなのか？」という問いへの答えを探っていたのです。一致性はどこにあるのか。デカルトの二元論では完全に無理じゃないですか。

「マインド（心）あるいは魂（ソウル）が人間の本体であるこの身体は、ただの幾何学的なエクステンション、延長にすぎない」とデカルトは言いますが、ライプニッツは違うと言います。立場が逆なのです。

　ライプニッツの反論は、この宇宙は自分の心の中から見るのではなくて、神様の立場から見たとき、「一致性とは何か？」というものです。これがスコトゥスの考えにも意外とつながっています。スコトゥスの弟子が言っていたのは、haecceity[1]（ヘクシアティ）、英語で言うと thisness、

★2
ジョージ・バークリー
George Berkeley（1685～1753）

「これらしさ」。ライプニッツはこれこそが一致だと言います。

では神様の立場から見た「これらしさ」とは何か？

時間が経てば経つほど、物事は変わっていくじゃないですか。変化はあるけれど、ライプニッツは、その下に変化しない「一致性」があると言っています。デカルトは人間の立場から宇宙を見るのですが、ライプニッツは神様の立場なのです。

ここで、私が大好きなビショップ・バークリー★2というアイルランドの人を少し取り上げたいと思います。

茂木 ジョージ・バークリー。カトリックのお坊さん（ビショップ）ですよね。

モーガン そうです。聖職者でした。司教だったか、大司教だったか。

バークリーは言いました。この宇宙のすべては神様の心が生み出した、すべて神様の想像の世界、我々は映画『マトリックス』の世界に住んでいるかのようです。もちろん、バークリーは『マトリックス』を観たことがないのでその言葉は使いませんが、まさに仮想現実空間の世界です。

茂木 『マトリックス』。僕も大好きなSF映画です。AIが支配する近未来。人間はカプセルの中で養殖されている。脳髄にプラグが埋め込んであって、飼われている人間たちは、20世紀のニューヨークで自由に生きている、という「夢」を見せられている。

これは唯物論の逆ですね。世界はすべて神のイマジネーションだという感覚ですよね。仏教にもこれとよく似た考え方があります。世界には意識しかないと説くので唯識派《ゆいしきは》と言います。

モーガン　おもしろいことに、実はライプニッツはそのように読めるのではないかと。デカルトは身体と心を分けてしまったでしょう。ライプニッツは、「いやそれらは1つです」と反論しようとして、創造物のすべてを神様のように俯瞰してみたんです。

これはバークリー的、あるいはAI的とも言えるじゃないですか。1つの万能的で、なんでもかんでもわかっているGoogleのような存在がこの世の中を見ているかのようです。機械的な側面もあって、その中でモダンの非人間らしさ、人間の複雑さを数学やロジックなどでフラットにしようとする動きも見えますが、それはライプニッツのモナドの延長線上で読めるのではないかと思っています。デカルトに対する反論と呼んでもいいかなと。

このバークリーの議論に対して文学者のサミュエル・ジョンソンが反論し、「この石は実際に存在する」と言って石を蹴った。で、自分の足の指を折ったという有名な話があります（笑）。これは反論にはなっていないですね。ジョンソンが石を蹴って痛みを感じたことも、バークリーの考えでは、神のシミュレーションの中で説明可能です。

バークリーが言っていることには、本当に反論できないと思います。もし反論したいなら、神様のマインドであるこの宇宙の外側に出て、そこからしか反論できないでしょう。つまりバークリーが提唱していたシミュレーションの確認に当たっては、シミュレーションの外に行ってするしかなく、この『マトリックス』の世界の中からは反論ができないということ。バークリーのシミュレーションは全宇宙を包括するので、どうしようもないのです。

茂木　たとえば、いまこの時間に、モーガン先生と私がこうやってお話ししていますが、実はこの二人は神様のイマジネーションあるいは神様の見ている夢、マトリックスの登場人物かもしれないのですね。だとすると、僕らはこの「夢の外」には出られない。

モーガン　そういうふうにライプニッツの哲学も読めると思うんです。神様の立場から見た宇宙です。これは西洋哲学の中における東洋思想ですね。

もう1つ、「何が1つか」という問題がありまして、その有名な例が、ギリシア神話に出てくるShip of Theseusです。

茂木　「テセウスの船」ですね。ギリシア神話の英雄テセウスが長く乗っていた船。何度も何度も修理され、最初の船の部材がもう一つも残っていない。

モーガン　でも同じ船だから、「テセウスの船」と呼んでいる。人の身体も新陳代謝するでしょう。何年か経ったら、同じ体ではない。物理的、生物学的には同じではないのです。でもそのたびに名前を変えるでしょうか？　同じモーガンと茂木先生です。物事は常に変わっているけれども、その流れの中でも何か、一貫するものがあるのです。

ライプニッツは、その変化する世界の中では、何が1つなのかと問いました。それはやはりデカルトが言う幾何学的な延長ではなくて、魂、神様のマインドなのです。フランスの啓蒙思想家ヴォルテール★3は、本当に容赦なくライプニッツをからかっていたのです。「私のおしっこの1滴も神様のマインドか？」と（笑）。

でも実際にそうですよ。ライプニッツがそう言っているように。なぜならば、ライプニッツのモナドの考えでいくと、モナドは神様に整えられた魂のようなものだからです。神様の想像

★3
ヴォルテール
P.208参照

★4
ヘラクレイトス　Hērakleitos
（前540頃〜前480頃）

力、つまり、マインドがモナドを常に存在レベルでつくり出している。

茂木　さきほどの川のたとえですが、古代ギリシア人で同じことを言っている人がいました。

モーガン　ヘラクレイトス★4ですね。

茂木　彼は言いました。「あなたは川に何度も入ることができるけれど、常に水は流れていくから、同じ水ではない。だから同じ川には入れない」。

これと同じことを鴨長明は『方丈記』の中でこう表現していますよね。「ゆく河の水の流れは絶えずして、しかももとの水にあらず」。すごいです。これは非常に東洋的な思想ですね。

モーガン　禅そのものではないですか。「何が1つか」ということです。まさに道元がそのマスターではないですか。本当の世界、存在は目に見えているものではないのです。つまり変化し続ける。

茂木　まさに、そうだと思います。

モーガン　「春は花、夏ほととぎす……」というように、世界は変わっていくけれど、何が変わらないのか。道元の言う「身心脱落」とは身も心も脱落させ、本来の姿に立ち戻るということです。そこからも脱落した先にある本当の自分は何か。答えは本当の自分はないということです。禅はまさにそうですね。ライプニッツ的に言うと、その謎がモナドになっているかなと。

茂木　この「変わらないもの」をなんと言いましたっけ？

モーガン　ジスネス（thisness）あるいは、ヘクシアティ（haecceity）。たとえば、「ネコとは何か？」。尻尾を切ってもまだネコですね。その中の見えないネコらしさがどこかにある。人の体も新陳代謝しているけれど、同じ人であると。テセウスの船（Ship of Theseus）もそうです。アリストテレスが言った「類が個物にらしさを与えている」という主張がここで大事になります。

茂木　宇宙は物質も精神も一体のものである。全体が一部に宿り、一部が全体を照らしている。万物は流転しているように見えて、実は変わらぬものがある。なぜならこの宇宙は1つのものだから。私は「モナド論」をこう解釈しました。まさに禅の世界ですね。

ホッブズ対ライプニッツ――社会契約とモナドの対立

モーガン　あともう1つ説明させてください。ライプニッツがホッブズの無神論、唯物論（第5章P.217参照）に対して反論したことについてです。これはもっと政治的な側面からの批判なのですが、ホッブズの社会契約説（Social Contract Theory）に従えば、「万人の万人に対する闘争」を終わらせるためには、強い独裁者のような王様が必要となります。

しかしライプニッツは、「いや、違う。この世の中はさほど暗いところではない」と言っています。実は神がつくった世界は可能な限り最善の世界だと、ライプニッツは考えていました。神のはたらきが秩序のもとであると。つまり、唯物論でこの宇宙、人間の存在や社会などを説明しても無理がある、ということです。モナドは物理的な存在ではなくて精神的な存在だから、ホッブズが描いていた世界ともいい意味で対立するのです。

茂木　デカルトがボディとスピリットの2つに分けたという言い方は、こういう言い方もできると思うのです。「私とそれ以外の物」「私が見ている対象物」。「見る者」＝主体 subject と、「見られるモノ」＝客体 object というふうにはっきりと分けたのは、デカルトですよね。

モーガン　はい。

茂木　ということは、ライプニッツはサブジェクト（私）とオブジェクト（私が見ているモノ）とを統一する原理を探し求めていて、それをモナドという言葉で説明した。つまり世界に中心はなくて、みんながそれぞれモナドである。でもそのモナドというのは、まったくバラバラではなくて、最終的には統一した何か、原理みたいなものがあって、これをライプニッツは「予定調和」というふうに呼んだ。ではその「予定調和」はどこからくるかというと、それは神様しかないだろうということですよね。

モーガン　そのとおりです。私もそう理解しています。神様からすれば、私たち人間の五感に「バラバラ」に入ってくる現象は、完璧に一貫しているわけです。立場の問題かもしれませんが、それはモナドですね。モナドには4種類あってとても複雑ですが、要はモナドの考えでは、あくまで神様のマインドから見た立場を優先します。ちなみに、ライプニッツは中国の仏教者、法蔵《ほうぞう》の本を読んで影響を受けたという説があって、本当かもしれません。[2]

茂木　華厳宗《けごんしゅう》の学者ですね。華厳宗といえば奈良東大寺が有名ですが、あの大仏様は「毘盧遮《びるしゃ》那仏《なぶつ》」といいます。「びるしゃな」はサンスクリット語で「太陽の輝き」という意味です。太陽の光を受けて万物が輝くように、仏性《ぶっしょう》が万物、万人に宿っている、という教えです。この仏性を「モナド」と言い換えると、日本人によくわかりますね。

ところがライプニッツやバークリーの考えは、ヨーロッパではあまり理解されず、不幸にもデカルト的な考えが主流になってしまった。

モーガン　残念なことです。デカルトは厄介な人物ですよ。昔の私のハワイ大学の先生は儒教が大好きでした。なぜかというと、デカルトやカントがつくり上げた、主体／サブジェクトの問題が深刻だからです。「私」という自分が独立的に存在する。これは unencumbered Kantian self（無責任なカント的自我）、まったく責任のない、荷物を担っていない自分がこの宇宙の中に独立的に存在するという考えです。そこから生まれるのは資本主義です。

この個人主義は、モナドとはまったく違う意味での「単位」です。何が一番簡単で、何が割れない「1」か。それはこの独立している自分というわけです。資本主義社会は、まさにジャングルのような弱肉強食の社会で、人が人に対して憐れみを表すことができない。だから、私の先生はそれにブレーキをかける道徳的な儒教が大好きでした。

私の先生の考えでは、孔子が言っていたことは理想です。いまのアメリカに必要なのはまさに孔子です。孔子にはデカルトやカントがつくったフェイクな近代的自我を壊す力があると考えていました。この考え方はある程度合っていると思いますが、いまもデカルトとカントの影響は本当に強いですよ、西洋の中では。日本人も少しずつこれに染まっていますが。

茂木　デカルトの世界観は現代人にはわかりやすいですからね。

モーガン　わかりやすいですね。

★5
カント　Immanuel Kant
（1724～1804）

★6
ヒューム　David Hume
（1711～76）

近代哲学の祖であるカントに影響を与えたヒューム

茂木　ここからカント★5にいきましょう。イマヌエル・カントはドイツ人ですが、まだドイツ統一の前なので、正確に言えばプロイセン（プロシア）の人ですね。フランス革命の少し前に生まれ、晩年にフランス革命を見ています。

モーガン　いろいろな側面からカントに入ることはできるのですが……。デカルトに関連する、「宇宙が私のマインドから出てくる」ということ、つまりフェノメノン、ヌーメノン（phenomenon, noumenon）が完全に分けられていて……。

茂木　この本は一般読者の方々向けなので、カントという人がどれくらいすごいのか、彼は何を見つけたのか、デカルトとは何が違うのか。お話しいただけますか？

モーガン　カントはヒューム★6からかなり強い影響を受けたと理解しています。そこから話したほうが、カントがわかりやすくなります。

茂木　デイヴィッド・ヒュームは、スコットランドの啓蒙思想家ですね。

モーガン　そうです。それが1つの大きなポイントです。スコットランドはカルヴァン派が強い国で、いまもそうです。首都のエジンバラによく訪れたのですが、ヒュームの銅像が建っていて、「すごいな。ここはヒュームの街だったのだ」と感じました。

茂木　ヒュームは「懐疑論の哲学者」と言われていますね。

モーガン　ヒュームは、原因なんか本当は存在しないというわけです。

たとえば、私がレンガを投げて、窓ガラスを割ったとします。ヒュームが言うには、「あなたがレンガを投げたことと、窓が壊れたこと、その2つのことは関係ない。その関係はあなたが頭の中で勝手につくったことです。レンガが投げられたあと、窓が壊れた。この2つの現象はまったく別物で、本当に原因というものは存在しない、因果関係は実際にないのです」

それに刺激されたカントは、「もし原因がこの世の中には存在しないと認めたら、この世の中はどこからきているのか、どうやって動いているのか」と考えました。

茂木　ヒュームはさっきのバークリーと同じ頃に生きた人ですよね。バークリーはアイルランド人でカトリックのお坊さんでしたが、ヒュームがスコットランド人ということは国教徒だったか、少なくともカトリックではないですよね。

モーガン　はっきりとは言わないのですが、ヒュームはどちらかというと無神論です。当時、それを言ったら反発がすごかったでしょう。

バークリーは神様を絶対化したと同時に、曖昧化したと言えるでしょう。なぜなら、私たちは神様のマインドの中に存在している。でも、その神様については、あくまで知ることができないからです。マインドの中からはマインドの持ち主について知ることはできないからです。イエス様が父の神への道であれば、そしてもし人間の自由な意思によって神を選ぶか拒むかが人間に求められているとすれば、バークリーの哲学は反キリスト教的と言わざるを得ない。

一方ヒュームは、この世の中は1つのナンセンスの類に近いと説いています。いくつかの出来事が連続するけど、そこに一貫した一致性はないというわけです。一瞬一瞬はありますが、その関係性は私たちが自分の心の中でつくっているということですね。
「雨が降っています」「私が濡れています」。普通に考えると「雨が降っているから私が濡れている」となりますが、「雨が降っている」のと「あなたが濡れている」のは別の現象で、「AだからBになったということが、何回も同じタイミングで起こったのであなたが勝手に想像しているんじゃないですか」とヒュームは言っています。この世の中を超える原理はまったくない、形而上学は人間の妄想であるという、形而上学を否定する人間です。

彼には有名な発言があるでしょう。「あなたの本棚を見なさい。もし形而上学が書いてある本が見つかったら、その本を火に投げて燃やしましょう。まったくのナンセンスだから」[3]。

茂木　デイヴィッド・ヒュームという人は、デカルトが打ち立てた、人間の理性によって世界は解明できるということを徹底的に破壊した人、と考えていいですか。彼にとって信じられるのは、最後は数学だけになってしまって、哲学はもちろん宗教も、何も信用できないとなってしまう。これが懐疑主義、懐疑論ですよね。

モーガン　懐疑論ですね。

茂木　そういう極端な人がスコットランドにいて、それがカントに影響したわけですか？

モーガン　はい。

理性の限界と道徳を追求したカント

茂木　カントが生まれた街はケーニヒスベルクで、いまロシア領になっています。いまのロシア領カリーニングラードで生まれました。ご両親はルター派ですね。

モーガン　そうですね。カトリックではないです。

茂木　最初は自然科学に興味を持って、ニュートンやライプニッツに魅《ひ》かれて……。だから若いときは天文学の論文などを書いていますね。太陽系や火とは何かとか。モナド論についても書いています。

モーガン　カントは、自分はヒュームの本を読むまで、哲学的に眠っていた、睡眠中だったと言います。ヒュームが私を覚醒させた、起こしてくれたということ。カントの初期の本と最後の本とでは比較しようがないわけです。それほどヒュームの影響が強かったのです。

茂木　カントも若いときはデカルト的な考えだったのですか。

モーガン　若い頃のカントは、この世の中は存在していると普通に考えていたと思うのです。むしろライプニッツの影響が特に強かったようです。プラトンの影響も受けていました。

けれどもヒュームの考え、「世界には原因は存在しない」「この世界は本当かどうか」、という懐疑的な考え方を乗り越えなければならないと、つまりカントは懐疑的ではなかったと思います。でもヒュームの考え方には簡単に反論できないと感じて、哲学のすべてをゼロから考え直さなければならないと思った。非常に真面目な人だったようです。

★7
コペルニクス
P.120参照

茂木　なるほど、ヒュームの懐疑論を乗り越えるために、自分の哲学を構築したのですね。

モーガン　ヒュームの考えは、形而上学、つまり目に見えない、五感で確実に体験できない存在を直撃しました。でもカントは、形而上学を大切にしたかったのです。

カントの有名な本、『純粋理性批判』の序（プロレゴメナ）に、コペルニクス★7の革命（コペルニクス的転回）を起こしたい、と書いてあります。もしヒュームが言っていることや、ニュートンや他の啓蒙思想的な科学者、つまり物理的な存在の原理などを、物理的に説明しようとしている思想家の理論が正しいとすれば、形而上学はただのファンタジーにすぎなくなってしまいます。目に見えないことなんて、神話、お伽話にすぎません。

ですので、コペルニクスが太陽系の真ん中を新しく設定（コペルニクス体系）したように、カントは、「空間と時間などは、客観的真理として存在しているのではなく、人間のマインドの構造の一部なのだ」と言って、形而上学の軸を人間のマインドのほうに移してしまったのです。

ちなみにカントは毎日まったく同じ時間帯に散歩していたと言われていまして。カントの時間だと。ルーティンがすごかった。

茂木　街の人は、カントが歩いてくると、「いま何時だ」とわかった（笑）。

モーガン　そう、カント時間、カントタイムです（笑）。彼は社交的な場が好きだったようですが、ヒュームが与えてくれた問題を解決するまでは、パーティにも行かず、部屋の中に引きこもって本を読んで考えていました。

茂木　さっき「ヒュームがカントを目覚めさせた」とおっしゃいましたが、この人はルソーにもハマっていて、「ルソーが私のあやまちを正してくれた」とも言っています。いろいろな人の影響を受けているんですね。

あとは「霊魂とは何か」を追究したスウェーデンボルグ★8という神秘主義者。降霊術をやる人ですね。そういう人ともおつきあいをして、ありとあらゆることにカント先生は興味がありました。いろいろな学問、哲学を渡り歩いた結果、『純粋理性批判』を書くんですね。

モーガン　スウェーデンボルグは、まったく私の専門外ですが、カントがスウェーデンボルグとつきあっていたことは不思議ではないと思います。カントは、デカルト的二元論を乗り越えることは結局できなかった。だから神秘的な方向にいったのではないかと思っています。

カントの哲学を読むと、本当にびっくりします。誰が読んでもびっくりすると思いますよ。要は、「見えているものは、そのすべては本当かどうかわからない。この見えている世界は、私のマインドが勝手につくっているかもしれない」と言っています。それはヌーメノンすなわち「観ている者」（マインド）と、「観られているモノ」（現象）としてのフェノメノンをカントは分けますが、後者は実際に存在しているかどうかわからない。知りようがない。

茂木　そこはヒュームにそっくりですね。

モーガン　つまり、この世の中はいろいろ動いているように見えていますが、私がレンガを投げて窓が壊れるという、その関係性は私の心の働きから出てきている。心の中に、このような「構造」があるから、見えている世界はこうなっています。プログラムやソフトウェアみたいなものが脳内に搭載されているので、みんなが見えている世界はだいたい同じというのです。

★8
スウェーデンボルグ　Emanuel Swedenborg
（1688～1772）

茂木　その頭の中の分類を「カテゴリー」というのですね。「虹は七色」とみんな思っていますが、実際の虹は色のグラデーションですから、何色と数えることなんかできない。でも「虹は七色」という構造が頭の中にあるから、そう見えてしまう。

カントは人間の理性には限界があると、ヒューム的な懐疑論を持ちました。でも同時に、確かなものもあって、それは道徳であると言っています。彼のお墓に刻まれた言葉が、「我が上なる星空と、我が内なる道徳法則、我はこの2つに畏敬の念を抱いてやまない」。カントのこの部分は信じてもいいような気がします。

カントは滅茶苦茶頭のいい人で、反論できないんですよ（笑）。カントの道徳論という点についてはいかがですか？

モーガン　カントの道徳論は神秘主義的ですね。……私はカントの道徳論についてかなり批判的ですが、私の解釈で言えば、カントは「現実を超越した道徳に従え」というのです。これがcategorical imperative（定言命法）ですね。

有名な話があります。ナチスドイツの兵士がある家の前にきます。ドンドンとドアを叩いて「開けろ」と言います。実はアンネ・フランクのようなユダヤ人が上の部屋に隠れています。兵士が「お前はユダヤ人を隠しているんじゃないか」と尋ねます。住民はどう答えるか？

カントは「嘘をついては絶対にダメという道徳律に従い、本当のことを伝えなさい」と言うのです。「はい、隠しています」と。当然、ドイツ兵が上に行って、ユダヤ人を殺すのですが、正直言って、こんなことはバカバカしいと思います。

世の中はそんなに白黒でハッキリ分けられるものではない。でもカントは、道徳律が絶対だと科学的に検証したいと思っていたので、定言命法を唱えた。この場合、やらなければならないことは、すべてのエピソードやシナリオで、まったく同じようにやらなければならないとなる。結局は現実世界を否定しているわけですね。

本当はドイツ兵に、「はい、ユダヤ人を隠しています」と言ってしまったら、道徳的どころか、この世の中は非常に悪い方向にいきます。「私の心の中がすべて」というカントの思想は、実は非常に危ないと思っています。彼の構造的な内から湧いてくる存在論は、変なふうに道徳にも変身します。それから、善と悪を結局否定するでしょう。嘘をついては絶対にだめ、それはわかりますが、ナチスドイツは明らかに悪の存在で、ユダヤ人を殺そうとしていたのです。場合によっては、嘘をつかなければ、ナチスドイツの悪の計画をサポートしてしまいます。目の前のシチュエーションより、もっと大きな善（the greater good）が存在するでしょう。

茂木　『論語』に似たような話が出てきますね。羊泥棒を捕まえたら自分の父親だったとき、息子はどうすべきか。孔子は答えます。「子は父を隠せ。それが情である」と。

カントの世界を超えるヒントは大岡越前守忠相にある

モーガン　実は日本の文明が、この問題に対して答えを与えていると思います。江戸時代の町奉行・大岡越前守忠相《ただすけ》の人間味ある裁きとか。この世の中はファクトなので、判決を少しだけ曲げて、少しだけ融通を利かせれば、まあまあうまくいく。カントの影響を受けていない日本の江戸時代は、本当によかったと考えています。カントとデカルトが西洋文明を粉々に砕いたと、心からそう思います。

茂木　大岡裁きで二人の女が「私の子です」と、子どもを奪い合う話があります。大岡越前が、「本当に自分の子なら、この子の手を引っ張って、自分のほうに引き寄せろ」と言って、二人の女に子どもの手を引っ張らせる、子どもがギャーッと泣く。そうすると一人の女が「わが子にこんなつらい思いをさせたくない」と手を放す。そうすると大岡越前が手を放した女を母親であると認めた。こういうことですよね。

モーガン　そうです。こういう話もあります。商店に勤める男の子がいたずらをしていて、江戸城のお堀に石を投げたら、運悪く堀を泳いでいたカモに当たって死んでしまった。将軍のカモだから死刑だと。大岡は裁判で、商店の主人と男の子に「証拠を出しなさい」と言い、死んだカモを受け取って、そのカモの腹の下に手を入れてまだ死んでいない、早急に鳥問屋街で治療を受けさせろと命じる。主人はその街で似たような別のカモを買って持っていくと、それを大岡が証拠とするのです。「これにて一件落着！」と言って。みんなわかっているんですね。でも少しだけ判決を曲げて人の命を救った。この大岡の行動を私は尊敬します。それが人間というものです。

これとは逆にカント的に考えると、いろいろと嫌なことが出てくるのです。ナチスドイツそのものにもカントの影響が見えると思います。「最終的な解決」とは、この人たちが嫌だから、みんな殺す。人間らしさを認めないで、論理だけを使ってこの世の中を見る。それは西洋文明の大きな弱みだと思います。その意味で、カントは本当に残念な人物です。

茂木　カントが晩年に書いたのが『永久平和のために』です。

モーガン　カントはたぶん初めて、いまで言う国連を具体的に提案したわけです。国家を超える存在、組織が必要で、それがあれば平和になる。「国家を超える組織があれば、平和を永遠に維持できる」。これは楽観的すぎる考え方で、この世の中をわかってなさすぎますね。

邪悪な人間はいっぱいいるのです。組織があれば彼らがそれを牛耳るわけです。いまの国連もそうですし、いや、戦争は彼らが仕掛けているのです。そういう意味で、カントはちょっとナイーブすぎます。カントがいま生きていたら、彼を連れて、国連の実態を見せてあげたいです。それは、いい反論となると思います。

茂木　カントはフランス革命を遠くから眺めていたので、フランス革命がどれだけ悲惨な結果になったかが見えてなかったとも言えますね。カントの思想を考えると、フランス革命の結末を見届けていたら、「あれはおかしい」と言ったに違いないと思うのですが、どうでしょう。

モーガン　たぶんそうですね。カントはずっとケーニヒスベルクの街にいた。どちらかというと世間知らずで、この世界の本当の暗さを、たぶんわかっていない人間です。

茂木　わかってないですよね。あの人は街から一歩も出なかったんですよね。

モーガン　そう。ずっと同じところにいて、ほとんどの知識は本から得ていたので、経験が乏しいわけです。それが問題です。

★9
ヴォルテール　Voltaire
（1694〜1778）

茂木　ものすごく頭でっかちな人でした。

モーガン　ほとんど頭だけでした（笑）。社交的だったとはいえ、マイ・ワールドが非常に狭い（笑）。それこそ夜空の星と我が内なる道徳法則の間に、「人間世界」というものが存在します。「私」と「星空」の間に、ドロドロした世界があるのですが、それがないかのように（笑）。ほとんど描いてないですね。そのアポリア、解決の糸口のない難題、つまり欠けている部分は大きいです。カントは星空が見えていて、それから自分の心の中の考えなどはわかっていたけど、人間世界という複雑な存在は、なぜかスルーしました。

茂木　彼は人間社会については、あまり矛盾を感じなかったのかもしれないですね。ずっと生まれた街に住んで、彼の支持者、お弟子さんたちだけとつきあって、人は論理的に話をすればわかってもらえる、と考えていた。幸せな人生を送ったのですね。

モーガン　完全にそうです。

啓蒙思想家を代表するヴォルテール

茂木　さてここから、「危険思想」に入っていきます。フランス啓蒙思想。まずはヴォルテール★9からいきましょう。

「私はあなたの意見に反対だが、あなたの言論の自由は命懸けで守る」と言ったとされ、自由主義思想の闘士として称賛される人です。徹底的な反権力、反教会の立場を貫いた人。リベラルの元祖みたいな人ですね。

モーガン　茂木先生はどうですか。私はヴォルテールが好きなのですが。

茂木　ええっ、ヴォルテールをお好きなのですか！（笑）。

モーガン　好きですよ。哲学面で言えば、彼はかなり浅いです。でも反論に優れています。

茂木　議論がうまい。

モーガン　うまいというか、人を馬鹿にします。たとえば古代ギリシアで言うと、アリストファネス。私はソクラテスよりアリストファネスのほうが好きです。あの気取っているソクラテスのことをバカにしてからかっているアリストファネスはいいですね。

ヴォルテールはアリストファネスですね。ソクラテスが気取ったことを言うと、「そんなアホな！」と笑い飛ばす（笑）。

茂木　アリストファネスは1章でも触れましたが、古代アテネの喜劇作家です。ソクラテスのような有名人をおちょくる芝居をたくさんつくった人です。風刺作家ですね。

モーガン　彼の『雲』の最後のシーンは、ソクラテスがカゴに乗って雲の上に行く神のように描かれます。ソクラテスの世界は大空です、つまり、この世をまったくわかっていない（笑）。完全に風刺でおもしろいですよ。ヴォルテールはそういう存在かな。そういう人は必要だと思います。哲学者の気取りを地面に引き戻すジェスター（jester／道化師）が必要です。

ヴォルテールはフランス人ですが、心の中でずっとカトリックと戦っていました。カトリックの信条とか教えをバカにする人間で、率直に自分の意見を言いすぎるのが問題です。私のよ

★10
馬場文耕　ばばぶんこう
（1718〜58）

うな人間ですね。度を超した発言がほとんどで、「いや、お前の言っていることはおかしい」とストレートに言いすぎて、問題が発生してプロイセンまで亡命しました。ロシアのエカチェリーナ女帝とも文通をしていたようです。

茂木　エカチェリーナ女帝にロシアに招かれたけれど、「寒いから嫌です」と言って行かなかったのです。

モーガン　そうです。私も同じ理由で拒んだでしょう！

茂木　ヴォルテールはもともと大学の学者ではないですよね。作家であり詩人であり政治評論家みたいな立場の人です。フランス革命の前だったので、当時のフランスはブルボン王朝でした。

フランスのカトリックはちょっと特殊で、王様が神様の代理人みたいな感じなのです。イギリスの国教会と似ています。国家権力、ブルボン王朝と教会ががんじがらめに絡まっていて、お坊さんも王様が任命できる。ということは、そのフランスにおいてカトリックを批判することは、ブルボン王朝批判になるのですね。

ヴォルテールはそういった作品を書きまくったので、何度も捕まっています（笑）。あの有名なバスティーユ牢獄にぶち込まれて、出てはまたやらかしてを繰り返していた人です。

モーガン　そういえば、馬場文耕★10という江戸時代に生きたカトリック信者で、時の将軍たちを風刺していた人がいました。

茂木　僕はその人を知らないので教えてください。

モーガン　馬場文耕はたぶん隠れキリシタンだと思います。

おもしろいのは彼も街頭に立って、江戸幕府や町奉行とかをさんざん批判しては何回も注意されては捕まっています。でも長い間なかなか死刑にはなりませんでした。ということはフランスより、その当時の江戸時代にはけっこう自由があったと思います。これは1つの重要なポイントです。西洋は自由を「発見」してばらまいて、全世界に宣教するという立場でしたが、当時の日本にはけっこう自由があったのです。

茂木　モーガン先生、馬場文耕のことは初めて知りました。ありがとうございます。ちょっと調べると、享保年間の講釈師ですね。最後には処刑されていますね。

モーガン　江戸時代のヴォルテールのような人で、ちょっと変わった人間です。

茂木　ヴォルテールはロンドンにも渡っています。イギリスは名誉革命後なので、王様はいても議会政治をやっていました。彼は議会も見にいって、「フランスはよくないけれどもイギリスは素晴らしい」と言って、イギリス立憲政治を礼賛する『哲学書簡』という本を書きました。

それからヴォルテールはアジアについても研究していました。当時の宣教師、特にイエズス会がアジアに関するレポートをヨーロッパにたくさん送っています。清朝中国や日本の江戸幕府の情報ですね。特にヴォルテールのお気に入りは儒学でした。彼は「儒学はバカげた迷信がない。非常に合理的である。だからヨーロッパは中国に学べ。何が王権神授だ。ふざけるな」と言っています。

こういうヴォルテールみたいな人たちのことを啓蒙思想家と言います。モーガン先生、この

「啓蒙」という言葉はとても大事な言葉ですが、もともとの意味は「光をあてる」という意味ですよね。

モーガン　エンライトゥンメント（Enlightenment）です。

茂木　つまり「偏見や無知蒙昧《むちもうまい》の闇」に「光」をあてましょう。それでは光とはなんですか？　それが理性だと。これはデカルト直系の考えですね。デカルトが哲学でやったことを政治にも応用しようとした。人々に知識を与えて、特権階級を打倒して、王や貴族の特権もなくして、知識を得た一般市民が選挙で代表を選べ、というのが啓蒙の考えです。

モーガン　カントは『啓蒙とは何か』というエッセイの中でこう言っています。「知る勇気を持て」――サペーレ・アウデ（sapere aude）と。つまり言われていることを疑って、自分の頭を使って知ろうと。アウデは英語だとaudacious、「勇敢な」という意味です。

茂木　「賢くあれ」ですね。

モーガン　王様が絶対的な存在であることも重要なポイントですね。イギリスの中でもそういう考えはありました。フランスもルイ13世、14世からですかね、王様の存在が絶対になったのは。

　でもそれは明らかにカトリックの原理ではありません。ブルボン王朝の王権神授説は、ある意味カトリックの歴史や経験を否定して、それがカトリックの原理かのように見せかけられているのですが、でも本当は絶対的な王様はあり得ないですし、『旧約聖書』を読めば、どれだけバカな王様がいたかわかります。『旧約聖書』の大きな教訓で、いい王様は二人だけで、ダヴィ

★11
モンテスキュー
Charles de Secondat,
baron de La Brède et de Montesquieu
（1689〜1755）

デとソロモンくらい。あとはみんなダメですね。王権神授説というのは、あまりカトリック的、キリスト教的ではありません。

ヴォルテールが宗教のことを「迷信」と言っているのは、ある意味仕方のないことだと思います。ほんとうに迷信があったからです。根拠のない、考えてみれば明らかにわかる、ただの迷信のうえに絶対的な王様の存在があったから。彼の風刺、指摘はある意味合っていると思います。しかしその言い方が、あまりにも失礼で単刀直入に人を馬鹿にする。彼の詩や文章は本当に上手で美しいのですが。

茂木　ルソーと似ていますね。

モーガン　ルソーの文章も流暢ですね。でもルソーとヴォルテールはちょっと違います。ヴォルテールは純粋に迷信が嫌いで批判しただけでした。ところがルソーはもう1つの大きな迷信をつくってしまった。それが「社会契約」です。

啓蒙思想家の先駆者モンテスキューの政治哲学

茂木　ルソーにいく前にモンテスキュー★11についてお話ししたいのですが。ヴォルテールとだいたい同じ頃のフランス貴族です。

モーガン　彼も中国が好きでした。

茂木　ところがヴォルテールとの違いは、モンテスキューは中国文明の本質は独裁である、と言い切っています。

モンテスキューは『法の精神』で世界の国々を3つに分けました。それは君主と議会もしくは貴族階級との力関係で決まってくると。

1．**専制国家**：君主が貴族を抑え込んで絶対権力を握る。国王独裁に陥りやすい。

2．**共和政国家**：議会が強すぎて君主が倒されてしまう。多数決原理により議会を仕切った連中がなんでもできるから「人民の独裁」になる。結局これも危険である。これはイギリス革命で王を倒したピューリタンのクロムウェルという独裁者が、国王以上のすさまじい独裁と殺戮をやった。それをモンテスキューは見ていたわけです。中国共産党やら朝鮮労働党の統治も、まさにこれだと思います。

3．**君主政国家**：君主と議会が共存し、互いが互いを監視するような仕組み。

中華帝国は1．の君主専制だからお話にならない。でも当時のフランスも同じで、ブルボン朝の専制でダメだと。ところがイギリスの場合には君主もいて議会もある。このイギリス型立憲君主政が一番素晴らしい、と書いています。そこはヴォルテールと同じ結論になるんです。

モーガン　変な話で失礼かもしれないですけれど、モーガンはヴォルテールで学が浅い。とにかく口答えをする。茂木先生はモンテスキューです。

茂木　そんなことないですよ（笑）。でも啓蒙思想家では、モンテスキューが一番好きです。

モーガン　モンテスキューはいろんな知識を整合的に把握していて、いろいろな流れを見事に整理したうえで、結局こういうことがいいと提示する。それがセットになっているのでは。

おもしろいのは中国が1つの軸になっているわけです。中国のイメージは多分に誤解されているのですが（笑）。東方に「中国」という理想の国があるというふうに。

茂木　はい。理想化された中国像がカトリックの宣教師によって持ち込まれて、そのまま礼賛したのがヴォルテール、ちょっと違うと言ったのがモンテスキューです。

モーガン　ただそれは「理想化された中国」で、実際の中国とはほとんど関係ない。そういう動きも西洋の中では大きいのです。

茂木　おもしろいのは、当時ヨーロッパでは身分制がガッチリ固まっていて、貴族の子は貴族、平民の子は平民だったのです。ところがチャイナでは科挙（高級官僚登用試験）という仕組みがあって、実は身分制を固定させまいとずっと努力してきたのです。

この科挙制度は1300年間続きました。いろいろ不正もあったけれど、当時のヨーロッパ人から見ると、驚嘆すべきことでした。だから中国の科挙のような試験制度をヨーロッパに導入しようという話になって、これをやったのがルイ14世です。

ルイ14世が中国に送り込んだイエズス会の宣教師のブーヴェ（Bouvet）が、中国のやり方を伝えたのです。高等文官試験、つまり国家公務員試験をルイ14世が始めたのは、科挙の影響です。

ホッブズ――個人の誕生と神の死

モーガン　茂木先生がいまおっしゃったことは、非常に重要なポイントです。実はあとで言及するジョン・ロックや、ロックと同じような社会的地位出身のヘンリー・メイン★12という法学者が指摘したのは、西洋文明の発展過程は、どちらかというと身分から契約へ（from status to contract）という移行です。

中世の封建時代は身分がすべてでした。身分だと約束がすべてです。ところが、聖書を読むと神様が人類に対して契約 covenant を与える。covenant とは、「私のすべてをあなたに委託します」ということ。それだけではなくて、「私はあなたのために生きていきます」という大きな意味もあります。約束以上のものとして、私たちの人生はこの共通認識に絡め取られているわけです。人間同士の約束は残念ながら破られますが、神との契約 covenant は破棄不能です。しかし、近代以降は個人個人だから、契約（contract）が必要になった。しかし契約になると、契約書のこの条項と私たちとの関係だけでつながっているので、人間と人間との関係が希薄になる。それがロックの世界です。

まさにロックは身分から契約の社会になりつつある時代の中に生きていて、イギリス人はその先の生き方を探っていたのですが、アメリカ人がそのロックのアイデアをパクって、新大陸、ニューワールドでまったく新しい、身分制ではない契約の社会をつくろうとしたわけです。こういう世界ではデカルトやカント哲学が幅をきかせます。個人という概念が社会の真ん中に立つわけです。

フランスの場合はそこまではいきませんでした。カトリック教会や労働組合などの集団的な存在がいまでも力を持っているように、完全な個人の社会ではない。でもイギリスとアメリカ

★12
ヘンリー・メイン
Sir Henry James Sumner Maine
（1822〜88）

★13
ホッブズ　Thomas Hobbes
（1588—1679）

は個人の社会で、特にアメリカは、個人主義が伝統であるかのような、ロックの社会ですね。ホッブズもロックもそうですが、どういうふうに伝統から脱することができるのか。話がちょっと先走りましたが。

茂木　このあとルソーの話をしますが、その前提としてやはり社会契約の思想について知らなければいけないですね。この考えを初めて理論化したのが、トマス・ホッブズ★13という人です。17世紀のイギリス革命の時代の人で、革命でイギリス国家がいったん崩壊して、滅茶苦茶になるわけです。クロムウェルという狂気の独裁者も出てくる。

5-1　『リヴァイアサン』表紙

ホッブズは戦乱の祖国からフランスに亡命して、どうしたらイギリス国家を再建できるかを考えたのです。それで書いたのが『リヴァイアサン Leviathan』という本です。『リヴァイアサン』は『旧約聖書』に出てくる鯨みたいな怪物ですよね。

モーガン　よく鯨にたとえられますが、鯨でもなくてもっと恐ろしいものです。

茂木　鯨のような、竜のような怪物のごとき国家権力の比喩です。ホッブズ

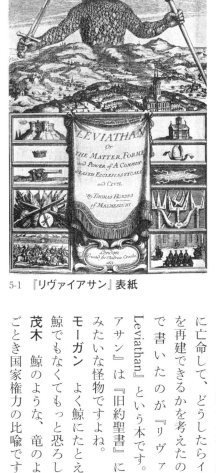

★14
ジョルジョ・アガンベン
Giorgio Agamben（1942〜）

の説明によれば、

「そもそも国家がなぜ必要か？　人間にとって一番恐ろしいのは無政府状態である。最近のイギリスを見ろ、滅茶苦茶じゃないか。みんなが私利私欲でバラバラに戦うのはやめて、武器を1カ所に集めて、それを誰か代表に委ねるしかない。人々は自分の身を守るためには、国家をつくらなければいけないのである。国家の最高権力のことを主権といい、国家の代表のことを主権者というのである。主権者は、そうやって人民の合意によって選ばれた者である」

だからフランス人の王権神授説、神が王様を選んだというのはナンセンスだということですよね。人民の合意で主権者を選ぶという考え方が社会契約説だと、私は理解しています。

モーガン　そのとおりです。私の大好きなイタリア人の学者、ジョルジョ・アガンベン★14はホモ・サケル（聖なる人間／ローマ法で、市民権を剝奪され、法的保護の埒外《らちがい》に置かれた人）について深く考えた人です。彼はホッブズの本をかなり分析しています。『リヴァイアサン』の口絵をよく見ると、王様の体は多数の人間でできています。[4] 気持ち悪いですけれど、茂木先生がおっしゃったとおり、みんなが自分の権利を委ねる存在はこの王様です。しかもおもしろいことがあるのです。この王様の絵の下半分をよく見ると、なぜか幕が真ん中にある。この幕は何か。幕の後ろを想像してみると、王様は何ものにも立っていないわけです。

王様は何かの原理の上に立っているだけで、大地の上には立っていないのです。少し分析すれば、世の中は人の意思がすべてということです。しかもその意思が最強、最大の権力者に委ねられています。神様はいない、神がこの王を選んだとか、そういうことではない。この世の中の原理のすべては、この現世から出てくる。私たちの意思によって、この世の中のすべてはつくられている。これは完全な無神論です。

あとで触れるアーレントのホッブズ分析は優れていますよ。神が存在していない世界の社会秩序をつくったのはブルジョワジー（資本家階級）です。資本家階級の道徳、つまり神様のいない、神様の存在を必要としない世の中の生き方をつくったのがホッブズだったともアーレントは言っています。まさにそうですね。もし個人がすべてだったら、私という、ここに立っている、デカルト的な個人、カント的な個人しかいません。完全に自由な私一人がいます。その個人が社会の一番基本的な存在になるのであれば、神の存在は必要ないじゃないですか。でも道徳のような存在は必要です。そうしないと人は殺し合いになってしまう。それをつくったのがホッブズだったと、アーレントは言います。

つまり「個人の誕生」は神様の死ともなるわけです。対等な個人個人が生まれて神が死ぬのです。

アメリカ独立宣言、日本国憲法に潜むロックの思想

茂木　ホッブズがフランスに逃げていたときに、処刑されたチャールズ1世の息子たちもフランスに逃げてくるんです。ホッブズがそこに駆けつけて、あの『リヴァイアサン』を献上して、「イギリスの無政府状態を解消するために、王子様どうかロンドンにお戻りください」と言って、

★15
ジョン・ロック　John Locke
（1632〜1704）

★16
ジェファーソン
Thomas Jefferson
（1743〜1826）

それで王政復古になるわけです。

クロムウェルの共和政が暴走したあとイギリス人が反省して、「やっぱり王様は必要だ」ということで王政復古。ところが戻ってきたチャールズの息子たちが、性懲りもなく議会の抑圧をはかったので、もう1回革命になってしまいました。これを17世紀末の名誉革命と言います。

前回の反省から共和政にしないで、別の王様を呼んでくることになりました。メアリ王女の嫁ぎ先がオランダだったので、メアリ王女の夫のオランダ総督ウィリアム3世という人を呼んでくるのです。オラニエ家／オレンジ家ですね。いまのオランダ王室です。

イギリス議会は、「ウィリアム様とメアリ様をイギリス王に招きますが、条件があります」といって、「権利の章典 Bill of Rights」という事実上の憲法にサインさせました。

「権利の章典」には、「王は○○はできない」「議会の承認なしに、○○もできない」……と列挙されていて、結局手足を縛られて何もできない、ただ儀式を行うだけの王様になってしまった。これがイギリスの立憲君主政の確立であると、世界史の授業で教えています。

ジョン・ロック[★15]は王政復古の時代、オランダに逃げていました。オランダ総督夫妻を追いかけるようにイギリスに戻ってきて、名誉革命を正当化したのです。君主が人民を迫害し、人民の権利を奪う場合には、社会契約をやり直し、別のもっとまともな君主を選べばいい、と言ったのです。これが『統治二論／市民政府二論 Two Treatises of Government』です。

モーガン　アメリカの「独立宣言」を見ると、起草者のジェファーソン[★16]は、完全にロックをコピペしています。

茂木　完全にそうです。パクってますね。

モーガン　アメリカ人はこれを使って、イギリス王に対する反逆を正当化したのです。

茂木　アメリカ独立宣言には人民の権利として「圧政への抵抗」とはっきり書いてありますね。ロックの影響は深刻で、ほかにも、フランスのラファイエットの人権宣言や、「日本国憲法」にも影響を与えました。つまり「国家は人民を守るためにあるのである」という、こういう考えですね。

モーガン　ロックはホッブズとかなり違います。ホッブズは性悪説で本当に人間が大嫌いだということがわかるのですが、ロックはもうちょっと楽観的です。人間はそんなに悪いものじゃない、「頑張れば、物事はうまくいくだろう」というふうに書いてあります。

とはいえ、ロックの原理から生まれた国はありますか。革命する権利が認められる国は現実にはないでしょう。それは反逆罪では？　国民に革命の権利を認めるのは矛盾した国家では？

茂木　アメリカ憲法は修正第2条で国民に武装の権利を与えていますね。武装の権利を与えているというのは、要するに政府に対する抵抗の権利を認めているということ。いざとなったら革命を実行してもいい、ということだと私は理解しています。

モーガン　確かにそうですね。私の家族はアメリカで銃をたくさん所持しているのです。政府がいつ攻撃してくるかわからないから、そのために持っています。これこそロックの考え方に基づいていますね。ただこれはアメリカだけかもしれません。

でも実は連邦政府は、その武装の権利をなくしたい、制限したい。つまり連邦政府は革命の権利を認めていないということです（笑）。

茂木　以前「日本文化チャンネル桜」の討論番組で、モーガン先生が、「いまの日本には革命が必要だ」とおっしゃったときに、私は「これがアメリカ人だ！」と思いました。

モーガン　アメリカ人ですね（笑）。

茂木　ロックの影響がいまの日本に与えている深刻な問題があります。

「日本国憲法」第1条で天皇の地位について、「この地位（天皇）は、主権の存する日本国民の総意に基く」とありますが、あれこそロックなのです。2000年以上続く天皇の伝統とはなんの関係もなく、よそから持ってきた社会契約思想がいまの憲法には紛れ込んでいるのですね。日本国民が「天皇なんかいらない」と合意したら、天皇をなくしていいという話でしょう。これは主権者たる国民は万能だから、革命をやってもよいという話なのです。

モーガン　興味深いですね。本当にそうです。日本の伝統にはそぐわない、まったく違う考え方です。そもそも権力や権利の問題ではなく、日本人が培ってきた社会、慣習や伝統の問題。たとえばLGBT運動も「個人の権利」とか、「闘争で勝ち取る」とか考えるのは社会契約説です。そういう影響はまだ生きているということですね。

啓蒙思想は世界に悲惨をもたらした

モーガン　啓蒙思想はなぜ危険なのかについて考えていきましょう。啓蒙思想の輪郭がもう少しはっきり出てくるかもしれません。

茂木　アメリカでもそうだと思うのですが、日本の学校の教科書では啓蒙思想はよい思想であると教えています。身分制は悪いものだ、君主制なんかなくていいのだ、人民はみんな自由だ、平等だ、そういう教えを広めたのが啓蒙思想ですから、「啓蒙思想っていいよね」と学校では教えています。

もちろん物事にはすべてプラスとマイナスがあります。確かに当時のヨーロッパの絶対王政や厳格な身分制は、人間性に反するものだったと思います。だからそれと戦った啓蒙思想は、一定の意味はあると思いますが、逆に啓蒙思想が生み出したさまざまな悲惨について教えないのはおかしい。これはこの本の非常に重要なポイントになります。

モーガン　プラトンの話に遡りますが、この世の中は曖昧さが避けられないので、はっきりできないことがほとんどです。プラトンは「絶対」の世界を「イデア界」と呼ぶわけですが、私にはそれを検証できないし、どうだかわからない。懐疑的とまでいかなくとも、この世の中は暗中模索です。アリストテレスのフロネシス（phronesis／知慮、思慮）、大岡忠相の人間味ある裁き、それらは私の基本思想の一つです。しかし啓蒙思想は、物事を黒か白か100％定義しようとします。「人間とは何か」「神はやっぱり存在しない」「君主とはこういうものだ」などと、定義したがるのです。

茂木　光か、闇か。闇を認めず、すべてを「理性の光」で照らそうとするのが啓蒙思想です。薄暗がりは認めてくれないですね。ローマ神話の女神ミネルヴァに仕えるフクロウは夕暮れ時

★17
ルソー　Jean-Jacques Rousseau
（1712〜78）

に飛ぶのに。

モーガン　啓蒙思想の標語は「Dare to know!（賢くあれ）」。これは相当に危険です。もちろんいまの社会がすべてよいわけではないから、その諸問題への批判の仕方として、啓蒙思想にも一定の役割があった。それは認めましょう。

それだけですめばよかったのですが、まったく新しい社会をつくり出そうとした啓蒙思想家、自分、個人の視点では、たぶん見えなかった問題が相当出てきました。人間らしさを否定して、曖昧な部分をはっきりさせようとする。それにより、思想はモンスター化したんですね。あとでマルクスの話になると、よく見えてくると思います。

マルクス思想には2つの側面があって、1つはいまの資本主義社会の批判、もう1つはいまの社会の壊し方が必然的についてくるわけです。後者は「賢くあれ」ということから始まるのです。旧来の社会を守るのは愚かだ。まったく新しい社会、まったく新しい人間＝「新しい社会主義的／ソヴィエト的人間（new Socialist/Soviet man）」をつくらなければならない。

茂木　マルクス主義がどれだけの悲惨をもたらしたかは、ソヴィエト連邦の崩壊、中国の人権抑圧や北朝鮮の混乱を見れば、まともな人だったらみんな理解できるはずです。

僕はマルクス主義には根っこがあると思っていて、一番太い根っこは、ジャン＝ジャック・ルソー★17だと思うのです。このルソーの影響をまともに受けたのがフランス革命でした。フランス革命で起こったことは、後のロシア革命や中国革命で起こったこと——。一党独裁や暴力による反対派の粛清などのプロトタイプ（原型）なのです。だからルソーについては、みなさんにちゃんと知っていただきたいと思います。

ルソーの「不都合な真実」

茂木　ただしルソー本人は、独裁をやろうと思っていた節はないのです。彼はたぶんすごくいい人、善人で、いわゆる性善説ですね。この人は当時の思想家では珍しく、まともな教育を受けていないのです。当時、一般市民は文字が読めなかった時代です。ヴォルテールやモンテスキューは富裕層だったり、貴族だったりします。ところがルソーは職人の倅《せがれ》で、学校へ行ったことがなかった。だから権威が嫌いで、身分制なんかいらないという考えでした。

生まれたのはスイスのジュネーヴで、奇しくもジャン・カルヴァンのいた街です。お母さんは彼が生まれてすぐに死んでしまったので父子家庭です。職人の父親がけっこう本を読む人で、読み書きはこの父親に教わったようです。ところが父親も結局、決闘事件を起こし、失踪してしまうのですね。

だから最初から家庭崩壊していたのです。そのあと職人の修業をするのですが脱走し、家族や共同体からまったく切り離された個人として、ずっと一人で生きてきた人です。

ルソーはまともな教育を受けていないのに、抜群に頭がよくて文章が書ける人でした。だからいつも熱狂的なファンがいて、富裕層や貴族たちが彼のパトロンになった。特に女性、年上のマダムにモテモテで、この人は常にヒモだったのです。

モーガン そう、ヒモでした。

茂木 飯を食わせてもらって、好きなことを書いて、たまに発表する。でもそれはすぐ出版停止になるから、結局出版では食えずに、またヒモに戻る、という生活です。

このルソーの生い立ち、生き方は、彼の思想と切り離せないですよね。

モーガン 切り離せないと思います。私が最初に読んだ彼の本は、『告白（コンフェッションズ）』です。これがおもしろい。アウグスティヌスにも同じタイトルの本がありますが、まったく違うのは、ルソーはとにかく泣く男です。こんなに泣いているのかと驚きます（笑）。「ここに行って泣きました」「涙を流しながらこう考えています。昔のことを思い出して……」というように。

彼が見出したのは、文学の中の自分、文学の中の個人、セルフ（自我）でした。おもしろいでしょう。アウグスティヌスも同じようなことをしていました。アウグスティヌスは自分の心の中のことを書いた人間で、読むと本当にアウグスティヌスという人物がわかります。

ルソーもそういう人間でした。結局ルソーはセックスやスキャンダルや涙や挫折とかも全部込みで、生き生きした、生々しい人物でした。ルソーは理想的な共同体を探求していて、厳しい暮らしを送ったジュネーヴから逃げて、形式的にはカトリックになるわけです。

彼は理想的な社会をつくろうとたぶん思ってはいた。しかし、彼の文章を読むとロマンチシズムがすぎて、頭の中の考えていることがはっきり整理されていない、未熟な感じがします。

彼ははっきり整理できていないことを、感情で吐露するタイプです。『告白』を読むとすぐわかると思いますが、感情で半分くらい占められた人生を生きていて。たぶん非常にロマン主義的に、「こういうことをやればいいだろう」と思っていたような感じがします。彼の『社会契約論』もそうだと思います。

その結末は必ずこうなります。私たちが皆、「社会契約を認めます」と同意して、この社会の中の一員として生きていこうと思ったとき、もしそれに反対する人がいるとしたらどうすればいいですか。「私はここから離脱したい」という人がいると、社会はバラバラになってしまいます。その場合何をすればいいか。

ルソーいわく「Be forced to be free 強いて自由にさせる」。自由になりたくない人は、暴力を使ってでも自由を強制すればいいと言っています。言うことを聞かない人に対して暴力で「言うことを聞け」とは結局、独裁ですね。

茂木　『社会契約論』のなかでルソーは、私利私欲を超えた共同体全体への奉仕を「一般意志」と呼び、「一般意志」に従え、と要求しています。

個人個人が「自分は○○したい」という感情を押し殺し、「一般意志」を体現する誰かに盲目的に従う社会ができれば、差別も貧困もなくなるだろう。これがルソーの考えた「地上の楽園」なのです。これは全体主義そのものです。ゾッとします。

深刻なのは、ルソーが楽天的、ロマンチックな性善説に基づき、万人が喜んで「一般意志」に従うだろうと夢想していることなのです。

モーガン　ルソーはたぶん、人は生まれた姿で鎖に束縛されている状態から「みんなを自由にしたい」と考えた。彼は、モンテスキューと違って中国人ではなくてネイティブ・アメリカン、アメリカ先住民を理想化して、こう呼びました。「ノーブル・サベージ（noble savages 高貴な野蛮人）」。サベージは文明を知らない人という、非常に侮辱的な言い方です。

こういう人々には社会のわずらわしいルールは存在せず、しかも自然に仲よくしている、それがルソーの理想なのです。どうすればヨーロッパの中でこれが実現できるのか。そこで社会契約というみんなが仲よくするためのやり方を考え出しました。でも自由にはなりたくないという人には、容赦なく「お前は自由になるんだ！」と強制する。結局ルソーは恐ろしいのです。みんなが集団的に行動することを求めるわけです。ソ連や北朝鮮の歴史と同じですね。

茂木　彼自身の生き方は徹底的なリバタリアン、自由至上主義者（第6章P.306参照）だと思うのです。ところが彼の問題点は、「全人類が俺みたいに生きろ。これが正しい人間の生き方なんだから、それを認めない古くさい身分制やコミュニティを大事にするのは間違っている」となるのです。

彼の『社会契約論』には、まったく新しいコミュニティ、共同体あるいは国家に集う人間たちは、新たな社会契約をしなければならない、と書かれています。その際に、財産などは全部差し出せと言います。スタートはみんなまったく同じにする。そうすれば貧富の差も階級制度も全部なくなるから、ということです。これって共産主義そのものですよね（笑）。

モーガン　はい。

茂木　「反逆する人間は容赦なく打ち倒していい」とも言ってますからね。これでは強制収容所ですよ。日本の学校教育では、いまだにルソーが民主主義のヒーローのように扱われています。

彼の思想の危険性について学校ではまったく教えず、教科書にも載っていません。私は教えていますが。

モーガン　そうですか。アメリカでもルソーはヒーロー扱いです。私も大人になって初めて読みました。「本当はこう書いているのか」とびっくりしたのです。

茂木　だからルソーを読んでいないのか、読んでもその部分は知らんぷりしているのかどちらかですよね。ルソーはフランス革命の始まる少し前に亡くなっていますが、その思想を実行したのがロベスピエールという男です。ルソーと似たような境遇で、実の親から捨てられ、一人で頑張ってきた彼はルソーを礼賛し、ルソー的社会契約を実現しようとしたのです。

フランス革命は前半と後半に分かれます。前半はヴォルテール、モンテスキューのような、イギリス型の穏やかな議会政治に持っていこうという流れで、王様も貴族もいてもいいと。

ところが後半には、ロベスピエール派（ジャコバン派）が力を持ち、王も貴族も打倒しろと言い出し、民衆を扇動しました。結局、王宮が襲われ、ブルボン王朝が崩壊してしまいます。

そのあと「土地はすべて差し出せ」という、ルソーの教えを実行するわけです。貴族や資本家を皆殺しにして土地財産を奪う。反対派に対しては刑法を改悪して、「反革命容疑者」は証拠がなくても即ギロチンという、滅茶苦茶なことを行いました。これには民衆もドン引きして、反対派のクーデタでロベスピエール一派は倒されます。フランス革命がこのような血生ぐさい結果に終わったのは、ジャコバン派のバイブルだったルソーの思想に問題があったからだと思います。

★18
ジョン・ロールズ　John Bordley Rawls
（1921〜2002）

モーガン　もう1つの可能性としては、いままで何回も話に出てきていますが、西洋哲学では、世の中を新しくしようとする世直しの傾向が強いのです。

たとえばジョン・ロールズ★18という人がいます。20年くらい前に亡くなった法哲学者です。彼が提唱したのは、〝original position（原初状態）〟です。いまの社会がないことを想像して、新しい社会をつくると想像するのです。これから到来する社会では、宝くじみたいに自分はどういう人間になるのかわからない。もしかしたら裕福になれるかもしれないけど、貧しくなるかもしれない。だから一番公平に社会のお金や福祉が対等に配られるような構造を考えよう。どういう社会の仕組みをつくればいいですかと。これはたぶんルソーが言っていることと、ほぼ同じだと思います。

茂木　社会契約そのものですね。

モーガン　はい。社会をゼロから立て直すということです。マルクスもそうですし、西洋人にはそういう傾向が強いのです。いまの社会を完全に否定する。カントもそうです。いまの世の中の現実、伝統を否定します。たとえばアメリカでいま盛んになっている奴隷制度への賠償。この話も1つのルソー論ではないですか。昔あった嫌なことをなくそうとしても無理に決まっているのに、いまになって賠償してくれと言って、それは過去を完全になかったことにするかのような動きです。しかしそんなことはできません。辛抱するしかないのです。

構造を改善するのはいいことですよ。しかし奴隷制度への賠償請求はルソーの思想そのものです。「この世の中はそういうものです。許してください」と私たちは認めるしかないと思います。

まさに西洋文化の中では、いまの世の中を壊して理想の世の中をつくりましょう、という傾向が強いのです。ルソーがその代表的な存在です。

茂木 ルソーは本質的には無神論だと思いますが、カルヴァンの影響はありますか？

モーガン エリック・フォン・キューネルト＝レディーンという政治学者は、カルヴァンもルソーも人間の力を強調するという共通点があると指摘します。二人が共通していない点としては、たとえば「ノーブル・サベージ」はカルヴァンの考え方と反対です。「もともと人間はよいわけで、悪くしているのは社会だ。つまり、もし人間の本来のあるべき姿に戻ることができればよくなれる」というのはカルヴァンの反対です。カトリックでもないですね。人間はそんなピュアな存在ではない。

カルヴァンの理知主義に対する反発だったかもしれないですが、ルソーにはロマン主義的な考え方がかなり強いです。イギリスのウィリアム・ワーズワース[★19]もジョン・ラスキン[★20]もそうです。

茂木 ロマン主義は19世紀がピークですけど、実はロマン主義の始まりもルソーだったと言えますよね。

モーガン まだ「ロマン主義」という言い方はされていませんが、ルソーの小説を読むと、まさにマイ・フィーリングズがすべてですね。道徳などはかなり無視されていて、感情がほとんど。あと彼は教育を重視しています。彼の言う教育は、いまの社会の壊し方として自由に教育

★19
ワーズワース　William Wordsworth
（1770〜1850）

★20
ジョン・ラスキン
P.244参照

するというものです。どちらかというと子どもたちを野蛮化する教育に近い教育段階が進められています。

茂木　子どもの自発性を信じ、余計なものを教えてはいけない。伝統や秩序は教えなくていいという。これは深刻なことです。特に日本の教育界でルソーはものすごい人気ですから。ルソーの『エミール』が聖典みたいになっています。

モーガン　でもちゃんと読んでいる人はいるのでしょうか？　彼が言っているのは、教育を受けるべきは私たち大人で、大人が子どもを中心とするような世界に入っていく。

いまの日本がそうなっているじゃないですか。「こども家庭庁」は、まさに『エミール』の世界です。子どもが世界の真ん中にいる。でも、子どもが真ん中だと困ります。子どもと本当に向き合ったことあるのかと聞きたい。子どもは大変なことをするでしょう。3歳児の私は、完全にチンパンジーでした（笑）。そのような世界ではちょっと困るのです。子どもが真ん中の世界は、もう少し考えていただきたいと思っています。

茂木　『エミール』は、ルソーが家庭教師の立場で、エミールという男の子を預かって、理想の教育を施していくという設定の小説です。ルソーの実体験ではないのです。それどころかルソーは不倫相手の女性と同棲して、子どもをバンバンつくって、家が貧しいから育児ができないと言って、片っ端から孤児院に捨てていました。ルソーはとんでもない児童虐待の親です。

彼の書いたものを見ると、ものすごく清らかなのです。しかしやっていることがプータローで、ヒモで、児童虐待ですから。

モーガン　マルクスは「みんな平等」と唱えているのに、とんでもない亭主関白でした。彼は家庭内の独裁者で最悪の人間ですね。ルソーも同じで児童虐待を行っていました。

茂木　それからルソーには露出の趣味があった。街中で下半身を出して、女性が驚くのを見て興奮するという性倒錯者です。ところが彼の書くものは美しいので、非常に困るのです。

モーガン　そのとおりです。彼は露出狂でしたね。あと、おばあさんが愛人でした。

茂木　高齢の女性が好きなのです。この人は母の記憶がないから、母をずっと求めていて……。

モーガン　欠落の世界と本当の世界とのギャップも1つの大きなポイントだと思います。

だいぶ前の話ですが、知り合いの日本人のお父さんがいいことを言っていました。当時25歳ぐらいだった息子がある日やってきて、「私はこれから駅前のトイレ掃除をします」と自慢したそうです。

お父さんは息子に「自分の家のトイレは掃除しているのか？」と尋ねると、息子は「していない」と答えました。お父さんは「自分のトイレを掃除しろ」と返したそうです。これを聞いて、私はいい話だなと感じました。

世の中をよくしようとして自慢する前に、自分のトイレを掃除しましょう。これこそが知恵だと思いました。

茂木　高尚な教育論を垂れる前に、自分の子どもの面倒を見ろということですね。

モーガン　啓蒙思想のことで1点だけ申し上げると、啓蒙思想に対する最も優れた反論をしているのは、谷崎潤一郎の『陰翳礼讃《いんえいらいさん》』だと思います。これこそ啓蒙思想に対する優れた答えだと考えています。人間には暗いところがあるけど、それは必ずしも悪くない。人間には人間性がある。たとえば、年老いて歯が少し茶色くなっているのも人間だと。老いを隠すのではなく認めようと。これも日本文化の強みではないでしょうか。

茂木　なるほど。老いや死を自然に受け止めようという感覚ですね。これはマルクス・アウレリウスですね。

モーガン　啓蒙思想でなんでもかんでも知ろうとしても、知ることができないことはたくさんある。このようなことが、『陰翳礼讃』には書かれています。啓蒙思想の限界を知りたければ、『陰翳礼讃』を読みましょう、とお伝えしたいです。

ベンサムの「最大多数の最大幸福」は民主主義の理想⁉

モーガン　このあたりから19世紀に入りますか。

茂木　ナポレオンという軍人独裁者が現れて、フランス革命の大混乱を収拾します。ところが今度は「革命の輸出」とか言い出して、ヨーロッパ中を侵略します。大勢の人を殺し、全欧州を敵にまわした結果、ナポレオンは敗北し、ブルボン王朝が戻ってきます。これがウィーン体制ですが、30年後には二月革命（1848）が起こって共和政に戻り、またクーデタでナポレオン3世が出てくる。19世紀のフランスでは、こういうすったもんだが続きました。

この間のイギリスは立憲君主政で、大英帝国の全盛期でした。その19世紀のイギリスにおけ

★21
ベンサム　Jeremy Bentham
（1748～1832）

★22
アダム・スミス
P.258参照

る思想家ということで、ベンサムからいきましょうか。

モーガン　フランス革命は次の2つの言葉で片づけられるかもしれません。サロン（salon）とギロチン（guillotine）です。サロンとはインテリが集まってパーティをするところです。

茂木　貴族やブルジョワ階級の社交場ですね。

モーガン　サロンで「こういう社会があればいいな」と理想を語り合う。語り合った内容を実行に移すため、反対派をギロチンで殺してしまう。やっていることが極端なのです。まさに20世紀はその繰り返しじゃないですか。

ジェレミ・ベンサム[★21]の功利主義（utilitarianism）、その主張は「数学的に人の幸福、個人の幸福を最大限に増やしたい。幸福な人の数をマックスに増やしたい」。それが基準になります。できるだけ多くの人々に、できるだけいいことがあれば、それが社会の基準になる。

ちなみに彼は同性愛に対してかなり寛容で、同性愛は1つの幸せだから認めればいいと思っていました。

「最大多数の最大幸福 the greatest happiness of the greatest number」こそが社会の基軸になっていく。もし何かをやればいいかどうか知りたければ、集計すればいいわけです。

ちなみにこの頃から、いわゆるエコノミクス、経済学が誕生したわけです。アダム・スミス[★22]が典型的な原点ですが、要は世の中はモノが足りない、幸福も足りない、どういうふうにそれを分担すればいいか。限られた作物や水、幸福など、どういうふうに全人類がそのものを得られるか。それがエコノミクス、経済学ですね。

個人が大前提にあって、モノが足りない。文化人類学者のマーシャル・サーリンズ★23がヒントを与えてくれますが、縄文時代、狩猟民の世界はその反対です。縄文時代はモノが潤沢にありました。捕っても、捕っても、減らない。宇宙は豊富で、神様は寛容的というか、思いやりのある神々でした。宇宙はとても親切なもの、という考え方をしていたかもしれません。

一方、「経済学は陰鬱な科学 Dismal Science」と思想家のトーマス・カーライル★24が経済学者のトマス・マルサス★25の考えを批判したのですが、世の中はちょっと暗いもの、人口が増えれば困るので、人口を減らしたい、抑えたい。この宇宙は豊富というよりも、モノが足りないことが経済学では大前提です。

茂木　この時代、公衆衛生という概念が普及し、パリやロンドンでも下水道が整備され、顕微鏡の普及で医学も急発達します。乳幼児の死亡率が下がったため、人口爆発が起こるんですね。食料が不足するから人口を減らせ、といったのが、マルサスの『人口論』ですね。

モーガン　ベンサム哲学は計量主義の原理を説明してくれます。

いまの世の中、特にシリコンバレーの哲学にはベンサムの思想が根付いていると思います。最近セックスパーティとシリコンバレーの関係がニュースになっているのですが、シリコンバレーの権力者たちは、セックスパーティを開いているみたいです。その関係で最近人が殺されたという暗いニュースがあって。私もそれをきっかけで知ったわけです。セックスパーティはそんなに行われているのかと。あとは麻薬もそうです。

「セックスやドラッグはやればいい。それは1つの幸せ、1つの喜びだから」

★23
マーシャル・サーリンズ　Marshall David Sahlins
(1930〜2021)

★24
トーマス・カーライル　Thomas Carlyle
(1795〜1881)

★25
マルサス　Thomas Robert Malthus
（1766〜1834）

それがベンサムの考え方で、計算すれば簡単というものです。

結論から言うと、「もし気持ちいいことであれば、やればいい」ということです。

茂木　「人間がどのように生きればいいのか。人間の生き方の正しい基準はあるか、ないか」という命題は、古代ギリシアからずっと論争がありました。たとえばソクラテスとプロタゴラスの論争。「絶対的な正しさ、道徳基準はある」と言ったソクラテスに対し、プロタゴラスは「そんなものはない。何が正しいかはその場その場で、多数決で決めればいい」と言ったのです。「人間は万物の尺度（ものさし）である」と。

だからベンサムはプロタゴラスの蘇りと思っています。何が正しいかの絶対的な基準はない。イギリスとフランスとアメリカの正義は違うのだから、それぞれで勝手に決めればいいという、ものすごい相対主義、あるいはニヒリズム（虚無主義）です。

当然、イギリスの中でもいろいろな意見があるわけです。Aさん、Bさん、Cさんがどの真理を採るかというときにどうするかというと、それは「多数決でいい」となるわけですよね。

18世紀後半、当時イギリスには、議会はありましたが、お金持ちしか選挙に行けませんでした。それをやめて、一般市民も選挙に行けるようにしようと、選挙法改正運動を実施するのです。イギリスの民主化にベンサムは貢献したと言えるのです。

確かに「絶対的な基準がある」という考え方は、「正しければ独裁もＯＫ」というプラトン的な考え方になっていくので、独裁に対する防波堤という意味では、僕はベンサムを評価していいと考えています。ただ、やっぱり道徳的基準がないのは、危険ですね。

モーガン　非常に危険です。逆にカントが言うように、道徳的に絶対に基準があるというのも危険ですが（笑）。

茂木　そうなのです。そこが難しいのです。

モーガン　哲学を研究していたときに、さまざまな議論をしていたのですが、一番激しかったのは、たぶん文化的相対主義です。極端な話、昔のアステカ帝国の生贄《いけにえ》文化では、捕虜を束縛して、石器のナイフで……。

茂木　心臓をえぐったんですね。

モーガン　文化的相対主義は、多数がそれを認めていれば、それぞれの文化だから認めようという感覚です。各文化を対等に捉えるという考え方ですね。明らかにそれはよくないという人もたくさんいますが、理由を聞いても答えられない人が多いのです。結局、絶対的な道徳の基準がないので、文化にはそれぞれ独自の価値があるということです。パプア・ニューギニアでは人を食べている例もありますが、「そういう文化ですから」となります。

茂木　ちょうど19世紀のイギリスは産業革命の成功で大艦隊を建造し、世界中に植民地をつくりまくった。パクス・ブリタニカと呼ばれて、20世紀のアメリカのような立場だったのです。いわゆる帝国主義の時代で、膨大な富が流れ込んだイギリス国内では民主化がどんどん進んでいる、そういう時代の哲学がベンサムの功利主義です。

モーガン　イギリス本国ではどちらかというベンサムでいいのですが、植民地インドではそうはいかないですね。イギリス人は自分たちの道徳観を無理やりインド人に押しつけていました。

★26
ミル　John Stuart Mill
（1806〜73）

茂木　インドではサティ（suttee/sati）という慣行がありました。亡くなった夫が荼毘《だび》に付されるとき、未亡人も火の中に飛び込んで、一緒に死ぬ。これが貞操を守ったと賞賛されていたのです。イギリスの帝国主義者はそれに反対し、インドの中からも、「よく言ってくれた」という人もいっぱいいましたが、ベンサム的に言えば「それはインドの文化なんだから、とやかく言うな」となりますね。

モーガン　文化的相対主義が大きなポイントになります。どっちがいいかは難しい。本当に「道徳の基準」がなければ、黙って見ていればいいのです。でもイギリス人は、さまざまな異文化と触れ合いながら、イギリスの道徳観をかなり押しつけていたわけです。その姿勢がたぶん人種差別にもつながったと思います。イギリスは優れている文明で、インドでは野蛮なことをやっているから、我々は全世界を支配しなければ進歩しないというわけです。ベンサムの弟子のジョン・スチュアート・ミル★26もそういう人間でした。

茂木　「白人の重荷」ですね。なんでも多数決で認めるなら、インド人に多数決をやらせればいいのに、それはやらないいんですよね。

モーガン　そうです。それも大きな矛盾です。

茂木　ジョン・スチュアート・ミルは、思想的にはベンサムとはどこが違うんですか？

モーガン　いい質問ですね。考えたことがありませんでした。ジョン・スチュアート・ミルは、ギリシア語も読めたし、けっこういい教育を受けていたと思います。

　文章を読むと非常に丁寧に、慎重に書いていて、なぜこういうことを主張しているかを説明します。ベンサムとミルが言っていることは、結論から言うと同じだと思います。ミルの文章を読むと、真実の基準がやっぱりない。要は言論の自由の大前提は、人間の理解力は限られているので、私の理解とあなたの理解、みんなの理解を足せば、集合知が増えるから、言論の自由を認めましょう、ということです。これはロックも言っていました。ロックが言ったことの延長線上で、言論の自由を捉えています。つまり人間の能力は限られたものということです。

それは私も同意します。これも大きなポイントです。

イギリス植民地のインドでは1857年、セポイの反乱（Sepoy Mutiny）／インド大反乱が起こりました。

東インド会社（British East India Company）がインドを支配していた頃、傭兵を雇っていました。しかし会社側のインド人などに対する待遇が少しずつ悪くなっていました。同時にイギリス人がインド人をキリスト教信者に改宗させているという噂が飛び交っていました。

そういった中、牛と豚の脂肪が銃弾の潤滑剤として使われていました。ヒンドゥー教徒は牛の脂肪がだめで、イスラム教徒は豚がだめです。一揆の火花が燃え上がりました。最後の大規模な反英独立運動だったわけですが、ミルは「反乱は厳しく取り締まるべきだ」と言いました。つまりインド人には言論の自由を認めなかったのです。

あの大反乱には言い分があったはずです。ただ反逆したいからではなく、インド人にはちゃんと理由、イギリス支配への文句があるわけです。宗教対立の問題もあったと思います。ミルはそれらに一切耳を貸さず、ただ暴力をもってそれを取り締まれと言いました。

★27
エドマンド・バーク　Edmund Burke
（1729〜97）

結局、啓蒙思想の批判の仕方は、まさにこれです。白人社会、白人文明が啓蒙思想の見えない基盤になっています。有産階級の思い込み、常識が啓蒙思想の真の基盤になっています。その上に、普遍的な価値観、建物が建てられているのです。そしてその基盤にはヨーロッパの裕福な階級の白人男性の考え方があるのです。

ミルの文章をその文脈で読めば、なるほどと思います。彼が言っているのはリバタリズムです。特に私の仲間のリバタリアンは、ミルが大好きで絶賛しています。私もある程度はいいと思いますが、文脈を見ず文章だけを見ていると、ちょっと理解できない。一般的に言えば、私はそう思っています。

保守思想の英雄、エドマンド・バークの思想

茂木　インドの話が出ましたので、それに絡めてエドマンド・バーク[★27]を取り上げましょう。保守思想家を代表するバークはイギリス帝国主義者だったかというと逆で、実はインドに心を寄せていて、「インド人には言い分がある」と言っていますよね。

モーガン　はい。いまも保守系アメリカ人は「エドマンド・バークが大好き」と言うのです。私はリバタリアン系の組織に関わっていて、アメリカで勉強会がありました。モンテスキューやルソーのほか、特にバークを多く読んでいました。

バークの考えには9割くらい賛成できます。バークは日本の考え方に近いのではないでしょ

★28
G・K・チェスタトン
Gilbert Keith Chesterton
(1874〜1936)

うか。いろんな理想と考え方がある。でもこの世の中に「絶対」はないので、理想的な社会を追い求めて、現実の社会を壊そうとするのはやめたほうがいい、とバークは言いました。

バークはフランス革命を厳しく批判していて、伝統を壊してすべて捨てようとするのがいけない、社会にはデコボコがあって、不完全なところがあるのですが、少しずつそれを改善しようとすればいいと言うのです。

後にG・K・チェスタトン★28はこれをデモクラシー・オブ・ザ・デッド（死者の民主主義）と提唱しました。もし投票しようとすれば、先祖一人ひとりに1票を与えましょう。２０００年前に生きていた人にも言い分があるので、私たちが歴史を否定してゼロから考え直すことはできない。死者が世の中に存在していることを認めましょう。バークやチェスタトンらはこういうふうに考えていました。いままで人間には良い面と悪い面、いろいろあった。だとしても、すべてを捨てるのではなくて、過去にはいいこともあったじゃないかと。バークもそういう考え方です。

茂木　バークのインドへの共感は、彼がアイルランドで生まれ育ったことと関係しますね。

モーガン　はい。彼の母親はアイルランド系カトリックですね。クロムウェルによる征服以来、イギリスが植民地アイルランドで行ったカトリック教徒に対するジェノサイドは半端ではありません。ナチスドイツを先取った嫌なジェノサイドでした。それでもバークは「過去にはいいこともあった」と言いました。

私はいまの韓国人を見て、バークを読んでほしいと思っています。彼らは過去には悪いことばっかり、植民地時代は不幸なことばかりだった、と言います。でも、すべてをダメだと言えないですよ。過去にはいいこともあったはずで、それをふるいにかけて、きちんと考えて少しずつ改善しようという。そのバークの考えを取り入れるのがいいと、私は思います。

バークはルソーやフランス革命をけっこう批判していたのです。彼はイギリス的な考え方を持っていました。イギリス的な考え方は非常に鈍感です。フランスと比べようがないのです。フランス人は突っ走って、ルソーみたいに極端なことばかり言っているのです。イギリス人はまあまあ鈍感で、一歩ずつロバみたいに歩みます。

茂木　遅いのですが、大失敗はしない。

モーガン　そう、大失敗はあまりしないですが、大成功もあまりしない（笑）。ロバみたいに少しずつ、これこそがバークです。それでもヘーゲルらしい考え方もあって、社会が少しずつ進歩するというものです。実は私は、社会というものはあまり進歩しないし、進歩も妄想だと思っています。でもバーク的な進歩論は一歩ずつ一歩ずつ、よく休憩をはさんで反省する。それは進歩論の中ではベストなものではないでしょうか。私はバークは好きですよ。非常に重要な人物です。日本の保守系からも、よくバークの名前は耳にします。彼は世界の保守言論界のヒーローです。

茂木　ルソーは日本でも早くから紹介されて、明治時代、中江兆民[★29]がルソーを翻訳して、大々的に取り上げられました。バークも金子堅太郎[★30]が訳していますが、学校教育ではまったく教えないのですよ。黙殺されています。アメリカの高校の教科書には載っていますか？

★29
中江兆民　なかえちょうみん
（1847〜1901）

★30
金子堅太郎　かねこけんたろう
（1853〜1942）

モーガン　たぶん載っていないです。有名な歴史教科書（高校用）で検索したところ、〝バーク〟は一切出なかったです。日本と同じでリベラルの学者が書いた教科書はダメだから、アメリカの保守系の我々はまったく違う教育環境をつくりました。自分で勉強をするという。

茂木　実はバークもフランス革命が終わってすぐ亡くなっています。もともとフランス革命の前半は、穏やかな革命を目指していて、イギリスがモデルだった。ラファイエット侯爵などが、ブルボン家と議会とうまくやっていこうと動いていました。

そんな中、フランスの若い青年がバークに「どうかフランス革命がどれだけ素晴らしいかをイギリスの人に紹介してほしい」と手紙を書きました。するとバークは「いや、フランス革命は恐ろしい結果になる」と予見して返信したのです。「凄まじい大殺戮と、最後には独裁で終わる」と。このバークからの返信の手紙がもとになった『フランス革命の省察』は予言の書として有名になった本です。

ジョン・ラスキンのロマン主義と資本主義批判

モーガン　ジョン・ラスキン[★31]について語りたいです。この人もどちらかというとロマン派で、彼の書いた本『Praeterita』はけっこう好きです。英語に訳すと「First things」、ラテン語で一番基本のこと、という意味ですね[6]。日本で知られていますか？

茂木　ほとんど知られていないですね。どんな人ですか？

★31
ジョン・ラスキン
John Ruskin
（1819〜1900）

★32
J.M.W.ターナー
Joseph Mallord William Turner
（1775〜1851）

5-2　J・M・W・ターナー「解体されるために最後の停泊地に曳かれていく戦艦テメレール号、1838年」

モーガン　ジョン・ラスキンという人は、とにかくアートを強調する人間で、美的センスが優れています。

茂木　この人自身が絵を描くんですよね。

モーガン　そう、絵を描いて、アートの評論家もしていました。J・M・W・ターナー★32はイギリスの有名な画家で、ターナーの描く絵はかなりワイルドで、よく批判されていました。でもラスキンは「ターナーがどれだけいいものを描いているか、あなたたちには理解できていない」とかばいました。ターナーは上の5−2のような絵を描くわけなので、伝統的なサロンみたいなアート界からは、批判されるわけです。

茂木　僕はターナーの風景画が大好きです。印象派の先駆者的な感じ、あるいは油絵で書いた水墨画というか。

モーガン　ラスキンは、イタリアなどヨーロッパ大陸に出かけて、ローマ時代の遺跡を見て、失われた世界を描くのが好きでした。典型的なロマン派ですが、19世紀とつながるポイントとして、ラスキンは資本主義を批判します。詩人のウィリアム・ブレイク★33もそうですが、資本主義、工場（factories）はサタンのものだとしています（"satanic mills"）。

つまり人間の社会、伝統を壊す資本主義をなくそうというロマン派です。あとで話に出るマルクスも別の側面から資本主義を批判しました。ラスキンはマルクス主義者ではないですが、古きよきイギリスを懐かしんで、資本主義を批判しました。

彼が絶賛するのはラファエル前派（Pre-Raphaelites）です。日本でも有名でしょう。19世紀の半ばにイギリスで隆盛した美術運動で、この人々は昔の騎士時代とか封建時代、キング・アーサー（アーサー王、5世紀後半〜6世紀初め）や、イギリスの神話時代をとてもよかったと評価します。いまの時代（19世紀半ば）は、グレーでフラットで、王族に束縛されていてダメだ、おもしろくない。でも昔はこんなに生き生き、生々しく生きている人間がいたと言います。ラスキンもその派に該当します。ワーズワースのような人間です。考え方がワイルドなのです。

茂木　ドイツの画家でカスパー・ダーヴィト・フリードリヒ★34という人がいます。5－3の画像を見てください。

モーガン　おもしろいですね。

茂木　これは、日本人にはよくわかるのですよ。ここには森の神を感じますね。非常に神道的、多神教的です。

★33
ウィリアム・ブレイク
William Blake（1757〜1827）

★34
カスパー・ダーヴィト・フリードリヒ
Caspar David Friedrich（1774 〜1840）

5-3　カスパー・ダーヴィト・フリードリヒ「樫の森の中の修道院」

モーガン　まさにこういう感じです。「失われた世界」こそがフリードリヒとラスキンです。ラスキンはイギリス版社会主義がいいと言います。これはたぶんマルクスの話にもつながると思いますが、フェイビアン・ソサイエティ（Fabian Society／フェビアン協会）は、ラスキンの考えに基づいてできあがりました。フェイビアン・ソサイエティの考えは少しずつ社会主義を進めていく、まさにバーク的な社会主義です。

茂木　漸進《ぜんしん》的社会主義。ゆっくりゆっくりやっていく。革命はしない。

モーガン　そう。マルクス主義にはさまざまな解釈がありますが、「一気に革命をしましょう」「とにかくいまやりましょう」という人がいっぱいいて、レーニンがそうです。特にマルクス主義の問題だけではないと思います。これも西洋文明の中の「いまの世を壊して理想の世の中をつくりましょう」という傾向の現れではないかと考えます。

★35
ヘーゲル
Georg Wilhelm Friedrich Hegel
（1770〜1831）

ラスキンは非常にイギリス人らしく、「でも昔もよかった」と言うのです。その意味で本書で言及する価値があるのではないでしょうか。進歩史観のヘーゲルの真逆です。

ヘーゲルの思想がマルクスに影響を与えた

茂木　ではヘーゲル★35にいきましょうか。ヘーゲルはカントの弟子筋にあたる人です。若いときはフランス革命を礼賛していました。ナポレオンがドイツに攻めてきたときに見にいって、ナポレオンを礼賛した。「見よ、世界精神が行く」と、ナポレオンのことを「世界精神」と呼んでいるのです。

もともと彼は本当に進歩史観で、「人類は古代・中世・近代と理性が進歩していったのである。だから封建制や絶対王政の遅れた体制はぶち壊すべきだ」ということで、フランス革命はその先端を走っているという、困った考えの人でした。

ところが彼はそのあとプロイセン政府に自分を売り込んで、ベルリン大学の先生になります。若いときは革命家だったのに、最後は体制側になるというご都合主義の人間です。

彼の哲学は、基本は進歩史観です。進歩には必ず邪魔が入るから、たとえば人権をもっと広めようと言っても、「いや、そうは言っても伝統的な価値観があって……」と邪魔にぶつかる。ぶつかった結果、古い体制が壊れて上のレベルに進む。ジグザグに理性が進歩するという考え方、これが弁証法です。弁証法は前にもお話ししたように、もともとはプラトンが書いた『対話篇』というものですね。議論を重ねることによって、より真理に近づいていくという話です。これをヘーゲルが再び復活させました。

モーガン　茂木先生のお話を拝聴して思ったのは、ヘーゲルは「歴史のいたずら」と言ったでしょう。トルストイが書いた『戦争と平和』の中のナポレオンは、神が降り立ったかのような、人間が神になったかのような存在です。『戦争と平和』の最後の部分でトルストイがナポレオンの歴史的位置などを分析しますが、ナポレオンのような人間は、日本史の中には存在しないかもしれない。

ナポレオンは半分エイリアンのような、人間の世界を超えたかのような人間で、ヘーゲルは彼を絶賛しながら、実は彼の存在を崩していくわけです。

ナポレオンは歴史という、進歩的な精神を次の一歩前に歩ませるために動いているわけではない、とヘーゲルは言います。ナポレオンは自分の野心のために動いていると思っているわけですが、でも歴史はいたずらをする。歴史というものはちょっとおちゃめな存在で、自分のために動いていると勘違いしているナポレオンは、結果的に「歴史」のいたずらによって動かされていて、かくして人類を次の一歩へと進ませる。

このことはバークリーが言ったように、我々は神のマインドの中に存在している状態に似ているのです。いわば「歴史が神になった」ということです。我々はその神のマインドの中に生きているかのような仕組みになっている。人間はこの世の中でアリみたいに動いています。自分の都合によって動いているのですが、大きな神様、俯瞰する神様から見ると、歴史というス

★36
マルクス　Karl Heinrich Marx
（1818～83）

ピリット、ガイスト（精神）の歴史が動いていく。

そうなるとバークリーが言っていることに近いじゃないですか。神様のマインド、スピリットから出る、歴史のマインドからこの世の中は生まれるということです。その進歩論はディアレクティク（弁証法）からきます。弁証法はもともと古代のアテネで、ソクラテスが広場に座って、いくつかの面倒くさい質問をして、「あなたの考え方はここが違っている」という対話から芽生えました。これこそが哲学、プロセスですね。話し合って、話し合って、話し合う。

結局ヘーゲルが弁証法を抽象化した。1つのことがあって、その反対のことがあって、それがバトルして、また新しく1つのことができる。またそのプロセスを繰り返す。これこそが歴史の進歩の仕方だと。ヘーゲルは歴史について、そういうふうに見ていたと思います。マルクス★36はそれを模倣して、有産階級と無産階級が戦って、理想的な社会になるとしたのです。ヘーゲルがマルクスの基盤になったことは有名ですね。

マルクスの思想のベースは〝疎外〟

茂木　基本的にマルクスはヘーゲルを模倣したのですが、マルクスが厄介なのは、そこに唯物論を混ぜ込んだことです。ヘーゲルは人間のガイスト（精神）が進歩すると言ったのを、マルクスは、そんなものはどうでもいい、物質としての人間、どうやって飯を食うか、どうやってものをつくるか、誰が土地を持っているか、誰が工場を持っているかで歴史が決まると。これが史的唯物論、唯物史観というものです。
モーガン　デモクリトス原子論の影響を受けています。
茂木　マルクスの学位論文がデモクリトスでしたね。あの時代、産業革命がいろいろな矛盾を生んでいた。特に格差、貧困、つまり国全体はものすごく豊かになっているのに、それが一部の特権階級に集まって、逆に労働者が貧困に苦しむという、そういう状況だった。
　古い共同体がどんどん壊れていき、みんな都市に流れ込んでいって、結局スラム街に住む中で、人々が本当にバラバラにされてしまって、「もう神も祖先も関係ない。俺は腹が減っている。飯を食わせろ。金持ちはけしからん」となった。そこにマルクスのプロパガンダが、スポンジが水を吸い込むようにスーッと広まってしまったのですね。
　マルクスがユダヤ人だということは、彼の思想に影響していますか。お父さんがラビ（ユダヤ教の先生）ですよね。
モーガン　そのことにマルクスはたぶん敏感になっていたと思います。ユダヤ教をかなりバカにしていたのです。
　彼はあらゆる宗教を否定し、ユダヤ教をも批判する人間でした。ドイツ人社会のユダヤ人に対する恨みは、アメリカ人の私からするとちょっとわからないのですが、でもユダヤ教の影響はありますかね。
茂木　これは僕の感覚ですが、マルクスは無神論でユダヤ教は信じていなかった。しかし、彼が唱えた理想の社会が「悪である資本家階級」と戦い、「善である労働者階級」が打ち勝ったときにパラダイスがやってくるという、非常に善悪二元論的な思想、そして歴史には終わりがあって、そこに理想社会の共産主義が生まれるというのは、非常にユダヤ教的な世界観だと、僕は思うのです。

モーガン 確かにそう言われればそうかもしれないです。私が思ったのはエイリアネーション（alienation／疎外）で、マルクスの『資本論 Das Kapital』はおもしろいです。

茂木 ほう！ そうですか（笑）。

モーガン 絶対にその内容は実現してほしくないです（笑）。まったくの想像の世界、想像力だけで評価すればおもしろい本だと思います。彼が言っているのはエイリアネーション、たとえば私たちが働いて鉛筆をつくる。この鉛筆を資本家が売る。つまり私たちの労働をモノに代え、それを他の人、つまり資本家（工場なども持っている人）が売って、金にするという動きがある。要は我々の労働は、結局すべて貨幣になってしまう。そうなると私たちが自分のまわりの世界から切り離され、疎外される。それがマルクスの思想のベースです。資本主義の批判ですね。労働力とモノと金と資本家の絡まりを批判しています。

ユダヤ人は、昔から社会の一員ではないような扱いを受けてきました。スピノザもそうでした。マルクスの哲学を読むと、そのことをかなり感じます。私はこの世の中の人間ではないという強烈な孤独感を感じるのです、どちらかというと切ないですよ、マルクスは疎外そのものです。嫌な人間でしたが孤独な人間でもありました。

茂木 ルソーもそうですが、たぶん嫌な人間だったのに、なぜか周囲に助けてくれる人がいつ

★37
エンゲルス　Friedrich Engels
（1820〜95）

もいて、パトロンがいた。もともとマルクス一家は、お母さんがけっこう裕福なユダヤ人で、ロスチャイルド家とも縁戚関係でした。ここから金が出ているのです。それから後にイギリス人のエンゲルス★37と出会ったときには、エンゲルスはすでに実業家でしたので……。

モーガン　お金持ちです。

茂木　資本家のエンゲルスが、資本主義を破壊するような論文を書いているマルクスを助けるという謎の現象が起こっています。よくわからない魅力がマルクスにはあったのでしょうね。

モーガン　どこが魅力的だったのでしょうか。

茂木　見た目はむさ苦しいし。

モーガン　かなり嫌な人間だったと言われています。本当に家庭内では独裁者で、自分の女中と浮気した。あとは短気ですぐ怒って、とんでもないことを書いて自慢するとか。だからドイツから追い出されてイギリスに行くわけです。イギリスは寛容的だと思いますよ。彼は逮捕もされず、ロンドンにずっと住んで、大英博物館の図書館に毎日通うのですから。

アメリカとソ連の東西冷戦時代をいま振り返って考えると、両側とも唯物論だったと思います。資本主義とマルクス主義の戦いは、楽観的か悲観的か、つまり、資本主義を使って世の中をよくできるか、または資本主義はこの世の中を壊すか、そういう争いだったと思っています。

つまりヘーゲルが唱えていた進歩のメカニズムは、資本主義を認めるかどうかという争いだった。神や伝統的な存在などとはまったく関係がなく、完全に啓蒙思想の内戦です。いまもそうですし、ほとんどの争いは啓蒙思想内の内戦です。

★38
E.P.トムスン
Edward Palmer Thompson
(1924〜93)

茂木　一国社会主義のソ連と、世界革命論のトロツキスト＝ネオコンに乗っ取られたアメリカが、弁証法的に覇権争いを続けたのが東西冷戦でした。要するに左翼の内ゲバです。

モーガン　ウクライナ戦争を見ても、あらゆる争いの裏にヘーゲルの影が見えると思います。

ちなみにE・P・トムスン★38はイギリス人のマルクス主義者ですが、彼の指摘はおもしろいです。[7]トムスンは、資本主義がイギリスの村に入ると、まず伝統的な社会を壊すと言います。工場ができると、人々は朝起きて工場に行って、10時間、14時間、16時間、18時間労働してから帰るというルーティンができたのです。

当然自分の家庭は崩れ、一緒にいられる時間はほぼなくなります。工場の都合だけで生きて、クビになるのは怖いので、工場の奴隷になるのです。初めはそれに対して反発するのですが、時間が経てば経つほど巧妙な変化があって、結局争うのは労働時間についてです。マルクスが言うところの「8時間労働、8時間休憩、8時間睡眠」。それは妥協論でしょう。結局そこに集約されてくるわけです。いまの労働組合も資本主義を覆そうとはしません。春闘はトムスンが言うとおり、結局賃金アップやベースアップの話になる。こうして資本主義は勝つわけです。

資本主義の時間意識はいまの世の中にすっかり根っこを下ろして、社会はほとんど資本主義の時間意識で動いています。その中でマルクス主義者は、もう少し労働条件をよくしてくださいと交渉します。でも結局これは、マルクス主義者は負けたということですね。この時間の意識はおもしろい指摘だと思います。

私の言い方ですが、資本主義、進歩が勝つわけです。進歩が本当に神のような、自然の力のような存在になります。ヘーゲルの言う歴史のいたずらは資本主義の勝ちにつながります。

茂木　マルクス主義の批判が、結局は資本主義の礼賛に終わる。西欧の病というものは、救いがないですね。

第6章
現代の哲学

★1
アダム・スミス　Adam Smith
(1723〜90)

「西欧近代」の経済と道徳を打ち立てたアダム・スミス

茂木　「西欧近代」を他のさまざまな文明と比較するとき、「個人の政治的自由」と「経済活動の自由」という2つの観念が突出しているのがわかります。現代日本でもこれらが当たり前のことのように小学校から教えられていますが、じつはこれらは西欧近代に特異な現象なのです。そこでまず、「経済活動の自由」を唱えたアダム・スミス[★1]について語りませんか？

モーガン　アダム・スミスは欠かせません。おもしろいことにアメリカの保守系は、よくアダム・スミスの顔が描かれたネクタイを締めるのです。

「アダム・スミスを読んでいますか？」

「いや、あまり読んでいない」というやり取りをします（笑）。

アメリカ保守系の人たちは『諸国民の富（国富論）』の経済理論だけを読んでアダム・スミスを崇めるのですが、実はアダム・スミスの経済理論は、彼の壮大な哲学のほんの一部にすぎません。

アダム・スミスの哲学の中では、「Moral Sentiments（道徳感情）」、つまり道徳観が非常に大事なのです。スミスが出した結論は、「人間は、自分の利益を求めて行動するものだ」というものでした。

スミスの本の中には、こんな譬《たと》え話が出てきます。

「たとえば中国で大きな地震が起きたと想像してみよう。それはひどいニュースで、その地震で非常に多くの人が亡くなった。そんな恐ろしいニュースを知っても、ヨーロッパの人たちは今晩もぐっすり眠れるだろう。しかしもし明日、自分の小指が切断されると知ったら、今晩は眠れることはないだろう」

スミスが言いたいのは、外国の人々を無視したほうがいいということではありません。人間というものは近くにいる人々に共感する。だから自分と周りの人の幸せを図れば、いわゆる「見えざる手」(invisible hand)が全体を整えるということです。

遠く離れた他者が受けている苦しみは、明日の自分の苦しみともなるかもしれません。しかしヨーロッパ人、たとえばスコットランドのエジンバラの市民が、非常に多くの中国人が亡くなったと知っても、それは遠い国のことだろうと騒がない。でもそのエジンバラの人間が、明日、自分の小指が切られると知ったら、今晩は眠れません。遠くの非常に多くの人の命と自分の小指を比べると、やっぱり自分の小指のほうが大事なのです。

これは非常に残念なファクト(事実)かもしれませんが、私にとっては、これは揺るがないファクトなのです。毎日、私たちは嫌なニュースを目にしています。新型コロナのニュース、ウクライナ戦争のニュース、パレスチナ紛争のニュース。この数年、ほぼ毎日、こういったニュースを聞いてきました。それでも、私たちが心配していたのは、自分や自分の家族の安全しかなかったのです。

こういう人間の限られている共感の機能こそが人間の行動の本質だとスミスは言います。さらに考えを発展させますと、自分を大切にすることによってしか、世の中に秩序は生まれない、

★3
ハイエク
Friedrich August von Hayek
(1899〜1992)

★2
リカード　David Ricardo
(1772〜1823)

とスミスは言うのです。

　みんなが自分の周りをよく整理する。私は私で、自分の小指を守ります。あなたはあなたで、あなたの小指をちゃんと守ってください。もちろん、地震などの自然災害では、人間のできる範囲が限られていますが、それぞれみんなが自分と自分の家族などをきちんと守ることによって、社会の秩序がなんとか芽生えてくると期待したい、という話です。

巨人ハイエクの『隷属への道』を日本人は知るべき

茂木　スミスの自由主義経済学を受け継いだのが、19世紀のデヴィッド・リカード★2、20世紀になるとフリードリヒ・ハイエク★3ですね。

モーガン　はい。驚くべき話かもしれませんが、ハイエクの影響を受ける現在の市場至上主義者の一部は、たとえば災害の後に、水、ガソリン、食料などの価格が高騰したとしても、政府は物価を統制してはならない、とまで言います。なぜなら、価格は「情報」だからです。

　価格高騰とは「この場では、これが必要！」と点滅して知らせる赤ランプのような信号なのです。そうなると、モノを持っている人が、利益を得るため価格の高いところへモノを運ぶので、被災者の助けにつながる。ハイエクの〝価格＝情報〟という考えはそのような結論にたどり着くのです。

　この次元では、この論理は正しいと私は思います。ただ、スミスの描写する人間像は、あまりにもフラット、単純すぎますので、スミスの言い分が経済のすべて、社会のすべてとは決して言えないとも思っています。

茂木 スミスはルソーと真逆ですよね。ルソーはそういうエゴ（特殊意志）を個人個人が捨て去り、公共心（一般意志）と一体化することでコミュニティが機能する、というふうに言ったわけです。ところがスミスは、個人個人は自分のエゴを追求していいのだ、それが本来の人間の姿なのだから。その個人個人のエゴが集合するとき、実はそこに絶妙なバランスというものが生まれる、と言ったわけです。

モーガン そういう感覚ですね。

茂木 たとえばある牛丼屋が他の店よりも少し高く売りつけようとする。これはエゴですよね。「特別な肉とおいしい米を使っているから、うちの牛丼は高いんだ」と、1杯1300円の牛丼を売りに出す。次に何が起こるかというと、客は値段の安い他の店に行ってしまうから、ケチな牛丼屋は競争に負けて赤字になる。かえって利益を失うのです。結局、ケチな牛丼屋は、利益を上げたいというエゴのために、値段を下げざるを得なくなる。こういうことですね。

モーガン そのとおりです。ハイエクはこの考え方自体を魔法のように思っていたみたいです。まわりを大切にすれば魔法のように、社会から秩序が自然に生まれる、と思っていたようです。まわりを大切にすれば――。

茂木 ハイエクが有名になったのは『隷属への道 The Road to Serfdom』という本ですね。それまでは共産主義／マルクス主義の体制と、ナチスのような右翼独裁体制は正反対の概念であって、「ナチズムと戦い、自由を守るのが共産主義なのだ」という宣伝工作がずっと続いてきたのです。ところがハイエクがすごいのは、「いや、ナチも共産党も同じ独裁だろう」と一刀両断した（笑）。

ナチと共産党に共通するのは、国家権力が社会・経済をコントロールできるという「設計主義」なのです。その主体が「労働者階級だ」というのが共産党、「民族共同体だ」というのがナチ。だからナチ党は国家社会主義者（ナツィオナール・ゾツィアリスト）と自称していたわけです。この点を明らかにしたのがハイエクの『隷属への道』です。

この本は日本ではほとんど紹介されませんでした。なぜなら敗戦後の日本では、左翼リベラル勢力が学会とマスメディアを牛耳り、真逆の宣伝工作がずっとなされてきたからです。いまだに日本共産党は、「わが党は、民主主義を守ってきました」と言っているではないですか。

じゃあ共産党さん、おたくの党首は誰がどうやって選んでいるのですか？　なぜ党首選挙がないのですか？　ということですよね。その点を明らかにしたのが、このハイエクという人の一番の功績だと思います。

モーガン　ハイエクの思想は非常に明快だと思うのです。だから日本にきて、ハイエクがほとんど知られていないことや、知っている人からはかなり嫌われていることに、私は驚きました。

茂木　嫌われているというか、わざと無視されているのです。

モーガン　そうですよね。日本の歴史を見ると、支配層による圧政に反発する人たちが一揆などの運動を起こしたことも多かったではないですか。

私が研究している人に、末弘厳太郎★4という法学者がいます。1920年代に小作人問題を研究した人です。

自分の土地を持てない小作人の貧困。地方では一揆というか、小作争議がいっぱいありました。ここで、マルクスやスミス、ハイエクの考えの単純さ、フラットさが見えてきます。

小作人のような人々は、別に共産主義がいいとは言っておらず、ただ地主に上から偉そうに命令されたくない、家族が十分食べられるほどの食べ物が欲しいと、そういうベーシックなことを求めていました。

この小作争議に私はかなりシンパシーを持っているのです。自分が育ったアメリカ南部のルイジアナ州は、昔は小作人が多くて、本当に貧しい農業従事者は、大地主や銀行家とは、意識のギャップがありました。別に共産主義だったのではなく、ただ現実的にそういう社会的格差があったのです。ルイジアナの政治家ヒューイ・ロング（Huey P. Long）を見ればわかると思いますが、イデオロギー抜きで、貧しい人を守る精神が強い。

茂木　スタインベックの『怒りの葡萄』の世界ですよね。銀行家が農民の土地を買いにきて、不景気に乗じて買い叩くような。

モーガン　まさにそのとおりです。私は、若い頃、スタインベックが大好きでした。ほとんどの本を読んだと思いますよ。

しかし、あとで知ってガッカリしたのは、スタインベックは共産主義にシンパシーを感じていました。彼は自分のイデオロギーを広めるために、貧困農民を利用したわけですが、農村で

★4
末弘厳太郎　すえひろ いずたろう
（1888〜1951）

は共産主義なんかにほとんど興味はなかったのです。ただただ貧しかっただけです。

茂木　おっしゃるとおりです。日本の場合、そこがすごく歪んでしまったのは、小作人たちを解放したヒーローが現れたのです。彼の名を、ダグラス・マッカーサーといいます。

モーガン　ああー、なるほど！

茂木　戦後、マッカーサー率いるGHQと日本共産党が同じ立場に立って、農地改革を叫んでいたのです。これはものすごい倒錯です。日本のいわゆる軍国主義を倒すために、GHQは共産党と手を組んだわけです。

モーガン　そういう歴史の背景があるのですね。でも私はハイエクが言ったとおり、もし社会主義の道を一度でも歩んだら、結局、ナチスのような終着点まで行ってしまうと思うわけです。日本では、人々がそういった政府を疑うという意識が非常に薄い気がします。むしろ、政府が我々を救ってくれると考えている。

しかし政府とは結局人間がつくるもので、人間の意志に左右される存在です。仮にもし危険な人間が現れて政府を乗っ取ったら、国民を助けてくれるはずだった大きな政府がモンスター化して、たくさんの人々を簡単に殺せる政府になってしまいます。ハイエクの指摘は、その点で正しいのです。

ウィーン学派とユダヤ人

茂木　ハイエクはウィーン学派ですが、ウィーンという場所には何か意味がありますか。

モーガン　当時のウィーンにそういう人々がかなり集まっていた。でもなぜウィーンなのか、そもそもわからないです。

茂木　当時のウィーンというのは、ロシア帝国で迫害されたユダヤ人の避難場所でしたよね。ハイエクはドイツ人ですが、たぶんウィーン市民の4分の1か3分の1はユダヤ人だったはずですよ。若き日のヒトラーもウィーンで、売れない絵描きとして苦労していました。画商のほとんどはユダヤ人でした。ヒトラーの強烈な反ユダヤ主義は、このウィーン時代に培われたと言われていますよね。

非常にコスモポリタン（世界主義者）的な民族、国家というものを必要としない人たちが、ウィーンの主導的な立場にたくさんいたと思うのです。

モーガン　確かに、アメリカ国内でもハイエクの哲学が好きな人は外国人が多いです。たとえば経済学者マレー・ロスバード★5の恩師だった、ウィーン大学のミーゼス。★6ミーゼスはナチスに迫害されて、ウィーンからアメリカに亡命したわけです。ハイエクの哲学を大切にしていました。

私はミーゼスが言っていることに100%賛成はできませんが、「国家を疑うべき」という考えは大賛成です。国家権力はかなり嘘をつきます。私がここで「国家」というのは「政府」と

★5
マレー・ロスバード
Murray Newton Rothbard（1926～95）

★6
ミーゼス　Ludwig Edler von Mises
（1881～1973）

いう意味です。政府がああだこうだ言っても、「いや、それは違うのではないか」と疑うべきです。この教訓を、私はミーゼスから学んでいます。

茂木　ミーゼスはハイエクの先生で、基本的に経済学者ですね。

モーガン　経済学者です。大著としては『ヒューマン・アクション：人間行為の経済学』があります。これは心理学に近くて、人間の行動原理について書かれています。

でも結局、茂木先生がおっしゃったとおり、人が自分の利益を考えて行動すれば、だいたいの経済学がわかるという。わけのわからない理由もいっぱいあるだろうが、人は自分の利益のために行動するという前提を設定しておけば、おおよそだいたい経済の動きはわかる、といった哲学ですね。

茂木　ウィーン学派はロシアから逃げてきた人が多いので、基本的にロシア革命には批判的な人が多数ですね。国家がすべてをコントロールするというのは間違っていると。

モーガン　ウィーン学派で私が少し勉強しているのはルドルフ・カルナップ[★7]です。論理をかなり大切にした人で、ちょうどいま読んでいます。有名なイギリスの数学者、論理学者、哲学者のバートランド・ラッセル[★8]から、カルナップが影響を受けています。デカルトが言ったように、数学と論理と哲学は、結局は重なる存在なのです。

あとは言語学のルートヴィヒ・ウィトゲンシュタイン[★9]もカルナップの友達でした。そういうところから論理、言語などの分析的な思想がウィーンで誕生しました。

茂木　ウィトゲンシュタインは、ハイエクのいとこだと思います。

★7
カルナップ　Rudolf Carnap
（1891〜1970）

★8
ラッセル　Bertrand Arthur William Russell
（1872〜1970）

★9
ウィトゲンシュタイン
Ludwig Wittgenstein（1889〜1951）

モーガン　そうですか。それは知らなかった。同じ国籍だと思っていましたが、いとこでしたか。

茂木　ウィトゲンシュタインもユダヤ人です。ハイエクはユダヤ人ではありませんが、母方でつながっていますね。

モーガン　なるほど。私はウィトゲンシュタインが大好きですが、彼の最初の本は、あまり読む価値はないです。[1]論理実証主義の影響が濃くて、論理はどういうものかを説いたもので、あまり創造的な側面はないです。

茂木　ウィトゲンシュタインは、従来の哲学の曖昧さは言語の曖昧さにある、と言いました。だから徹底的な言語分析をすることで、西洋哲学を再構築しようとした人です。言語化できないものは「世界の中」には存在しない、とまで言い切りました。でも晩年は「世界の外側」に興味が向かいますね。

モーガン　本にはまとめなかったものの、彼の晩年の哲学は本当におもしろいです。「私のワールドは、私の話している言語とほぼ同じで、明記したルールが特にない。もしルールがあったとしても、言語を使ってルールを表すしかないので、言語のルールを言語で伝えようとするとちょっと矛盾が生じるから、言語は私のワールドの限界である」とウィトゲンシュタインは言うわけです。

　でも言語と中身の関係が非常に微妙です。もしライオンが英語をしゃべることができたとしても、ライオンとは会話ができない。なぜならライオンのワールドと私のワールドは違うから、

★10
カール・ポパー
Karl Raimund Popper
（1902〜94）

★11
ジョージ・ソロス
George Soros
（1930〜）

話す内容がないのです。たとえ英語が通じたとしても、人間がライオンを相手にいったい何について話すのでしょうか（笑）。

茂木　ハイエクのよき理解者だったのがカール・ポパー。[★10] この人もウィーンのユダヤ人ですね。ヒトラーがオーストリアを併合すると、身の危険を感じたポパーは、ニュージーランドに亡命しました。

　ここで書いたのが有名な『The Open Society and Its Enemies（開かれた社会とその敵）』で、共産主義とナチズムはともに全体主義、閉ざされた社会であり、われわれ「開かれた社会」の敵である、と論じました。

　戦後はロンドン大学スクール・オブ・エコノミクスの教授となり、ここで出会った学生が、あのジョージ・ソロス[★11]でした。

モーガン　そのポパーの本を読むと、プラトンと全体主義との連係性がよくわかります。目的論的歴史主義（たとえば、歴史的弁証法を重視したヘーゲルとマルクス）が全体主義を醸成すると、ポパーが指摘します。自由主義的社会だと、その傾向が抑えられるともポパーは言います。

茂木　ジョージ・ソロスはハンガリーのユダヤ人で、10代でドイツ軍の占領と独ソ戦、そしてソ連軍の占領下での知識人虐殺を目撃しています。難民として家族でイギリスへ移り、そこで出会ったのがロンドン大学のカール・ポパーで、ソロスは肉体労働をしながら学費を稼いでいました。

　ソロスの学士論文の指導教官がポパーであり、ソロスはポパーを生涯の師と呼んでいます。

のちに投資家として成功し、巨大ヘッジファンドを率いる億万長者となったソロスが旧ソ連圏の「民主化運動」を支援するためにつくった組織がオープン・ソサエティ財団ですが、これはポパーの主著『The Open Society and Its Enemies』から名前を借りています。

モーガン　とても皮肉なことに、ポパーの弟子が自由主義的全体主義を世界に押しつけているのです。

茂木　このあたりの流れは僕も整理がついていません。ポパーは右や左の全体主義に反対していました。ところが弟子のソロスは民主党バイデン政権の巨大スポンサーとなり、BLM（Black Lives Matter マルクス主義の黒人解放運動）などトランプ落選運動を資金援助し、ウクライナやジョージアの市民運動を資金援助することでロシア包囲網を形成しています。ポパーの自由主義哲学と真逆の行動をしているのがソロス。では、哲学的にはどういうつながりがあるのか、教えていただきたいのです。

モーガン　ソロスの見方によれば、20世紀の教訓は、資本主義を野放しにすれば、全世界が滅びる、ということです。資本主義の上に政府や哲学者、自分のような哲学者が「こうすべきだ」と指導することで社会がうまくいくと自慢しています。結局は、ポパーの宿敵であるプラトンの哲人政治と同じですね。

これはスミスやハイエクの原理の完全な否定です。スミスやハイエクは個人個人を信じていました。個人の判断に社会の秩序を任せられるほど信じていました。でもソロスは、自分が優秀な人間で、自分のようなエリートが社会を指導しなければならないと考えているのでしょう。

ちなみに資本主義を台無しにするのは、資本主義の仕組みを悪用して、資本主義の中に潜む「欲望原理」「貪り原理」を野放しにして、結局は社会の崩壊をもたらすエセ自由主義者だと思います。資本主義に欠かせないのはしっかりした道徳です。

茂木　欲望を全開にして、世界最大のヘッジファンドを運営していた男が説教を垂れる。「どの口が言うか」と言いたいですね。結局ソロスはポパーから学んだ自由主義経済の仕組みを思う存分に利用して億万長者になりながら、設計主義から抜けられず、社会をコントロールしたいという強烈な欲望を持っているわけですね。

このあたりからアメリカにおける設計主義、マルクス主義の展開を語りたいと思います。フランクフルト学派の話は避けて通れませんね。

ジョージ・ソロスとフランクフルト学派

モーガン　ジョージ・ソロスは、最初はハイエクのような市場至上主義者でしたが、同時に隠れマルクス主義者です。ハイエクもマルクスもいずれも物質を根本と考える唯物論者じゃないですか。ある意味では、マルクスも市場至上主義者と言えるかと思います。もちろんマルクスが言っているのは、市場至上主義との正反対の社会主義の立場でしたが。

市場至上主義者もマルクスも経済を物理的に考えていました。人間がその経済とどう関わるべきか、そうした問題に集中しているでしょう。つまり経済がすべてなのです。ハイエクは、本当に市場が万能で、どんな問題でも解決できるかのように考えていました。いわば信仰に近いのです。

しかしマルクスやハイエクが提唱した「経済で社会の構造を決める」という神話、おとぎ話だけでは人間の社会は説明がつかない。「文化も重要だ！」と気づいた一群のマルクス主義者がいたわけです。啓蒙思想、唯物論をこの世で本気で実現したいと思うのであれば、経済の神話だけでは無理だと気づいたのでしょう。

これからお話しするフランクフルト学派がまさにそうでしたし、ソロスなどグローバリストの連中も同様です。だからフランクフルト学派は、文化面でも戦いを展開しなければならないと考えるようになりました。

茂木　経済的合理性、市場原理だけで人間は動くのではない。固有の文化の強靱さが明らかになった。マルクス主義がなかなか浸透しないのは「文化という壁」があることに彼らは気づいたのですね。レーニンが唱えた世界革命、ロシア革命の輸出が、ヨーロッパで挫折したのが大きかったですね。

モーガン　「万国の労働者、団結せよ！」とマルクスは言いました。ところが第一次世界大戦で、この理想が総崩れしてしまったわけです。労働者階級はナショナリズムに煽られて自国の資本家階級と連帯し、他国の労働者階級を助けませんでした。

たとえばイギリスの労働者がドイツの労働者と連帯しようとせず、自国の利益を優先したわけです。レーニンが「この大戦は資本家どもが植民地争奪の結果、引き起こした戦争だ！」と言いましたが、イギリスの労働者とドイツの労働者はそれぞれの国を守るため、殺し合ったわけです。

茂木 「○○人」意識、ナショナリズムは、言語や宗教などの文化的な一体感をベースにしています。戦争では、この一体感がものすごく高まるのです。なんとかしてこの伝統文化を破壊すれば、ナショナリズムを解体できる。

モーガン だから文化の領域でマルクス主義の戦いを展開せよ！ と考えたのが、イタリア共産党を創設したアントニオ・グラムシ★12でした。この考えを展開させたのが、第一次大戦で敗れたドイツのフランクフルトの社会研究所に集まった学者たち、テオドール・アドルノ★13、ヘルベルト・マルクーゼ★14、マックス・ホルクハイマー★15らでした。

茂木 リヒャルト・ゾルゲもその一員でしたね。ソヴィエト連邦のスパイで、日本で諜報活動をしていた──。

モーガン ゾルゲは早い段階からフランクフルト学派の一員でした。彼は日本でフランクフルト学派のやり方を見事に実現しました。自分をドイツ人のジャーナリストだと見せかけ、日本の歴史・宗教にも理解があって、文化レベルでは、つまり人間との関わりのレベルでは、本当の「仕事」をしていました。

もしゾルゲが単なるただのマルクス主義者だったら、もしゾルゲに人間と文化への理解がなかったら、日本での諜報活動はうまくいかず、20世紀の歴史もだいぶ違っていたでしょう。

茂木 ゾルゲは『古事記』『万葉集』の研究もしていますね。一端《いっぱし》の日本学者でもあった。だか

★12
グラムシ
P.328参照

★13
テオドール・W・アドルノ　Theodor W. Adorno
（1903～69）

ら近衛内閣や軍の中枢にも影響を与えるくらい力を持ったのです。恐ろしいことです。

モーガン　アメリカ合衆国の共産主義者もフランクフルト学派のやり方をよく勉強しました。アメリカではまだ典型的なバリバリの共産主義者はいますが、一方、文化教育、ジェンダー、人種、エンタテインメントなどの層でも革命を起こそうとしているアメリカ人共産主義者がいっぱいいます。フランクフルト学派は共産主義者、左翼の範囲を超えてアメリカ合衆国のエリートの一般的な考え方となりました。駐日米国大使のラーム・エマニュエルはまさにフランクフルト学派に影響を受けた人です。

茂木　この「隠れ共産主義者」が民主党の中に潜り込みます。白人キリスト教徒が指導するアメリカの「国体」を破壊するために、彼らは移民の大量受け入れ、黒人解放運動、人種間の格差是正（アファーマティブ・アクション）を名目にした黒人優遇政策、「性の解放」による家族の解体、麻薬の合法化などを推進してきました。

　キング牧師の黒人解放運動は意義がありましたが、２０２０年のトランプvsバイデンの大統領選挙の際に、「トランプは差別主義者だ！」と各地で暴動を起こしたＢＬＭ（Black Lives Matter）運動は、破壊のための運動でした。リーダーの一人パトリッセ・カラーズは、「自分はマルクス主義者だ」と公言しています。彼女は各地に豪邸を買って、「どこが貧しい黒人の味方だ！」と顰蹙《ひんしゅく》を買っています。このＢＬＭ運動のスポンサーがジョージ・ソロスでした。

モーガン　いまのＬＧＢＴ問題はまさにそのとおりでしょう。レインボーフラッグがあるあらゆるところは、マルクス主義との戦いの最前線ではないですか。

★14
マルクーゼ　Herbert Marcuse
（1898〜1979）

★15
ホルクハイマー　Max Horkheimer
（1895〜1973）

★16
フロイト　Sigmund Freud
（1856〜1939）

トランプが大統領になってから初めて伝統文化の大切さに目が覚めたアメリカ保守系が山ほどいます。私もそうです。アメリカでは、昔もいまも貧しい人がいっぱいいます。そういった貧しい人々のことも考えて、マルクス主義とは違う方法で正義をいかに実現するか、考えなければなりません。

精神分析の父フロイトは啓蒙主義

茂木　フランクフルト学派はマルクス主義とフロイト★16の精神分析を融合しました。ウィーン学派には属しませんが、フロイトもまたウィーンにいたユダヤ人ですね。

モーガン　フロイトね……。

茂木　この間モーガン先生がフロイトは大嫌いとおっしゃっていましたので、そのあたりのお話をお聞きしたい（笑）。僕はフロイトが割と好きなので。そのへんのお話をしましょう。

モーガン　申し訳ありません。茂木先生がフロイトをお好きだったとは（笑）。先生のほうからどうぞ。

茂木　好きというか、影響を受けたのです。僕自身が大学時代にメンタルを病んでいて、心理学にすごくハマっていた時期がありました。フロイトの論理は明快ではないですか。人間のモヤモヤした感情をすべて明確に分析、まさに精神分析してしまうわけですよ。その正しさは別にして、明快なのですね。

それまではサイエンスの対象ではまったくなかった人間の深層心理、ウィトゲンシュタイン風に言えば、「世界の外側」だった深層心理を言語化して、分析する。実際に心の病から発するいろいろな病気、たとえば足が麻痺するとか、言葉が出てこない、といった神経症が実際に治ってしまうわけですよ。それが1つ。

もう1つ、僕は歴史学科で学んでいたのですが、日本の歴史学会を毒してきたマルクス主義歴史学のドグマ（教条）と戦ってきました。マルクス主義に対抗できる理論はないか探していたときに、「フロイトは使えるかもしれない」と思ったのです。

モーガン　なぜ使えると思ったのですか？

茂木　マルクス主義は唯物論じゃないですか。人間がモノをどう生産するか、経済の理論で歴史を説明します。ところがフロイトは「心」なんですよね。マルクスがノータッチの部分を理論化したのです。だからそこから切り込めば、マルクス主義をたぶん崩せるはずだと思っていました。ところが僕がやろうとしていたことを、フランクフルト学派が真逆の、マルクス主義リニューアルの方向からやっていたわけです。

モーガン先生がフロイトを嫌う理由は、フロイトの無神論ですか？

モーガン　それも1つですが、実は私も大学生の頃、1年以上、引きこもっていたのですね。本当に朝から晩まで、ドストエフスキーやトルストイなどの本を読みふけっていたのです。ヘビースモーカーになって1日40本くらい、タバコを2パック吸いながら本を読んでいて……。

★17
ユング　Carl Gustav Jung
（1875～1961）

★18
ランボー　Jean-Nicolas Arthur Rimbaud
（1854～91）

そういう生活の中で、自分には何か問題があるのではないかと感じて、フロイトやユング★17、他にも心理学の本をたくさん読みました。自分はどういう問題を抱えているかを診断したいと思って。

でも結局、こう思ったのです。

頭の中の体系は「こういったものだ」、「エゴ（自我）」とか「スーパーエゴ（超自我）」とか、そういった仕組みだ、とフロイトは言います。

けれども、私が心の中で決めたのは、理性で自分の心の中を理解することはできないと。それよりも「神々はワイルドだ」と信じること、そういったことを大切にすることにしたのです。これは私が保守系ではなくてラディカル（過激派）になった理由の1つだと思うのですが……。

なぜそこまで導かれたのかというと、アルチュール・ランボー★18というフランスの詩人の影響ですね。彼が書く詩は美しくてワイルドですよ。彼の詩が私の人生を大きく変えてくれました。「I considered the disorders of my own mind sacred.」と書いているのです。[2] すごいことを言うんですよ。

「自分の心が乱れているとしても、それは神に与えられた試練と思え。思い切りその乱れを抱きしめて、自分から逃げるのではなくて、そういう自分を無条件に受け入れよ」

そう考えると、この自分には、ワイルドで、理性の届かない、非常に複雑で理解することが不可能な側面がいっぱいあるということでしょう。三島由紀夫先生も、「暁の寺」という本を書いたじゃないですか。

『豊穣の海』シリーズの1冊ですね。実際に私も理性ではない世界が見えるかと思って、「暁の寺」に登場するタイの寺院まで行きました。

茂木　あそこへ行かれたのですね。

モーガン　はい。もちろん私も理性は必要と思います。でも理性を使って自分の心を理解することは、神々に申し訳ないと思ったのです。私はただの人間で、この世はワイルドだ、と思ったのです。

フロイトが考えた頭の中の体系、その仕組みはある程度認めることはできますが、でもやはりそうして柵をつくって、自分はこういう人間だと決めつけることは……。ラディカルのせいか、ロマン派のせいか、「自分はこういう人間だ」という定義づけ、それはちょっと認められなかった。

逆に酒の神ディオニュソスみたいに理性を捨てて、自分の中のそういうワイルドな側面を発見しました。そうした経験があって、フロイトは個人的に好きではなかったのです。嫌いというか、人間のワイルドなところを束縛しようとしている。ひどいことに、フロイトが性をも束縛の要素にしたのです。

でもそんなことはできない、心の中のわけのわからないものは、説明はできないと思います。心の中のわけのわからないもの——音楽もそうですね。三島由紀夫先生は音楽を怖いと言いましたよね。私もちょっと怖いのです。音楽を聴くとワイルドなところが湧き出てしまうので、それをできるだけ抑えたいと思っています（笑）。

ワイルドになって人を殺したい、そういうわけではないのですが、頭の中が苦しくなってしまう。回路がショートしたみたいになるのです。ワイルドが海のように広がり、心がその海の潮の中で一時的に溺れてしまうわけです。

縄文時代のようなスピリットがほとばしって走り回ったら、ちょっと大変になると思います（笑）。そうした変な背景があります。

茂木　モーガン先生は普段は穏やかですが、突然ワイルドが出ますよね（笑）。

モーガン　そうですか。けっこう抑えているのですよ（笑）。ワイルドだからこそ秩序を求めます。ジャック・ケルアック★19はご存知ですか？

茂木　知りません。

モーガン　『路上』という作品で有名な小説家です。文学運動のビート・ジェネレーションの旗手として知られています。あの人の本が大好きなのです。ケルアックはカトリックで、世の中は理性を使って理解することはできないと言っています。アレン・ギンズバーグ★20も同じでした。しかしギンズバーグとケルアックの違いはギンズバーグがワイルドを偶像にしたものの、ケルアックはワイルドの中から秩序、安定、安心を探したのです。私はケルアック派です。

こういったことがあって、私は結局、理性ですべてを説明しようとする啓蒙思想が嫌いなのです。世の中には説明がつかないことがあると思います。フロイトに馴染めないのは、そういった背景なのです。

茂木　私もその後、フロイトから卒業できました。フロイトは「理性の独裁」と言っています

★19
ジャック・ケルアック
Jack Kerouac（1922～69）

★20
アレン・ギンズバーグ
Allen Ginsberg（1926～97）

ね。「心の闇と戦うためには、理性の独裁が必要だ」という意味だと思うのですが、それって結局、啓蒙主義ですよね。

モーガン　そうです。

茂木　フロイトの独特の理論というのは、あの19世紀末のウィーンのユダヤ人社会というかなり特殊な、ものすごく家父長的な、お父さんが絶対みたいな、抑圧がものすごかった時代に、その父親とどう戦うのか。それが彼の一番のテーマでしたから。

それが世界中、いつでもあてはまるわけではないのです。特に日本人の場合、母親のほうがむしろ子どもに対する影響力は大きいのです。

それぞれの民族に合わせた心理学というものが必要だ、と思うようになりました。これは心理学だけの話ではありません。

モーガン　まさにそのとおり。たぶんいま茂木先生がおっしゃったことが、「西洋思想の掌《てのひら》で踊らされる日本」に対する答えではないでしょうか。まさにそうですよ。啓蒙思想もそうですし、西ヨーロッパが普遍という発想がおかしいのです。

最近、日本の防衛省が書いた防衛3文書の中にも、「普遍的価値観」と記されていました。それを読んで、ガッカリしました。それは普遍的というよりも、啓蒙思想が生まれた西ヨーロッパの400年前の考え方が膨張したものです。そういった歴史の流れを無視して「普遍的価値観」というのは、少し違和感を覚えるのです。

たとえばフロイトの提唱するエディプス・コンプレックス。あの概念を読んで、この人は気

6-1　ワシントンD.C.連邦議会ビル

が狂っていると思ったのです。自分の父親を殺して、自分の母親と結婚したいなんて、私はただの一度も考えたことはないですよ（笑）。それは普遍的ではないと思います。

茂木　でもあれは無意識でということですからね。子どもが意識するわけではない。

モーガン　それはそうですね。でも私は父親が大好きだったから（笑）。

茂木　そうですか、それは幸せでしたね。僕は父親が大嫌いで、〇したいと思っていました（笑）。

　エディプス（オイディプス）はギリシア神話の主人公で、心ならずも実の父親を殺し、母親を妻にした王子の話です。ソフォクレスという古代ギリシアの劇作家が芝居にしていて、ギリシア演劇の最高傑作ですね。

モーガン　まさにエディプスのようなギリシア神話の世界はワイルドですね。三島由紀夫先生の『豊饒の海』の「暁の寺」に近い世界、ワイルドと理性がぶつかる世界ですね。運命も大きく動く世界です。

アメリカという国が誕生したときに、西洋ではギリシア・ローマフェチが起こって、古代ギリシアやローマに憧れるブームがあったのです。あの時代は、理性の時代だったという人がいっぱいいいた。たとえばアメリカ独立宣言を書いたジェファーソンなどが代表的です。でも実際の古代ギリシア・ローマは、とんでもない世界で、ワイルドなこと、理不尽なことが常にたくさんあった。母親が自分の子どもを殺して食べるとかが、あたりまえにありました。その世界ではモダンが通用しません。

茂木　アメリカ人が古代ギリシア・ローマをモデルとしたことは、建築を見るとわかりますね。あのワシントンD.C.の連邦議会のビル。列柱がずらっと並んで古代ギリシア風です。王政を倒して共和政という発想は共和政ローマの丸パクリです。リンカーン大統領に銃弾を放ったブースの言葉が、「暴君はみなこうなる」。これはカエサル（シーザー）を暗殺したブルータスのセリフです。

ハイデガーの存在論と京都学派

茂木　フランクフルト学派がドイツからアメリカへ逃げてくるのが1930年代、ナチズムの時代です。この時代のドイツの哲学者ハイデガーの話をしましょう。第一次大戦で敗れたドイツでは帝政が崩壊し、アメリカ文化がどっと入ってきた。ロシア革命の影響で、共産主義も

★21
ハイデガー　Martin Heidegger
（1889〜1976）

どっと入ってきた。この時代のドイツをワイマール共和国と言いますが、第二次大戦で敗れた日本と非常によく似た状況でした。

こういう軽佻《けいちょう》浮薄《ふはく》な風潮に抗ったのがハイデガー★21ですね。この人は、ロマン主義の延長線上にいるのでしょうか？

モーガン　私はそう思います。第一次世界大戦敗戦後のドイツでは、伝統文化が破壊されていった。だからハイデガーは、初めはナチスが好きだった。ドイツの本来あるべき姿に戻りたいと言って。ドイツの伝統的な洋服を着ていたでしょう。そこがロマン主義的ですね。

茂木　ハイデガーの『存在と時間』は、用語が超絶難解です。「現存在」とか「世界内存在」とか、これだけを読んで理解しようとしても、なかなか難しいですね。

モーガン　ハイデガーの言う「ダーザイン＝Dasein（現存在）」に付属するのが「ヴェルト（世界）」。人間以外の動物は、「ヴェルトアーン＝Weltarm」、英語で world-poor と言いますが、「世界が貧しい」わけです。

人間が住んでいる世界は豊かですが、動物の世界は貧しい。想像力が欠けているという意味でしょう。もちろんグラデーションはあると思います。イルカは世界が割と豊かだけど、蚊は世界が乏しいだろうと。

「豊かさ」とはつまり想像力です。たとえばミミズには、想像力も知識もないようで、自分の世界が貧しい。蚊とかウシとかは、それぞれの世界があるはずだとハイデガーは考えました。

ハイデガーのそのような問いに批判的に答えようとしているのが、オブジェクト指向存在論

(Object Oriented Ontology) です。たとえば最近有名になったティモシー・モートン[★22]がいます。[3]

モートンは、ハイデガーの「ワールド（＝世界）」の考えを批判します。モートンの考えでは、人間と動物と石はみんな同じ〝ヴェルト〟で、人間を優先する必要はないと。しかし私は、それでも足りないと思います。人間の〝ヴェルト〟が必要です。

したがって、モートンなどのアイデアに答える哲学者として、私は千利休が必要だと考えます。

茂木　千利休！

モーガン　なぜなら千利休の哲学では、モノにもワールドがあるではないですか。欠けている茶碗やコップみたいなモノがある。存在論的に言うと、人間のワールドと、モノのワールドとが重なっているわけです。

デカルトみたいに「主体としての私」がまずあって、宇宙の中に「対象としてのコップ」があるというのではなくて、私もコップも一緒に同居しているわけです。コップが私の心に入ってくる。私の心はこのコップに届くわけです。だから、モノを愛することができるというのです。

ハイデガーは千利休を読めばよかったのに、と思います。あともう1つ、ハイデガーは和辻哲郎[★23]を模倣した、という噂があるのですが、その可能性は高いと思いますよ。

茂木　京都学派ですね。京大の西田幾多郎[★24]という人が、ドイツ哲学を専攻したのですが、どうしてもしっくりこなくて座禅に通ったりするのです。結局、東洋思想のほうが優れていると確

★22
ティモシー・モートン　Timothy Morton
(1968〜)

★23
和辻哲郎　わつじてつろう
(1889〜1960)

★24
西田幾多郎　にしだきたろう
（1870〜1945）

★25
田辺元　たなべはじめ
（1885〜1962）

信し、これをドイツ哲学の用語で説明しようとして悪戦苦闘したのが『善の研究』です。モーガン先生がおっしゃった「見る者」と「見られるモノ」が同居しているという世界観を、西田は「場所の論理」という言葉で表現していますね。

和辻哲郎も、ドイツ哲学研究から日本文化の研究へと関心が移っていった人です。京大時代の外遊経験から、世界には東洋のモンスーン、中東の砂漠、西欧の牧場という自然環境に規定された固有の文化があると発見し、『風土』を書きました。

西田の後継者の田辺元★25はドイツ留学中にハイデガーと親しかったので、ハイデガーも和辻の思想を知っていたと思われます。『存在と時間』の日本語版は、英語版より先に出版されています。

モーガン　ただしハイデガーは日本の哲学を昇華しきれず、ただ模倣して、それをドイツのロマン派哲学かのように見せかけて紹介するわけです。だからハイデガーを本当に理解したければ、むしろ西田幾多郎、和辻哲郎、または千利休を読めばいいと思います。侘《わ》び茶は飲み物付きのダーザインでしょうか！

人間はどこにいるのか、なぜ存在しているのか。これはまさに存在論ですね。デカルトやカントは、全世界を否定するじゃないですか。カントはまさにそうです。私の心からこの世界が映画のように投影されていると言う。

そうではなく、この私やモノは確かに存在していて、みんな同じワールドを共有している、というハイデガーの哲学はおもしろいと思います。

★26
パシュカーニス　Evgenii Bronislavovich Pashukanis
（1891〜1937）

茂木　これは前に出てきたライプニッツにも似ていますよね。

モーガン　なるほど。モナド（単子論）ですね！

茂木　中心がなくて、それぞれが動いていて、でも全体が調和しているという感じ。

モーガン　まさにそのとおりですね。千利休とライプニッツ。これもいい論文になりますね（笑）。

茂木　ぜひ論文にしてください（笑）。ハイデガーの国家論をどう評価しますか？

モーガン　なぜか西洋哲学者は体系をつくりたがって、でもその体系に必要で欠けている部分があるから、その「穴」に国家を持ち出してきて埋め立てる傾向があるのではないでしょうか。ヘーゲルはもちろんそうですし、ハイデガーもナチス党を支持して、行き詰まります。

マルクスはヘーゲルと違って国家論をあまり論じませんでしたが、マルクスの思想の影響を強く受けた法学者のエフゲニー・パシュカーニス[★26]は、共産主義が資本主義に打ち勝つときに、国家は枯れて消えると述べていました。

皮肉なことですが、ヘーゲルが言う国家を、マルクス主義者が「共産主義の楽園」に入れ替えただけですね。哲学者が提案する哲学的体系は現実とぶつかれば、体系が崩れるのです。つまり国家が干渉するのです。王族、ナチス党、共産党などが哲学的体系を救済します。これらは哲学を超えるワイルドな存在ですね。理性が限界に達すると、政治、つまり非理性が登場するのです。

★27
ハンナ・アーレント　Hannah Arendt
（1906～75）

★28
カール・ヤスパース　Karl Jaspers
（1883～1969）

全体主義を分析した俊英ハンナ・アーレント

茂木　ユダヤ人がらみでハンナ・アーレント★27についてお話しさせてください。彼女の先生がカール・ヤスパース★28で、この人も精神医学の人でした。アーレントも『全体主義の起源』という本を書いて、ナチズムと共産主義は同根というハイエクと同じ結論に至りました。この人がおもしろいのは、ハイデガーとおつきあいをしていたという……。

モーガン　愛人でした。アーレントの思想は興味深いですよ。ヒトラーがやりたかったのは、ドイツを救うことではなくて、ドイツを壊すことだったのだと。ヒトラーは「いまの」ドイツ、「いまの」ドイツ人が大嫌いでした。だからドイツをダメにした「いまの」ヨーロッパを粉々に壊して、ドイツを再生するために、第二次世界大戦をしかけたのだと言います。

茂木　「いまの」というのは、第一次大戦で負けたあとの「情けないドイツ」、ワイマール共和国のことです。

モーガン　そうです。そしてその前からはびこっていたブルジョワジーが、このドイツを壊したのだと言いました。たとえばヒトラーの「サウザント・イヤー／１０００年帝国」発言をよくアメリカではからかっていますよ。「ヒトラーの言う１０００年続く政権は、十数年で終わっちゃったじゃないか」と。

　でもアーレントは、ヒトラーの真意は「いまから始まる１０００年」にある、というわけです。いまヨーロッパを破壊して、１０００年経ったらヨーロッパが本当のヨーロッパになっているかもしれない。現代のブルジョワジーを忘れて、昔のドイツ人の心、純粋なドイツ人が蘇ると言うのです。

私はそれを読んで納得できると思いました。スターリングラード（Stalingrad）攻防戦（1942〜43）ではドイツが負けてしまうと誰でもわかっていたはずですが、それでもヒトラーの「やれやれ！」という命令で突っ込んでいった。結局ヒトラーはドイツを壊したかったのです。

茂木　戦争に負ける直前にヒトラーが出した最後の命令というのがあって、「ドイツ帝国のすべてのインフラを自ら破壊しろ、鉄道も工場も発電所も全部爆破しろ」と、これがヒトラーの最後の命令ですよ。「民族的な自殺」をあの人は図ったのです。

モーガン　アーレントの言っているとおりです。

茂木　ハイデガーはナチ党員になったとして、敗戦後は公職追放されました。ハイデガーを擁護すると、彼はナチスを誤解していましたよね。

モーガン　そう。ハイデガーは目が覚めて、これはけしからんと途中からわかったと思います。

茂木　それで途中からナチ政権に干されてしまう。でもナチ党に入っていた事実記録は消せないから、敗戦後は逆に「お前は、ナチだったろ！」と言われて、また干される。

モーガン　彼は最後までナチスの支持者ではなかったのですね。正直なところ、私がその当時のドイツ人だったら、たぶんナチスが現れたとき、その主張を「なるほど！」と半分くらい聞いていたと思いますよ。

茂木　ナチの経済政策は大成功でしたからね。失業者が50％に迫っていたドイツを、公共事業と軍拡で救ったのがヒトラーです。自滅的な戦争と強制収容所さえなければ、有能な統治者でした。

アーレントに話を戻します。彼女の博士論文がアウグスティヌスです。モーガン先生はアーレントのアウグスティヌスの論文は読まれたことはありますか？

モーガン　読んでいないです。私が一番好きなのは、『全体主義の起源』のうち「ブルジョワジーとは何か」という内容です。

茂木　そのあとアーレントはドイツ共産党、スパルタクス団の党員と結婚しているのです。

スパルタクス団について説明します。第一次世界大戦に負ける前の帝政ドイツでは、皇帝のもとでちゃんと議会もあって、その第一党が社会民主党でした。穏やかなマルクス主義の政党で、革命ではなくて選挙で政権をとって、徐々に社会主義に持っていこうという政党です。

そういう政党が国会で第一党だったのです。ところが、その中に筋金入りの共産主義者が潜り込んでくるのです。その二人のリーダーがカール・リープクネヒト★29と、ローザ・ルクセンブルク★30でした。

それで第一次世界大戦が始まります。レーニンの敗戦革命という理論がありました。わざと戦争に負けることによって、国内で混乱を起こして、革命に持っていこうというものです。まさにロシアでレーニンが成功したじゃないですか。だからドイツでも、敗戦に乗じて一気に革命をやろうと立ち上がった共産主義者の集団がスパルタクス団。そういう組織です。

★29
カール・リープクネヒト
Karl Liebknecht（1871〜1919）

★30
ローザ・ルクセンブルク
Rosa Luxemburg（1870〜1919）

モーガン　茂木先生は、スパルタクス団の共産主義者はどう思いますか。たとえばローザ・ルクセンブルク。私は彼女の言うことを読んで、１００％反対、ダメとは思わないのです。民主的な革命的社会主義である、いわゆるルクセンブルク主義は非常に過激ですが、問題提起としてはだいたい合っているように思うのですが。

茂木　モーガン先生は、ルクセンブルクのどういうところに共感されますか？

モーガン　いまのアメリカで言うと、スパルタクス団はＪ６ers《ジェイシクスサーズ》（January 6 United States Capitol Attack：２０２１年アメリカ合衆国議会議事堂襲撃事件の参加者）に近いところもあるでしょう。現行の仕組みは国民のためではない、人が搾取されている、と思っている人たちです。もし国家が国民のためには機能していないなら、国際的な仕組みがあれば助かる、などとスパルタクス団は主張していましたが。

　ローザ・ルクセンブルクと、たとえばレーニンとかスターリンは、かなり違いがありますね。

茂木　そこは違いますね。ルクセンブルクは共産党独裁には反対だったはずです。「労働者階級独裁」とは言っていますが、それが「共産党独裁」になるのはおかしいと。

モーガン　そうです。

茂木　アーレントはまた、フランス革命からおかしかったという考えですよね。ルソーについて、「あそこからおかしくなった」と最初に言ったのは、アーレントかなと僕は思っています。

モーガン　そうかもしれないですね。アーレントは保守的な考えの持ち主でしたし。

茂木　彼女はナチズムによる恐怖を真正面から体験したユダヤ人です。あの悪夢を蘇らせてはいけないというところから、彼女はすべて始まっているのです。そして左翼もナチと同根だということに気づきました。だから左翼にはならなかった。

モーガン アーレントのような人にとって、その当時のアメリカは、本当に避難所のような存在だったと思います。ハイエクもそうでしょう。アメリカは他国に比べてまだマシだと。人種差別とか問題を抱えていても、ヨーロッパほどは狂っていないと、それは言えるかと思います。まだマシということです。

茂木 20世紀前半のアメリカはまだよかった……。

モーガン 100年前のアメリカは、まだヨーロッパに比べて、よかったかもしれません。

おもしろいことに、ヨーロッパでは教条的なマルクス主義や共産主義が残っていて、政治対立のベースになっているのですが、アメリカに入ってくるとそれらの哲学がうまく変化して、文化マルクス主義などに変化するのです。グラムシズム（グラムシ主義）とか、マオイズム（毛沢東主義）など、土着の左翼思想というものが、アメリカではかなり人気があります。

ヨーロッパのインテリがつくり出した、難渋でおカタい哲学ではなくて、アメリカン・スピリットにフィットした、ぼんやりとした「大衆の哲学」みたいなものですね。

その意味で20世紀の前半は、アメリカの左翼もまだそれほど過激化していないから、アーレントのような人は、たぶんアメリカを見て希望、期待を持っていたのではないでしょうか。

でも、もしいまアーレントが生きてアメリカにいたら、アメリカをどう分析するでしょうか？

茂木　彼女はいまのアメリカには耐えられないでしょうね。たぶん日本に亡命するんじゃないですか。

モーガン　まさにそう、いま言おうと思いました！　もしいまアーレントが生きていたら、日本に逃げてきていると思います。日本しかないですね、２０２０年代のこの世界では。たぶんそうでしょう。非常におもしろい話です！

茂木　その日本でもいま、自民党の岸田政権がアメリカの圧力でＬＧＢＴ理解増進法を可決してしまって、崩れそうなのですが。

モーガン　本当に成立してしまいました。おもしろいことに昔の人々の性的倫理は、かなりいい加減で滅茶苦茶だったのです。愛人がいっぱいいるとか、かなりひどかったと思うのです。でもそれはあくまでプライベートなことで、あえて公の場では言わない。「私は愛人がいる」「私は男性が好き」といっても、それはみんなそれぞれで、プライベートとパブリックの区別がちゃんとできていた。いまはそれができていないのではないかと。なんでもかんでもパブリックになって、人生がソーシャル・メディアのパフォーマンスに成り下がった。まさに悲劇です。ＬＧＢＴ理解増進法などは、性差の問題というよりは、パブリックとプライベートとの区別ができなくなって、社会人の一般常識が総崩れした結果だとも捉えています。

茂木　「秘すれば花」という世阿弥の言葉があります。これは芸能論ですが、恋愛も同じ。世阿弥は足利義満の愛人でした。手もつなげない、禁じられた恋だから燃えるのです。古代から日本では同性愛が黙認されてきましたが、おおっぴらにやるものではなかった。まさにプライベートな領域が守られてきました。

量産される「エルサレムのアイヒマン」

茂木　アーレントは晩年の作品『エルサレムのアイヒマン』で、アイヒマン裁判について書いています。ナチス親衛隊の中佐アイヒマンは、ユダヤ人をアウシュヴィッツへ送り込む責任者でした。敗戦後、偽名を使ってアルゼンチンに逃亡しますが、15年後にイスラエルの諜報機関モサドによって逮捕され、エルサレムで裁判にかけられ絞首刑になりました。「命令に従っただけだ」とアイヒマンは証言し、無罪を主張していました。

全体主義を支えていたのは、アイヒマンのような思想も何もない、ただ決まったことをきちんとやるだけの人間、典型的な官僚型の人間が大量殺戮のマシーンになってしまった、とアーレントは書きました。

これはすごく身につまされる話です。僕は最近、岸田文雄という人の無表情を見ていると、アイヒマンに見えてくるのです。「決まったことだから」と何億本ものワクチンを打たせるとか、何も考えずに上からきた命令を、ただ実行するだけの人です。あの男は悪魔に見えますよ。

モーガン　岸田首相やアメリカ国立アレルギー研究所のファウチなどは、そういう感じが本当にしますね。彼らはヒトラーではないですね。

茂木　そう、そうではないのです。思想がまったくないから。

★31
ヴィーラ・シャラブ　Vera Sharav
（1937〜）

モーガン　ないですね。ただの官僚にすぎない。

茂木　そう、ただの官僚が恐ろしいのです。

モーガン　副反応で大勢の方が亡くなったり、心身に後遺症を負ったりしているのに、彼らは「みんな打ちましょう。打ちましょう」と。

茂木　経済も防衛も全部そうですよ。上からの命令です。総理大臣が日本国の行政の一番上の立場のはずなのに、「あなた方の上には誰がいるのですか⁉」ということ（笑）。

モーガン　ホロコーストで生き残ったアメリカ在住、ルーマニア生まれの女性にヴィーラ・シャラブ★31という人がいて、ワクチンなどが問題になって、彼女が表舞台に出るようになりました。

２０２４年現在、１９３７年生まれの87歳です。「私は昔ホロコーストを経験しましたが、みんなが思っているほど、最初の頃、あまり恐ろしいことではなかった」と言うのです。

ホロコーストも初めは「みんなの健康のため」と言いました。「みんな殺します」とは言わないでしょう。みんなの健康のために、このキャンプに入りましょう、みんなの健康のためにこのシャワーに入りましょうとか、そういう言い方で誘導するのです。

いまもワクチンのことなどはまったく同じです。全員が邪悪な計画を持って動いているわけではなくて、ただ官僚がそうして無意識に動いているだけで、人の命が奪われているのです。まさにアーレントの言うとおりです。

茂木　たぶん一番中枢はあるのです。ナチは本当にユダヤ人を滅ぼそうとしていたから。

モーガン　そういうナチスドイツの機関はあったと思いますが、中枢の官僚たちは、そんなことは考えずにルーティンで仕事をこなしていた。1日1万人の注射をするというように、数字だけを考えていた。

茂木　いかに効率的に行うか、それだけですね。

モーガン　そう、作業効率の問題ですね。ナチスの強制収容所を可能にしたのは、テーラーイズム（Taylorism／科学的管理法）と、フォーディズム（Fordism／フォード主義、フォードの自動車生産手法、思想）です。アメリカ生まれの優生学も必要でしたが、それを実行できたのは、工場マインドがあったからです。

茂木　でも僕は、たとえば中国共産党による14億人支配を支えているのは、ほとんどがアイヒマン型の官僚だと思うのです。

モーガン　そのとおり。

茂木　あらゆる全体主義はそうして生まれるのであって、厚生労働省はその先頭を走っています。日本国民の多くも既にそんな人ばかりでしょう。

この本を出す大きな目的の1つは、そういう人たちに「早く目を覚ましてください」と訴えることです。

モーガン　私が日本に対して希望を持っているのは、いまはまだ多くの人の常識が健全ということです。たとえば2021年、千葉県松戸市の警察署が子ども向けの交通ルール啓発動画を公開しました。

キャンペーンに使われた女性キャラクターは松戸市のご当地Vチューバーマスコット。アニ

6-2　フォーディズム

メーションの女性で、アニメらしく体が長細く、スカートが非常に短かったのです。これに対して全国フェミニスト議連が公開質問状を送付してやめろと。結局、千葉県警は謝罪しました。

私は大学の授業の中でこの話を取り上げ「みなさん、どう思いますか?」と意見を聞いたところ、ほとんどの生徒は「この大騒ぎはバカバカしい」と言うのです。「世の中はこんなことで大騒ぎしている暇はない」と答えました。そのとおりだと思うのです。

日本の田舎は、まだ常識が健全だと思いますが、都会は違うのでしょうか。都会の人はそうでもないのでしょうか。

「そもそも哲学思想とは何か」という問いに、私は「モダンを壊すこと」と答えます。日本の縄文時代が、たぶんこの世の中で一番哲学らしい時代だったと考えます。創造性に富んでいて想像力が豊富。縄文土器を見ると、あの想像力はすさまじ

6-3　**縄文土器**

いです。

特に体系をつくりたいのではなくて、「世の中はこういうものだろう」と想像して、置かれた場所から考える。日本にはまだまだそういう遺伝子があるように思いますが、違いますか？

茂木　これが弥生土器になると、急につまらなくなるのです。

モーガン　私もそう思います。

茂木　ただの機能主義になってしまう。弥生時代は、水田稲作、律令、官僚機構などのシステムが生まれてきます。

僕は、全体主義の起源は、たぶんそのあたりにあって、弥生型の集約的な稲作農業が、官僚制度を生み出した、と考えています。それをもっと大規模にやったのが中国人です。だから全体主義は毛沢東に始まったのではなくて、古代の灌漑《かんがい》農業から始まった、と私は見ています。

モーガン　そのとおりです。先生はご存知かと思いますが、ジェームズ・C・スコット[★32]の『Seeing Like a State』[6]はとても素晴らしい本です。

スコットの出した本に、「ゾミア（東南アジアのインドシナ半島の巨大な山岳地域）」についての『ゾ

★32
ジェームズ・C・スコット　James C. Scott
（1936〜2024）

ミア：脱国家の世界史 The Art of Not Being Governed』（みすず書房）があります。ベトナム人などから見るとちょっとワイルドなゾミアに住む人々。彼らはどうして政府の支配を避けて生きているのかに迫っています。彼らはいい意味でアナーキストですね。

茂木　中国の雲貴高原からベトナムの山岳地域にかけて住む、まさに縄文的な人たち。

モーガン　実に縄文的です。その延長線上でスコットが調べたのは、「アゲインスト・ザ・グレーン」[7]ということです。まさにいま茂木先生がおっしゃったように、穀物（grain）農業が始まれば、それは社会の始まりであり、人間の終わりだと。

原初の人々からすれば、税金はただの強盗だと。最初に「税金を出せ」と言われた人は、「税金って何？　あなたに払う義務は何もないですよ」と答えたはずです。「国家」の人間、つまり「税金」という強盗を繰り返すギャングから逃げようとしたのですが、結局国家が膨張して飲み込まれて、体系となって、税金は何％と定められた。人々がそれになじんでしまった。

スコットは、もし本当に自由になりたいなら農業をやめて、国家から離れて本当の人間の生活をしようと言います。

アーレントが言っていたとおりではないですか。国家の言いなりに動けば、人を殺すことが国家のプロジェクトになる。私はそう考えています。

茂木　僕はこの考え方はウィットフォーゲル★33から学びました。ドイツの中国学者です。

まず中国が生み出した官僚制度システムがあります。その後、モンゴルの遊牧民が中国に攻め込んで官僚制度を学びます。今度はその遊牧民がロシアを占領してこのシステムを持ち込ん

★33
ウィットフォーゲル　Karl August Wittfogel
（1896〜1990）

★34
平野義太郎　ひらのよしたろう
（1897〜1980）

だと。そういう考え方です。

この統制経済と官僚制度と人権抑圧という仕組みは、中国から始まって、遊牧民によってロシアに持ち込まれてベースをつくり、そこに今度はマルクス主義が入ってきて根を下ろした、という考え方なのです。

モーガン　ウィットフォーゲルは大好きです。茂木先生もお好きですか？

茂木　僕は大好きです。

モーガン　ウィットフォーゲルの考え方は正しいと思います。しかももともとはマルクス主義者だった人ですよね。

茂木　そう、彼はドイツ共産党員で、ロシア革命に憧れていました。例のスパルタクス団の一員でしたが、革命失敗後はフランクフルト学派に属します。ところが革命後のソ連で起こっている大量虐殺や強制収容所を目の当たりにして、「これはダメだ」と言って、共産党から抜けるのです。

その後アメリカに亡命して、第二次世界大戦後は反共産主義の立場に転じました。だから左傾化した日本の歴史学会では完全に無視、黙殺されています。

モーガン　末弘厳太郎の弟子・平野義太郎★34が1930年代に、彼の本を和訳しています。でもそれは初期の本、マルクス主義者時代の本です。そのあとは本当に無視されていた。

茂木　そう、翻訳もほとんど出なかったのです。ウィットフォーゲルが『オリエンタル・デスポティズム（東洋的専制）』を書いたのが50年代ですが、日本で訳されたのは90年代なのです。

モーガン　そんなに間があいているのですか？　知らなかったです。

茂木　おかしいのです、この国は。

モーガン　先生、これは特別な対談になっていますよ。共産主義から目覚めた人は、世界中にたくさん存在します。アメリカでも、昔、共産党員の一員でしたが、ロシア革命の危険性を見て「これはなんなの？　これじゃない」と思って目覚めた人はいっぱいいるのです。

聖書の次に売れた作家、アイン・ランドの思想とは？

茂木　ロシア革命のアメリカへの影響の話になってきました。ここからはアメリカにおけるリバタリアンやネオコン（新保守主義）の話をさせてください。

モーガン　是非お願いします。

茂木　たくさんの人がアメリカに亡命しますが、ユダヤ系の人が非常に多かった。ユダヤ人は中世以来ポーランド王国の保護下にありました。中世後半のポーランドは大国で、ウクライナへ勢力を拡大する過程で、その徴税請負を引き受けたのがユダヤ商人でした。ロシアがウクライナを併合してもユダヤ人はその仕事を続けたため、民衆からは怨恨《えんこん》の対象になっていました。

帝政ロシアは、ウクライナ民衆の反発がロシア政府に向かわないように、スケープゴートとしてユダヤ人差別を煽ります。19世紀末にはナチスもびっくりの「ポグロム」という大殺戮がウクライナで起こりました。このときアメリカへのユダヤ難民の大量移住が起こります。

★35
アイン・ランド　Ayn Rand
(1905〜82)

一方、帝政ロシアへの反発から革命に協力し、共産党に入ったユダヤ人も山ほどいました。レーニンも4分の1ユダヤ人でしたし、赤軍司令官のトロツキーやコミンテルン議長のジノビエフもユダヤ人です。彼らには祖国がないので、世界革命を目指しました。ところが、一国社会主義を掲げるスターリンがトロツキーとの権力闘争に勝利すると、ユダヤ人党員はトロツキストとしてソ連で迫害されるようになります。彼らもまたアメリカに大挙して逃げていった。

ハンナ・アーレントと同じ亡命ユダヤ人女性で、アメリカ人にものすごい影響を与えたのがアイン・ランド★35ですね。FRBのグリーンスパン議長やトランプ大統領もアイン・ランドを愛読書だと公言しており、アメリカでは超有名らしいのですが、日本ではまったく……。

モーガン　知られていないですか。

茂木　全然知られていないと思います。モーガン先生に、アイン・ランドという人物は何者か、なぜアメリカで人気があるかを教えていただければと思います。

モーガン　アイン・ランドが知られていないのはちょっとショックです（笑）。私にもアイン・ランドが大好きな時期がありました。大学時代に引きこもった時期は、なぜか分厚い本を読みたくなって。トルストイやドストエフスキー、アイン・ランドの本は厚みがありました。

彼女は裕福なユダヤ人の家庭に生まれています。ロシア革命を機に、単身でアメリカに亡命しました。彼女の言う客観主義、オブジェクティビズム[9]には、ちょっと特別な意味があって。

茂木　アイン・ランドの代表作は『水源 The Fountainhead』ですか？

モーガン　はい。

茂木　天才建築家が主人公ですね。彼はものすごく独創的な新しいスタイルの建物をつくるのですが、そこに群がってくる利権目当ての人が大勢いて、台無しにしてしまう。大衆迎合の商業主義、他人のものをただコピーする連中と戦う建築家の話。ゲイリー・クーパー主演の『摩天楼』というモノクロ映画がありますが、その原作です。

もう1つ、『肩をすくめるアトラス』という長編があります。金儲け主義の俗物たちによって、アメリカという国がこのままではどんどん劣化していく……と危惧した企業家や発明家が、どこかの山奥にこもって、自分たちの理想国家みたいなものをつくろう、という話。

これが『肩をすくめるアトラス』。経営者たちの行動で、アメリカの機能が全部止まってしまうという話です。

多くの日本人にはピンと来ないのですが、これがアメリカでヒットしたのですね。

モーガン　大ヒットしました。

茂木　聖書に次いで売れた本と言われています。

モーガン　どちらかというとアメリカの聖書です(笑)。アイン・ランドは、ハイエク本人のことが大嫌いでしたが、ハイエクの思想をさらに過激化しています。徹底的な個人主義で反集権主義、国家を非常にネガティブに考える作品です。つまり個人がすべてということです。アイン・ランドのソ連での経験が彼女の反集団主義の基盤となっていたと思います。

アイン・ランドの世界観では、この世界は、我々人間の友ではないと思っている。これはたぶん中国人とアメリカ人に共通している点でしょう。

日本人とはかなり違うと思います。自然とは人間が常に戦わなければならない宿敵で、戦わなければ自然が我々を滅ぼしてしまう。自然の姿に戻りたいというヒッピーのことが、アイン・ランドは嫌いというのです。科学で人間は常に進歩していなければならないということです。

茂木　そう、だから中国人は堤防をつくって灌漑するのです。アメリカ人はダムをつくる。

モーガン　ところがアイン・ランドは、この宇宙は人間の友だと思っていたようです。人間のマインドと宇宙の構造、原理が一致することが理想で、もし努力して私が働けば、宇宙はそれに応えていい方向になる。それが彼女の言うオブジェクティヴィズム（客観主義）です。かなり楽観的な宇宙論ですが、社会についてはかなり悲観的な考え方です。他の人間はダメ、愚かな大衆が問題だ、一般市民はいらない、この世の中を引っ張っていくのは、建築家や資本家、発明家などの優れている人間だ……。

　これがアイン・ランドの言うところの「個人主義」と「オブジェクティヴィズム」です。宇宙全体はダメなところではないので、客観的に見たら、その努力の報いが戻ってくる。保証のようなものはあるという考え方です。

　ちなみに彼女は無神論者で、神や宗教は大嫌い。無能な神父様とか司教様は、宗教を利用して人をだましている。それが人の進歩を妨げていると。

　ほとんど知られていないのですが、彼女が書いたもので私が一番おもしろいと思うのが、『アポロとディオニュソス』[10]というエッセイです。

★36
ニーチェ
Friedrich Wilhelm Nietzsche
（1844〜1900）

アポロは古代ギリシアの太陽神で、ディオニュソスはワインの神です。まさにワイルドな神々。私の心の中には両方いる、というか、神というよりも両方の傾向があると認めているのですが。

茂木 完全にニーチェ[★36]ですね。古代のディオニュソス祭では毎回、演劇が上演され盛り上がりました。これを分析したのがニーチェの『悲劇の誕生』です。アポロ的理性とディオニュソス的感情のぶつかり合いがテーマです。

モーガン アイン・ランドは完全にアポロ派で、純粋な理性を信じていました。ディオニュソスの方向に行ったら、社会が無茶苦茶になるというのです。

１９６９年７月、アメリカのアポロ11号が月面に到達しました。同じ頃、ウッドストックというロックフェスで、泥の中で動物のようになっているヒッピーたち。こちらはディオニュソス。このギャップはすさまじい、とランドは言いました。

アポロか、ディオニュソスか。これはアメリカ人の選択肢です。科学、資本主義、知性……、アポロの道を歩めば、こうした素晴らしい将来が待っている、いろいろな科学がもたらす奇跡が待っているというわけです。

一方、ディオニュソスの道、集団主義、共産主義、熱狂主義、人の理性を捨てて、教祖たちの言うことばかりを信じる……、いわば宗教です。その道を行ったら、ウッドストックを見ればわかるように、本当に泥の中で暮らしているブタのように、我々人間は動物化すると。

これらの選択肢がいま明白になっていることを示したエッセイです。あれこそアイン・ランド、科学と理性がすべてで、神はただの冗談であるという人です。
茂木　ニーチェはアポロとディオニュソス論で、両方必要だと書いていますね。
モーガン　そうです。ニーチェは古典ギリシアが専門分野だった。ニーチェは、かなりわかっているのですよ。でもアイン・ランドは、古典ギリシアは専門ではなかったはずです。
茂木　イーロン・マスクやビル・ゲイツなどは、アイン・ランドを大好きでしょうね。
モーガン　まさに、イーロン・マスクはあの小説に登場しそうな人です。
茂木　頭がよすぎる……。
モーガン　イーロン・マスクは保守系ではなく、科学崇拝者、理性崇拝者です。まさにアイン・ランドそのものです。
人間がアポロの道を歩まない限り、集団主義に堕落してしまう、アメリカは革命後のロシアになってしまう、自らが体験したあの忌々《いまいま》しい集団主義の世界に陥ってしまう、とランドは懸念していました。
集団主義が人間の幸せを壊す。だから個人主義しかないと彼女は言いました。福祉などには反対で、本当に厳しかった。福祉はいらない、貧しい人は死ねばいいと。
私が稼いだお金を使って、生活保護を受けるような堕落した人間を養いたくはないと彼女は言うのです。「愚かな大衆はいらない」と本当に過激なことを言っています。これはレーガン大統領やサッチャー首相の経済論につながります。
茂木　福祉切り捨て、緊縮財政の「小さい政府」ですね。日本では小泉・竹中路線……。

モーガン　小さい政府の下で福祉はいらない。貧しい人は働くか、死ぬか、そのどちらか。

茂木　イーロン・マスクは2024年大統領選でトランプ支援に回りましたが、二人の思想は一緒ですか？

モーガン　トランプとイーロン・マスクは違います。イーロンはまさに科学崇拝者というか、テスラとかスペースXとか会社を立ち上げていろいろな人を引っ張っているから、自分は天才だと自負していると思います。

一方、トランプにはディオニュソスの側面も多いのです。アメリカが大好き、感情レベルで愛している、あとは女性に弱いという人間ですし……。トランプは貧しい人々の援助がしたい、一般国民が好きなのです。労働者を尊敬するという反ランド的な側面もあります。

茂木　まさにディオニュソスだ！（笑）。古代のディオニュソス祭はブドウの収穫祭なので、みんな酔っ払って抑圧された感情を爆発させました。ウッドストックです。トランプは飲まないけど、情に厚い人ですね。

モーガン　トランプはおもしろいです。女性に対してだけではありません。大金持ちにはなれなかったアメリカの普通の田舎の人の心を、ずっと持っています。

アイン・ランドもトランプも、アメリカが好き。でもアイン・ランドは天才や大金持ちのアメリカが好きで、逆に億万長者のトランプは、一般国民、田舎の人々、シンプルなアメリカ人が好きなのです。

リバタリアンとアイン・ランドの個人主義の違い

茂木 アメリカの「田舎の人」、とくに西部開拓の最前線（フロンティア）で暮らす中西部の田舎の人たちから、国に頼らない生き方をする「リバタリアン」の思想が出てきますよね。

モーガン リバタリアンとアイン・ランドはどう違うか。リバタリアンの一部は人と人とのあいだのつながりを大切にします。私の知っているリバタリアンたちも友達、家族を大事にしています。でもアイン・ランドに言わせれば、そんなうっとうしいものはいらない。自分一人だけなのです。強烈な個人主義へのこだわりで、政府の力を否定して、共同体を大切にするリバタリアン的自由主義とは違いますね。

アメリカの田舎は、日本の田舎ともかなり通じるものがありますね。私の地元ルイジアナもそうでした。田舎では困ったとき、近所に頼めば助けてくれるのです。仲間がいます。ここをアイン・ランドはわかっていなかった。

茂木 アイン・ランドは、アメリカでも故郷が見つからなかったのか……。

モーガン アメリカの田舎の現実は、仲間がいなければ死んでしまう世界です。田舎の自然は厳しいですから。田舎には仲間が必要です。でもアイン・ランドは都市生活者でした。彼女に見えなかったのは、いわゆる「愚かな大衆」です。本当は必要なのですよ、自分の食べ物をつくってくれる農業従事者が。彼女はそれを認めませんが必要なのです。私のような田舎者は、資本家ではないですが、絶対に必要なのです（笑）。アイン・ランドの本には、ニューヨークなど大都市に住む人たち特有の偏見に満ちています。

茂木　アイン・ランド自身、「私はリバタリアンじゃありません。一緒にしないで！」と何度も言っていますが、そういうことなのですね。

モーガン　たとえばハイエクは、貧しい人に対する公的支援、定期的な福祉を認めています。アイン・ランドはそれを理由にハイエクを攻撃していました。

茂木　そこが日本では誤解されていると思っています。そもそもリバタリアニズムという言葉をうまく翻訳できなくて、だから「過激自由主義」みたいになっています。ただの個人でいいんですか、アイン・ランドでいいんですか、と誤解されるのです。でも「リバタリアン」という言葉の本来の意味は、地域や共同体を大事にするという意味なのですね。

モーガン　家族と友達を大切にしているからこそ、リバタリアンなのです。国家は疑っても、自分の母は疑いません。

国家、あるいは政府は、結局ギャングにすぎません。「税金を出せ！」という山賊です。だから、政府の人間とは関わりたくないと思いますし、政治家の影響をできるだけ最小限にしたい。

茂木　モーガン先生はご自身をリバタリアンと考えていらっしゃいますか。

モーガン　リバタリアンというよりも、私は無政府主義者に近いです。人間は基本的に善ですが、政治家は必ず悪。これが私のリバタリアニズムです。ハイエクが言っていることは、ある程度通じると思います。人はバカではないし、いわゆる愚かな大衆もバカではないと思います。ほとんどの社会問題は政府がつくっています。

たとえばアメリカでは、黒人は福祉の恩恵を受け、大きな街に住んで銃の乱射事件も多い。実は100年前に福祉がばらまかれる前に、一番しっかりしていたのは黒人なのです。

黒人はかなり家族を大切にしていて、白人よりもよく働いていた。いまでは父親の不在は、黒人家庭に顕著に見られ、それが大きな問題となっています。

100年前は逆で、白人の家庭のほうが父親不在の問題を抱えていました。黒人は、長い間奴隷の身分だったからこそ、白人政府を頼れないとよくわかっていました。自分のことは自分で守る。政府は頼りにならないので、自分たちで頑張って生きていた。

私はそのことを尊敬します。それこそ人間ですね。黒人、白人、アジア人、人種などまったく関係なく、人間は自分の家族を自分で守りたいものでしょう。

私は資本主義の定義は、人間を守ることだと思います。お金を儲けたいというよりも、自分の家族を守りたい。ある程度収入があって家族が食べられればいい。それはただ人間の本能だから、資本主義というよりも、人間の共通点。お金が数人の手に集中して、いびつな力を持つようになるのが資本主義かもしれませんが、それは人間として栄える、繁栄することとは違うと思います。だから人間の、自分の家族を守りたいという本能を大切にしたい。国家は必ず介入し、それを台無しにする。だからこそ、私はリバタリアンです。

茂木　その場合の国家というのは、ワシントンの連邦政府、中央政府のことですか。

モーガン　連邦政府です。

茂木　州政府は必要ですか？

モーガン　州政府は、ある程度必要だと思います。ここでハイエクのヴィジョンと、たとえば、アレクサンダー・ハミルトン★37のヴィジョンが異なります。2つの流れが衝突するのです。ハイエク的に言えば、下からくる、有機的な秩序を強調します。しかし連邦政府は、完全に上からのコントロールです。連邦政府は各州から成り立っていると言われますが、嘘ですね。連邦政府は独裁政府で、圧政そのものです。

それから私の友達のリバタリアンは、自分は警察にはなりたくないと言って、警察を軽視していますが、私は警察が必要だと思います。

警察とある程度の軍隊（州レベル、村レベルの軍隊）、それから民兵（militia）、これは銃を使える国民の集まりです。本当にあやしい人間が地域に入ろうとすれば、銃を持って追い出す。自分の家族は自分で守る。もしギャングなどが村、州に侵入しようとすれば、みんなで集まって彼らを追い出すのです。

ところが軍隊を使って外国を侵略する、永続的に外国で基地を維持する……、これは帝国主義です。自国民のためにもならないので、そんな軍隊はいらない、というのが私の理想です。私は他国に侵略したくはないです。カナダを併合したいとは思いません。アメリカだけで、もう十分、いまの50州でよいと思っています。茂木先生はいかがですか？

茂木　自分で自分を分析するのは難しいのですが、たぶん3割くらいはリバタリアンで、残りの7割くらいは日本型の伝統保守だと思います。

1930年代から45年までの「昭和ファシズム」の時代は別ですが、日本の政府は歴史上そ

★37
アレクサンダー・ハミルトン
Alexander Hamilton（1755〜1804）

れほど悪事をしてこなかったのです。国家に対する拒否感は、僕はそれほどないですね。

モーガン　国はあってもいいと思います。信用できないのは連邦政府、または永田町とか霞が関。私も日本という国は認めたいです。政府はちょっと……そもそも政治家が嫌いというか、信頼していないという偏見が私にはあるのです……。

ネオコン概説——新保守主義の起源と発展

茂木　実はアメリカでもっと強力な政府をつくろうと考えてきた人たちもいて、それがネオコンです。その始祖とされるのが、ノーマン・ポドレッツ[★38]やアーヴィング・クリストル[★39]です。おもしろいのは、このネオコンの人たちも、アイン・ランドと同じような亡命者の集団だということです。つまり根っこが一緒。ロシア革命あたりから、ロシアや東欧からどんどんアメリカに逃げてきたユダヤ系の人たちが多いのです。

自分のことを最初に「新保守主義者 Neoconservatives」、略して「ネオコン」と言ったのが、アーヴィング・クリストルという人だと思います。レーガン政権やブッシュ父政権で閣僚の首席補佐官になっています。

彼はもともとトロツキストでした。トロツキーはロシア革命の主導者の一人で、世界革命を唱えていました。このため一国社会主義のスターリンとケンカを続け、最後はスターリンに殺される人です。つまり「スターリン独裁に反対した共産主義者」で、さきほどのローザ・ルク

★38
ノーマン・ポドレッツ
Norman Podhoretz（1930〜）

★39
アーヴィング・クリストル
Irving Kristol（1920〜2009）

センブルク（第6章P.288参照）と近いと思うのですが。

モーガン　トロツキーとルクセンブルクは非常に似ています。

茂木　ロシア革命の負け組であるトロツキー派をトロツキストと言って、この連中がアメリカまで逃げていった。彼らはスターリンのソ連を倒すために、アメリカという国を利用しようと考えたようです。クリストルは『コメンタリー Commentary』という雑誌を出してますね。

モーガン　昔、購読していました。おもしろい雑誌です。

茂木　どんな雑誌だったのですか。

モーガン　私が購読していたとき、『コメンタリー』は純粋なネオコンの思想で、アメリカ政府の力を使って全世界を民主主義化すべきだ。アメリカ政府の力を使って、全世界をアメリカのコピーのようにすべきだ、と主張していました。たとえばイランなどの「独裁政権」を攻撃せよと。

ところが、彼らが言う「民主主義」には定義がないのです。たぶん言いたかったのは、いまのワシントン政府に協力するかしないか、それが境界線になる。

『コメンタリー』は、アメリカの歴史をかなり正当化しています。最近、リベラル派が喧伝している「1619プロジェクト」があります。本当のアメリカ史は奴隷導入の歴史から始まるというもの。それはアメリカの歴史の1つの側面ですが、私はそもそも1つの要素に絞って、「歴史はすべてこの年から始まる」という見方はできません。歴史は複雑すぎるので。

しかしネオコンは違います。アメリカの建国は「自由・平等・圧政への抵抗」を掲げた独立宣言の1776年であると考える。彼らにとって、アメリカはそもそも人を救うためにあるわけです。どちらかというと啓蒙思想の福音派ですね。宣教しなければならないわけです。ユダヤ人のほとんどがそうですし、ユダヤ人がある程度アメリカの福音派の教えを導入して、全世界に宗教ではなく「民主主義を宣教する」というおかしな仕組みになっていた。

私は、あのようなバリバリのパトリオット（愛国者）的な論調は、どちらかというと好きです。すべてに賛成できませんが、ユダヤ人パトリオットから見たアメリカはおもしろいです。

しかしここで大きな問題が見えてきます。彼らが唱えるのは、ジュディオ・クリスチャン(Judeo-Christian)――「ユダヤ・キリスト教」。私はこれがあまり好きではないのです。

アメリカの保守系のほとんどが、キリスト教こそがアメリカ、全世界の救いになると言うのです。ところが、ジュディオ・クリスチャン――ユダヤ人とキリスト教の信者が一緒になって、同じ神様や同じ民主主義が好き、とか言って、宗教なんだか政治なんだかよくわからない。

そもそも「ユダヤ・キリスト教」は定義できません。ユダヤ教の教義とキリスト教の教義とは、全然違います。イエス様をメシア（救世主）とみなすかどうか、これ1つをとっても、大きな違いがあって、宗教的には全然違うのに、あえてそれを一緒にしてごまかしている。それが『コメンタリー』の問題点です。

『コメンタリー』は政治の道具として宗教を使っていて、ユダヤ教もキリスト教も、同じように政治化するわけです。そしてそれがアメリカの精神であるかのように言うのです。

ユダヤ教徒でもキリスト教徒でもない――。このような混合宗教の例として、シク教（Sikh）

があります。インドのヒンドゥー教とイスラム教が統合された宗教です。これと同じように、違う宗教が一緒になって、ユダヤ・キリスト教となった。アメリカの政治学史的に言えば、「Fusionism（連合主義）」と言います。事実上、まったく新しい宗教をつくったわけです。それがアメリカのネオコンの宗教でありベースなのです。

茂木　この問題は、イスラエルの建国とも関わっていますね。ヨーロッパで迫害されたユダヤ人がパレスチナに逃れて1948年にイスラエルを建てました。当然まわりのアラブ諸国が認めないので、そこからずっと中東戦争が続いてきたのです。

新訳聖書の『ヨハネ黙示録』にはこういう記述があります。「イスラエルのハルマゲドンという場所で最終戦争が起こる。それこそが、キリストが再び世に現れるきっかけになるのだ」。この記述から、ハルマゲドンという地名が「世界最終戦争」を意味するようになりました。アメリカの福音派の人たちは、キリストの再臨を熱望するあまり、ハルマゲドンを望んでいるのです。イスラエルで大戦争が起こることを心から望んでいるわけです。

モーガン　そういう人はアメリカでは普通にいますが、私はカトリックとしてそれにすごい違和感を覚えます。聖書に書いているからといって、人間が勝手に神になって、「歴史の終わりはいつで、どこでハルマゲドンが起こる」と決める権利はないのではないかと。

そもそもいまのイスラエル国と聖書のイスラエルとは、かなり違う存在です。それを無視して「イスラエル」という多義的な言葉をフラットにとらえて「世の終わりを予言します」と言う人は、やはり好きではありません。

あまり知られていないことですが、イスラエルを建国したシオニスト（ユダヤ民族主義者）の多くは無神論者だったのです。私は、いまのイスラエル国が必要とは考えますが、信仰とは関係ない現実的な理由から、そう考えているのです。

いまイスラエルが必要なのは、ユダヤ人がずっと迫害を受けてきたからです。ユダヤ人を守る砦のような国、お城のような国が必要です。それがイスラエルなのです。

皮肉なことに、イスラエルの存在に一番猛反対しているのは正統派のユダヤ教徒です。彼らの一部は、イスラエルが大嫌い。つまり聖書に書かれているイスラエルがいつ蘇るのかは、神が決めること。人間が政治的に国をつくって、それをイスラエルと呼ぶのは大罪なのだと。その論理には私も賛成します。それでもイスラエルは、ユダヤ人が二度とホロコーストに遭わないためには必要なのです。

ネオコンの機関誌『コメンタリー』は、まさにシオニストの精神です。しかしシオニズムはどちらかというと、メイド・イン・アメリカと言えませんか？　ユダヤ人が創刊したけど、もうユダヤ教は信じていない、いわば脱ユダヤ教のユダヤ人。彼らの新しい宗教とはユダヤ・キリスト教とアメリカの精神、民主主義です。

まさにこれこそがネオコンです。ユダヤ・キリスト教という、訳のわからない政治イデオロギーを正当化するための新宗教が、アメリカ国内でイスラエルを支持する人の考えでしょう。

茂木　勝手に戦場にされるイスラエルから見れば、「なぜわが国で大戦争が起きなければならないのだ！」となるじゃないですか。

モーガン　そう、それも勝手すぎます。誰も望んでいないんですよ。

茂木　その一方で、イスラエルはアメリカから莫大な軍事援助をもらっています。そのあたりについて、ユダヤ・キリスト教の人たちが使えるのです。「イスラエルを助けてくれ」とイスラエルが言えば、彼らは助けてくれるから。お互いにお互いを利用しているのです。

モーガン　そう、お互いに。イスラエルの政治家はバカではありません。アメリカをかなり利用しています。イスラエルはよくわかっているのです。アメリカの政治家のおかしな考え方をうまく利用している。

茂木　イスラエルのネタニヤフ首相がアメリカ議会で、完璧な英語でスピーチすると、みんなスタンディング・オベーションを行います。彼は完全にアメリカ人を操っていますよね。

モーガン　完全に操っていますよ。たとえばイランを見事にイメージ操作して悪魔化しているのです、ネタニヤフは。

イスラエルにとってイランが宿敵ということはただの政治的な理由です。イランが核兵器を持っていて、イスラエルを滅ぼしたいと考えているという現実的な問題がある。一方、ネタニヤフと彼を支持するイスラエルの人々は、聖書に予言された最後の戦いハルマゲドンを、現代のイラン対イスラエルの問題に重ねるわけです。もちろん聖書に書いていないのは、1953年にイランでクーデターを起こしたのはＣＩＡだということです。

アメリカのネオコンは戦争に対するアメリカ人の信頼感を利用しますよ。ジョン・ボルトンというネオコンはまさにその代表的な政治的詐欺師です。

聖書のイスラエルといまのイスラエルとは全然違うと言いたい。これを一緒だと思ってしまうのがネオコンです。ブッシュ・ジュニア（ジョージ・W・ブッシュ）もその一人です。彼は、まさにキリスト教徒としてイスラエルを守りたいのだと言いましたが、そもそもその論理が成り立ちません。

アウグスティヌスが書いたとおり、キリスト教徒の「神の国」は「地上の国」、たとえばイスラエルではないのです。『旧約聖書』のユダヤの王朝、ダヴィデ王朝（King David）ですね。あの国を守らなければならない。ここには哲学がかなり絡まっていておもしろい。

茂木　アメリカにおける宗教右派の存在がものすごく大きいのです。トロツキストに始まるネオコンの人たちはもともと共産主義者、無神論者だから、宗教右派とは別に動いていたと思うのです。しかも彼らはユダヤ系です。アメリカのユダヤ系の人は民主党支持者が多いから、最初は民主党に入ったのです。

ところが民主党政権がイスラエルを守り切れないと言い始めた。カーター大統領が1979年に、「エジプトとイスラエルは和解しろ」と動いたあたりから、もう民主党はダメだということで、ネオコンの人々がごっそり共和党に移った。

次のレーガン政権からネオコンがどんどん共和党政権の中を侵食していき、ブッシュ親子につながっていく、こういう流れですよね。

モーガン　そのとおりです。いまもアメリカの右派はよく言うのです。「イスラエルを守らなければならない。なぜなら聖書に書かれているから」と。

私はどちらかというとイスラエルは好きです。行ったこともあります。ユダヤ人は迫害を受けてきたので、イスラエルという国は絶対に必要だと思います。イスラエルが自国を守ることは十分できます。周辺アラブ諸国に比べてイスラエルのほうが軍事的に圧倒的に強いのだから、これ以上、アメリカによって傀儡《かいらい》にされないように注意してほしいところです。

でも哲学と宗教の絡まりがあって、なかなかネオコンとの結びつきを切れないですね。

ウクライナ戦争は啓蒙主義のハルマゲドン

茂木　湾岸戦争、イラク戦争をネオコンが主導して煽り、紛争の火種を撒きました。同じ連中が今度は「ロシアが敵だ！」と言い出し、ウクライナ戦争の背後でも彼らは暗躍しています。

モーガン　私はロシア文明、特にロシア文学が好きですが、ロシアという国には親しみを感じません。日本や中国よりはるかにロシアは外国ですね。なかなか馴染めない世界です。

私はロシアも訪れたことがあります。まったくの別世界でした。中国人は人間レベルではなんとなく理解ができる。納得はあまりできないですが、理解はできる。ところがロシア人は心がまったく違うと思った。完全な外国ですね。

もちろん、ロシアにはロシアのワールドがあるのでしょう。私はそれでいいと思っています。お互いに遠くからですが、両国の文化などを鑑賞する。それで大満足です。

ロシアと戦争がしたいとは一切思っていません。というよりも、いまロシアとの代理戦争を仕切っているのはアメリカですが、それはアメリカの自業自得というべきです。完全にワシントンが仕掛けた戦争だからです。

ウクライナ戦争は、ウクライナが「民主主義のために戦っている」というだけでアメリカが軍事援助するという単純さがあります。まさに民主主義がアメリカの宗教で、これは聖戦なのです。私はウクライナ戦争を見て、逆にロシアがどんどん好きになっています。グローバリストに立ち向かって真剣勝負しているプーチンは、私のヒーローです。

プーチンは、ネオコンの狂った民主主義ギャングから自民族を守ろうとしているのだと思います。あの残酷な戦争から見えてくるのは、啓蒙思想の傲慢、ネオコンの絶対的な自信、独善主義です。自分たちは本当に世界を救わなければならない、という精神も見えます。

この啓蒙思想を否定しようとするのがプーチンで、ウクライナの親欧米政権の苦戦は、啓蒙思想が死にかけている象徴だと思います。私はこの動きを歓迎します。トランスジェンダー・イデオロギー、ワクチン強制のように、いまの啓蒙思想は人類を滅ぼそうとしています。

ＡＩ（人工知能）も啓蒙思想から生まれたものでしょう。ＡＩ、ワクチン、トランスジェンダー・イデオロギー、トランス・ヒューマニズムなどはすべて啓蒙思想です。ロシア、プーチンの考えは、ここは人間の世界だから人間を守りたいと。その点ではプーチンを強く応援したいのです。

地図を見て「ウクライナはどこですか」と聞いたら、９割のアメリカ人はわからないでしょう。「ウクライナってメキシコ？」というように（笑）。しかしウクライナを絶対に守らなければばならないとも言うのです。

アメリカはキリスト教国だと、日本ではよく言われますが違います。アメリカは「啓蒙思想教」国で、爆弾による「民主化」が聖戦なのです。キリスト教とは関係がないのです。本来のキリスト教とは正反対です。比べれば、神道の国である日本が本当のクリスチャンの国です。

茂木　アメリカ人にとって「民主化」というものが宗教になり、世界の民主化をしなければならないと考えている人がたくさんいることが、国際紛争の多くの要因になっています。

これは日本人にも責任があると私は思っています。日本がアメリカに敗戦して、アメリカの占領を受け入れて、アメリカによる国家改造どころか精神改造までも受け入れてしまった。魂まで売り渡したのです。だから「ウクライナ戦争では、アメリカと一蓮托生です」と。

日本占領がアメリカにすごい成功例を示してしまったのです。アメリカは、その成功を見て、もうやめられなくなってきたのです。

ブッシュ・ジュニアがイラクの戦争のときに、「我々は日本で成功している」と言ったことがありますからね。日本政府、岸田内閣のウクライナ支持表明には、なんの哲学もないのです。唯一あるのは「アメリカについていくのが正しい」という条件反射だけ。パブロフの犬です。

ロシアが国連憲章違反の侵略戦争をしていることは事実で、これに100％同意はできません。ただしプーチンには思想があり、「ウクライナをあきらめるわけにはいかない理由」を彼は自分で論文に書いています（「ロシア人とウクライナ人の歴史的一体性について」）。

米英主導のグローバルな価値観が世界を覆い尽くすことは許さない。ロシアにはロシア、インドにはインド、中国には中国のそれぞれの価値観がある。それを守るためにロシアは戦う。歴史的にウクライナはロシアの文化圏に入る。ウクライナとロシアとベラルーシは兄弟姉妹であるから、そこに欧米、NATOが手を出すことは絶対に許さない――。

兄弟を殴るのか、とツッコミどころはありますが、一応、首尾一貫した哲学があります。

これはプーチンのイデオローグ（理論的アドバイザー）であるアレクサンドル・ドゥーギンという哲学者の思想ですよね。

モーガン　はい、私もドゥーギンは読みました。「ユーラシアの再考」「ユーラシアの蘇り」とか。ロシアはユーラシアの国ですから、それが自分のルーツだという。当然じゃないですか。「中国と協力しているからロシアはダメ」と言っても、ロシアが中国を好きだからではなく、たまたま隣の国が中国だから、一緒にチームを組んでアメリカに抵抗しているのです。

でもプーチンが望んでいるのは、たぶん「ユーラシアの復活」ではないかと思っています。中国、ロシア、東ヨーロッパ、トルコ……、もう一度ユーラシアを覆う帝国のような連盟がほしいのではないでしょうか

茂木　歴史学では、ロシアというのはモンゴル帝国の継承国だという見解もあります。ロシア皇帝はモンゴルのハーン（北方遊牧民族の君主）のように振る舞うことで、中央アジアやシベリアの諸民族を従えることができたのです。プーチンもその点は意識していると思います。

★40
ハウスホーファー　Karl Haushofer
(1869〜1946)

「モダンからの出口」を探し求めた京都学派、白洲次郎

茂木　ドゥーギンは、ロシアが組むべき相手はドイツと日本だと言っています。日本との領土問題を早く片づけて、日本をアメリカと切り離して、ロシアの西側諸国のパートナーにしようと言っています。これは、ドイツの地政学者ハウスホーファー★40の考えとも似ています。

モーガン　その考えには大賛成です。いまが日本にとってチャンスなのです。ウクライナ戦争でロシアが弱っているいま、ロシアが取ったウクライナ東部はロシアのものだと声明を出す代わりに、ロシアに北方領土の返還を迫る。両国がこれから新しく出発しようというチャンスだと思います。それは隣国がロシアである以上、リアルなことです。

私は、いまのアメリカは死にかけていると思っています。上手にワシントンを裏切ることがいまの日本の課題です。それだけではなく、「世直し大好き」の西洋哲学も必ず失敗に終わるので、日本はそこからの出口が必要だと思います。

西洋哲学に染まった日本人が聞いておきたいスピーチがあります。奥本康大さんの2023年9月3日に発表された「空の神兵」という演説です。日本人でない私にも説得力があるのです。出光創業者の出光佐三《いでみつさぞう》の「日本人に帰れ」という言葉にもうなずけるのです。

茂木　英米主導の国際石油資本に頼らず、日本独自の石油輸入を確保しようとしたのが、先の大戦の大きな目的でした。オランダ領スマトラ島の油田地帯に日本軍が空挺部隊を降下させて占領したのがパレンバン作戦、「空の神兵」作戦です。

★41
白洲次郎　しらすじろう
（1902〜85）

戦後、イランから国際石油資本を追い出したのがモサデグ政権。イギリスがイランに対する経済制裁を強める中、イランから堂々と石油を輸入したのが出光石油創業者の出光佐三さん。この話は百田尚樹さんが『海賊と呼ばれた男』で活写しています。

奥村さんはお父様がパレンバン作戦に参加し、出光石油に長く勤務された方ですね。各地で講演活動を続けておられます。

日本にもドゥーギンが必要なのです。大戦末期、京都学派という京大哲学科の先生たちが、「今回の大東亜戦争は、アメリカ型の価値観に対する日本文明のアンチテーゼだ」と、まさにドゥーギン的なことを言ったことがありました。そこから日本独自の哲学がもっと生まれるきっかけにはなったと思うのですが、敗戦でぶっ飛んでしまった。京都学派は「戦争協力者だ！」と断罪され、公職追放されて沈黙してしまいました。

モーガン　京都学派が「近代の超克」というシンポジウムをやっていますね[11]。アメリカ国内でも、リベラルなど左翼には評判が悪いのですが、私はとてもおもしろいと思います。

アメリカ国内で、京都学派は「ファシスト」のレッテルを張られています。「西田幾多郎はファシスト」と。彼はファシストではなく日本人です。日本のことを大切にしたい人でファシストではありません。西田が当時の東條英機政権を支持していた理由はよくわかります。「近代の超克」はただの水かけ論ではないからです。力も必要だと。

「日本人」と「ファシスト」を区別できないのは、「西洋思想という病」に感染したアメリカの左翼くらいです。だからこそ、「近代の超克」を大切に考えたい。リベラルに毛嫌いされている

★42
ラッセル・カーク　Russell Amos Kirk
（1918〜94）

★43
T・S・エリオット　Thomas Stearns Eliot
（1888〜1965）

からこそ注目すべきですし、日本の歴史の中の重要な動きだからこそ注目すべきです。

茂木　日本でも同じですよ。京都学派はタブーになっています。「戦争を煽ったヤバい連中」という扱いです。これは敗戦後のドイツでハイデガーが「ナチ協力者」として抹殺され、いまドゥーギンが「侵略者プーチンのイデオローグ」として忌避されているのと同じ構造です。

モーガン　私が数年前にハマったのは白洲次郎[★41]です。[12] 戦争のときに武相荘《ぶあいそう》にひきこもったじゃないですか。

茂木　エリート商社マンだった白洲次郎が大戦中に脱サラして自給自足生活に入った山荘ですね。ケンブリッジ留学経験のある白洲は、敗戦後は吉田茂の側近としてマッカーサー司令部との交渉にあたり、「従順ならざる唯一の日本人」とアメリカ側に言われました。

モーガン　彼に似ている人がアメリカにいて、ラッセル・カーク[★42]という人です。アメリカの代表的な保守系の思想家で、T・S・エリオット[★43]とかエドマンド・バークを大切にしています。ザ・パーマネント・シングス（The Permanent Things）、いつの時代にもある「変わらないもの」――愛国主義、家族の愛、道徳、努力、といったことは永遠に続くものなので、大切にしなければならないと訴えました。

このラッセル・カークは、日本との戦争について消極的でした。原爆投下を受けて「あれは野蛮なやり方」と、かなり怒ったのです。

アメリカの保守系には、対日戦争、原爆投下を見て「これは野蛮だ」と言う人はいっぱいいました。ルーズベルトとトルーマンの民主党政権の野蛮性を指摘していたのです。

白洲次郎とラッセル・カークは二人ともモダンからの出口を探していました。戦争についての考え方も似ていました。結局、彼らの人生の中では〝近代〟の代わりになる何かを見つけられなかった。たぶんその出口は、いまのウクライナとロシアの戦争からくるのではないかと私は考えています。アメリカという代表的な啓蒙思想の国が崩れれば、それが出口になると。日本人にとって、それはいい出口になると思います。

茂木 白洲はケンブリッジで英国貴族と付き合い、本質的にグローバリストです。外資導入にも積極的でした。それは敗戦直後の国家破産寸前という状況下で外貨獲得という目的があったからです。いまの日本の政治家のように唯々諾々《いいだくだく》と戦勝国の言いなりになったわけではありません。

モーガン 西田幾多郎や和辻哲郎を読んで、戦前の日本の思想家がすごかったと感じること、敗戦後では白洲次郎も同様です。それがたぶん日本が「西洋の病」を乗り越える出口になるように思うのです。

岸田首相がウクライナを電撃訪問して、ロシアとの戦争で死んだ戦士、犠牲者への献花の儀式に参加しました。ある意味で参拝したわけです。ところが、彼は靖国神社には参拝しない。これはおかしくないでしょうか。私は、ウクライナ戦争で亡くなった人への献花の儀式を非常にフラットに、理性的に見ていました。国家の指導者が戦没者を慰霊する、それだけです。

一方、靖国神社は縄文時代的でワイルドです。つまり英霊はまったく冥界的な存在で、我々がコントロールしているわけではないのです。でもその方々の前で頭を下げて、あの世も存在すると認める。この世とあの世との往来、それは私にとって、まさに理想なのです。ずっと探していたのはそれなのです。

私の心の中に靖国神社が存在するというか、理性的には理解できない側面があって、ずっと昔に死んだ人の声がまだ聞こえている。自分の中にまだ精神が生きている。『豊饒の海』の「暁の寺」のように、理性がすべてではないと認める自分も大切にしたい。つまり縄文時代のように生きることも必要だということです。

日本の中ではまだこうしたことが生きている。自分としても大切にしていきたい、外国人としてそう思っています。また靖国神社では何に対して頭《こうべ》を垂れるのか。英霊はもちろん、彼らが生きている冥界もある。つまり、この世の中がすべてではないということも大切にしていきたいのです。

江戸時代の国学――日本文明の再発見

茂木　自分もこれから勉強しようと思っているのは、『古事記』と『万葉集』です。そこには本当の日本精神が書かれています。『古事記』や『万葉集』は、日本の中で実は長く忘れ去られていました。それは最近ではなくて、もう平安時代くらいから、『古事記』と『万葉集』の文字が読めなくなってしまいました。ひらがなが生まれる前でしたし、当時の知識人は中国の古典、漢文にどっぷり浸かっていたのです。

★44
賀茂真淵　かものまぶち
（1697〜1769）

★45
本居宣長　もとおりのりなが
（1730〜1801）

漢文つまり中国語を勉強して、孔子、孟子、韓非子、あるいは仏教、真言宗、法華経はこう言っている、ということをずっとやってきました。日本がなくなってしまったのです。『古事記』『万葉集』を再発見したのが江戸時代の賀茂真淵[★44]や本居宣長[★45]で、ここから「国学」と言われる思想が生まれました。

これで日本独自の思想が確立するかというときに明治維新が起こります。今度は西洋思想が一気に入ってきて、やれカントはああ言ったとか、ルソーはこう言ったとか、再び外国の思想を翻訳することばかりやってきてしまった。だからそれはもういい、もう一回『古事記』を読もうと、最近本当に思うのです。国学を復活しようということです。そこには日本独自の論理が絶対にあるので、自分の残りの人生のテーマにしたいと思っています。

モーガン　私も本居宣長が大好きです。おもしろいと思ったのは、イタリアにも、本居宣長のような人がいました。ローマ時代のことを蘇らせようというロレンツォ・ヴァッラ[13]というルネサンス期のヒューマニストですね。

西洋では、彼のような人がヒューマニズムのヒーローとして扱われているのは不思議です。それなのに、本居宣長や賀茂真淵はファシストのような扱いを受けています。日本の国を大切にしようとしただけですが。

読んでみると、ヴァッラと本居宣長が言っていることは、かなり似ています。つまり自分の国の文化を大切にしよう。昔のラテン語、昔の日本語を大切にしようということ。二人はほとんど同じことを言っているのに、ヴァッラはヒーローで、本居はファシズムへの道を開いたと言われている（笑）。その偏見こそが、いまの西洋思想の問題ではないでしょうか。

残念ながら日本にも、本居宣長や国学が危ないと考えている人はいますよね。よほど西洋に染められていると思います。本居は美しいですよ、あの哲学は。大好きです。

茂木　本居の一番核心的な思想が、「大和心」です。大和心は2つの面があって、益荒男《ますらお》ぶり＝男らしさと、手弱女《たおやめ》ぶり＝女性らしさ。「2つの面があるけれども、日本の文化の本質は手弱女ぶりである＝女性らしさである」と、これのどこがファシストなのでしょうか（笑）。

モーガン　いわゆる西洋の学者は、国家が女性らしさ、つまり桜の花になぞらえて特攻隊を描写する。特攻という男らしいことをやる人が、桜にたとえて女性のようなきれいなことをやっているという、そういうファシスト的な美学論といった、訳のわからない論理が西洋では成り立っています。

これは特攻隊に対する侮辱です。そういうことを特攻隊の人たちは考えていないし、ただ西洋の学者たちが勝手に押しつけている想像にすぎない。茂木先生がおっしゃることは、私は心底から大賛成です。一体どこがファシストなのでしょうか（笑）。

西洋こそがファシストで、自分たちの罪を隠すために、そうして全部自分たちがやったことを日本に押しつけていると思うのです。

茂木　明治から第二次世界大戦までの約60年間、とりわけ1930年代から45年までというのは、日本の歴史の中で異常な時代です。その間、常に外国、西洋、イギリスやロシアから脅迫され続けていた。国を開け、日本列島をよこせと言われ続けているうちに、経済も滅茶苦茶に

★46
グラムシ　Antonio Gramsci
（1891〜1937）

されたそんなことは認められないから、本当は好きではない「益荒男ぶり」を発揮してしまった。

これがまた途中までうまくいってしまうのです。日露戦争でロシアに勝利したり、真珠湾を攻撃したり、戦艦大和を建造したり、日本人も益荒男ぶりのままいけると誤解してしまった。その挙句に原子爆弾を落とされたのですが……。

個人でも国家でも、「ちょっとあのときおかしかったよね」という時期はあるでしょう。それをもって、「お前はそういうものだ！」と言われても、「いや、それは違います。もっと長いスパンで見てください」というふうに、私は申し上げたいですね。

グラムシとフランクフルト学派

茂木　最近のアメリカ、西欧諸国で起こっている異常なことがあります。ブラック・ライブズ・マター（BLM）運動で人種差別に抗議するのはいいのですが、「黒人の犯罪は見過ごせ」「軽犯罪は取り締まるな」「ドラッグを合法化しろ」「LGBTの犯罪は報道するな」といった主張がなされ、カリフォルニアなど民主党政権の州では、950ドル以下の万引きなど軽犯罪を罰しないことになりました。こういうモラル崩壊がアメリカで実際に起こり、ヨーロッパにも広まり、日本でこれから始まろうとしています。その根っこをたどっていくとフランクフルト学派からグラムシ★46に行き着くと思うのです。

★47
ルカーチ　Lukács György
（1885〜1971）

★48
ルディ・ドゥチュケ　Rudi Dutschke
（1940〜79）

グラムシは、イタリア共産党の創設者です。ロシア革命に続けとばかりにイタリア革命を目指しますが、ムッソリーニに捕まって、ほとんどを獄中で過ごし、若くして亡くなりました。短い生涯でしたがグラムシ思想は、その後の世界にものすごい影響を与えました。共産主義の祖マルクスは、「下部構造（経済構造）が上部構造（政治や文化）を規定する」と定義しました。時が熟せば、つまり資本主義が行き詰まれば、自然に社会主義へ移行すると。

ところがそうはならなかった。ロシア革命は西欧へ広がらなかった。だから資本主義を支えている上部構造、特に文化や教育に直接手を突っ込んで、これを破壊すべきだとグラムシは考えた。これがいわゆる文化マルクス主義ですね。

このグラムシの考えが、ルカーチ★47に受け継がれました。ハンガリー革命政権で教育文化大臣となり、「性の解放」をカリキュラムに組み入れたのがルカーチです。

ドイツ・ワイマール共和国では、スパルタクス団の革命が失敗したあと、ホルクハイマーやアドルノがグラムシの思想を受け継ぎ、フランクフルト学派の成立につながります。ホルクハイマーは「長く続いた制度や慣習をすべて疑え」という批判理論を展開しました。ナチス政権が成立すると彼らの多くはアメリカへ亡命し、批判理論をアメリカの大学で布教します。

モーガン　私は最近、共産主義を大きく考え直しています。マルクスが言っているとおり、いままで私も共産主義vs資本主義であると理解していました。

グラムシやルカーチのほかに、もう一人取り上げたい人がいます。ほとんど知られていない人ですが、ルディ・ドゥチュケ★48 14というドイツ人です。

★49
マルクーゼ
P.273参照

ドイツが第二次世界大戦に負けたあと、西ドイツで共産主義の力がかなり強くなりました。ドゥチュケは、その当時の学生運動の指導者の一人でした。ナチスを我々の文明から根絶するために、もっと文化の領域で動かなければならない、ありとあらゆる教育とか教会とか機関とかを自分の手で握る必要があると説いて、グラムシ的に動きました。

アメリカ人は、グラムシが広めたと誤解しているのですが、実際に再構築し拡散したのはドゥチュケです。彼はクリスチャンでありながら、マルクス主義者です。アメリカ人はたぶん、直接グラムシからというより、戦後ドイツの左翼から学んだのです。アーレントもそうでしょう。

茂木　彼は1961年8月、ベルリンの壁ができる前日に、西ベルリンに亡命していますね。しかし「私はマルクス主義者」とずっと言い続けた（笑）。

モーガン　彼もヒッピーだったのですね。フリー・ラブ・コミューンと唱え続けた。

当時、本当の戦いは資本主義vs共産主義ではなく、「ブルジョワジーの偽善的な道徳」vs「共産主義が考える新しい道徳」でした。社会を壊して新しく人をつくる、つまり偽善的な道徳の粉砕が、最前線になっていたと思っています。

スターリンとか毛沢東は資本主義が大嫌いと言いますが、ブルジョワジーが嫌いなのです。つまり文化レベル、経済問題ではなくて文化問題なのです。

茂木　CIAの前身となった組織がOSS（戦略情報局）です。米軍の情報機関で1942年に発足しました。マルクーゼ★49らフランクフルト学派の面々とともに米国コロンビア大学へ移った

★50
フランツ・ノイマン
Franz Leopold Neumann（1900〜54）

フランツ・ノイマン★50は、OSSのドイツ課に勤務し、ドイツの非ナチ化に辣腕を振るいました。ソ連崩壊後に公開されたヴェノナ文書で、彼がソ連軍の情報部GRUの工作員でゾルゲの同僚だったことがわかりました。つまりソ連共産党とCIAの前身が組んでいたのです。

同じことは日本占領政策でも行われました。マッカーサーは日本の「非軍事化」のため、日本の共産主義者と手を組みました。敗戦国のドイツと日本で進められた伝統や権威の否定、道徳の破壊、自虐史観の蔓延——これらは計画された大きな流れでした。そしてこの流れは大学教育を通じて、60年代のアメリカ国内にも蔓延しましたね。

モーガン　1960年代後半に生まれたヒッピーは、20年経ったらみんなウォール街に移りました。「お前たちは結局、資本主義に反対していなかったじゃないか」と皮肉られた。そうではないと思います。ヒッピーと資本主義は非常によくつながっていると思います。

ヒッピーは無計画に、ただすべてに反対していた。でも少しずつ目が覚めていき、本当にこの社会を壊したいと思うのなら、ウォール街に入って社会を動かすしかないと気づいた。

結局いまになって、大企業が一番左翼に傾いている。政府よりも巨大化した企業が左翼化している。資本主義と左翼は結婚ができたということです（笑）。グラムシが言ったことは当たっているわけです。

茂木　資本主義というか、独占資本のことですね。

モーガン　まあそうです。独占資本です。

茂木　資本主義の競争が行き着く先は、勝ち組と負け組がはっきり分かれて、特定の業種を勝

★51
サルトル　Jean-Paul Sartre
（1905〜80）

★52
小田実　おだ まこと
（1932〜2007）

ち組が全部押さえてしまうわけです。たとえば動画配信だったらYouTubeが全部押さえてしまい、ネット販売ならAmazonが全部押さえてしまう。

モーガン　だから資本主義は共産主義とほぼ同じだという研究者がいます。たとえばマイケル・レクテンワルド（Michael Rectenwald）という左翼から保守になった教授がいます。あまり知られていませんが、はじめマルクス主義者でしたが目覚めて、自由主義に転向しました。資本主義の歴史を見ると、企業家は結局、自分が独裁者になりたい。市場の場、政治の場でも、自分がただ一人生き残った独裁者になりたい。共産党の指導者であるレーニン、スターリン、毛沢東もそうでした。

やはり「そもそも文化が戦場である」というグラムシの言葉は、まさにそのとおりですね。私は正しいと思います。

茂木　フランクフルト研究所からアメリカに亡命したマルクーゼは「抑圧的寛容」（1965）という奇妙なタイトルの論文で、こういう意味のことを書いています。

「法と秩序などというものは、確立された階級構造を守るための道具にすぎない。この法と秩序に苦しむ人々が暴力を採用したとしても、それは支配階級が確立した暴力を断ち切るための自衛手段なのだ」

1960年代に学生を中心にベトナム反戦運動が盛り上がり、ヒッピーが出現しました。フランスではサルトル[★51]も参加した五月革命が、ド・ゴール政権を退陣させました。日本では60年安保闘争や小田実[★52]のべ平連（ベトナムに平和を！市民連合）の運動。若者たちは「反権力」を掲げ

★53
マグヌス・ヒルシュフェルト　Magnus Hirschfeld
(1868〜1935)

て長髪にし、髭を伸ばし、フリーセックスを叫んでいた。伝統的な家族や道徳の破壊、ポリコレや言葉狩りの横行、これらも大きく見ればフランクフルト学派の影響ですね。

モーガン　フランクフルト学派はインテリです。手を汚すのが嫌い。マルクーゼなどはほとんど大学で話すだけで、座って本ばかり読んでいるタイプです。その意味で私と同じです！　そして彼らが言っていることを実践する人が必要ですが、大学内にはいっぱいいるのです。

本当に恐ろしい人間はたくさんいます。マルクーゼの本を読んで、実際に人の頭を殴るような人はいっぱいいます。それこそ哲学と現実のつながりというか、連係というか。

フランクフルト学派と心理学

茂木　マルクス主義の特徴は、階級闘争を引き起こして伝統社会を崩壊させることです。農民を地主と、労働者を資本家と、平民を貴族と、少数民族を多数派民族と、女性を男性と、黒人を白人と、性的少数者（LGBTQ）を性的多数派と争わせることとです。ここで使われる合言葉が、「差別をやめろ！」「少数派の権利を守れ！」。

モーガン　100年くらい前、マグヌス・ヒルシュフェルト★53という医者がいました。[16]男性でも女性でもない「第三の性」、トランスジェンダーのイデオロギーをつくった思想家です。この哲学者が言ったとんでもない思想をいま実際にやっているのは、アメリカの学校の先生と医者ですね。「女の子になりたい」子どものペニスを切り取ったり、「男性になりたい」若い女性の乳

★54
ヴィルヘルム ライヒ　Wilhelm Reich
（1897〜1957）

★55
エーリッヒ・フロム　Erich Fromm
（1900〜80）

房を切り取ったり……。革命のためには、イデオロギーを考える哲学者と、それを実行する人が必要なのです。

茂木　ヒルシュフェルトも、ドイツ・ワイマール共和国時代の人ですね。ユダヤ系の内科医で、世界性改革連盟（World League for Sexual Reform）を立ち上げ、「性のアインシュタイン」と言われているとか。「女性の権利を守る」として、妊娠中絶の合法化運動もやっています。

モーガン　この人は恐ろしいです。最初の性転換手術もワイマール・ドイツでしょうか。当時のドイツは、いまのアメリカに近い「文明の終着点」でした。

茂木　当時のドイツ刑法第175条では、同性愛が犯罪でした。ヒルシュフェルトは175条反対運動をやっています。ドイツに限らず西欧諸国が同性愛を犯罪として処罰していたのは、日本人の感覚では異常だと思います。

モーガン　私も犯罪という刑事罰と、同性愛という「キリスト教の宗教上の罪」は別物だと思います。それは人のプライベートなことですから。絶対にやめてほしいのは性意識が確定する前の子どもに性転換を勧めること。それだけはやめてほしい。そういうことを私の子どもに押しつけることは許せない。

タブーとされていることをあえてやる人は、それで刺激を受けます。刺激を追求して、次は子どもを狙う。西洋では禁止されていることをあえてやって、その刺激が足りなくなったらもっと嫌なことをやる。そういった仕組みができているわけです。

ヴィルヘルム・ライヒ[★54]はもっと過激です。[17] フランクフルト学派の流れをくむ人ですが、ヒル

★56
ショシャナ・ズボフ　Shoshana Zuboff
（1951〜）

★57
B.F.スキナー　Burrhus Frederic Skinner
（1904〜90）

シュフェルト以上に変な人です。こういった性哲学者もいる。

茂木　ライヒとエーリッヒ・フロム★55がフロイト左派と言われます。フロイトを社会分析に応用した人たちです。フロムの『自由からの逃走 Escape from Freedom』は僕も影響を受けました。

大航海時代、資本主義の成立で伝統的な共同体が解体され、人々が帰属意識を失ってバラバラになってしまった。ルターやカルヴァンがカトリック教会を批判したのはこのときで、個人が神と直結するプロテスタントの教えが広まった。19世紀、今度はキリスト教そのものが形骸化し、「神は死んだ」（ニーチェ）。不安にかられた人々は、教会に代わる新しい共同体を求めた。それを提示したのがナチスであり、全体主義である。これが『自由からの逃走』です。

モーガン　なるほど。これについておもしろい本があります。ショシャナ・ズボフ★56『監査資本主義：人類の未来を賭けた戦い』（東洋経済新社）です。

彼女はハーバードビジネススクールの教授です。[18] 彼女は Google が生んだ監査資本主義について、この分厚い本を書いたのです。Google がやっているのは、フロムに似ているもう一人の学者B・F・スキナー★57が言っていたことと同じです。つまり人の心をコントロールする。

フロムの『自由からの逃走』は、人間は自由の不安に耐えられないと言います。だからナチスのように人々に考え方のモデルを示せば、大衆をコントロールできる。それはいま Google がやっていることと同じだと、ズボフが指摘します。

ズボフはハーバード大学でB・F・スキナーの授業を受けていました。スキナーは自由意志（freewill）がただの幻にすぎないと主張し、人間をコントロールしたいと言います。

「リベラル」という名の共産主義運動

茂木　アメリカの共産主義運動はロシア革命の直後に始まります。ジョン・リード（John Reed）という若いジャーナリストがロシアへ渡り、レーニンやトロツキーのインタビューに成功しました。プーチンの単独インタビューに成功したタッカー・カールソンみたいな存在です。彼のルポルタージュ『世界を揺るがした10日間』は光文社古典新訳文庫で読めますし、「レッズ Reds」というアメリカ映画にもなっています。共産党側もリードを宣伝に利用し、彼がチフスで亡くなると、英雄としてクレムリンに埋葬しました。

コミンテルンのアメリカ支部としてアメリカ共産党も結成されますが、スターリンに忠誠を誓い教条的な暴力革命を目指したためアメリカ国内では受け入れられず、党勢は伸び悩みました。むしろ、ナチの迫害を逃れたフランクフルト学派の面々がアメリカへ亡命し、コロンビア大学やハーバード大学で教えるようになり、文化マルクス主義の種を蒔いたのです。

その教え子たちはアメリカ共産党には入党せず、民主党左派を形成しました。民主党政権がネオコン化してベトナム戦争を起こしたとき、ベトナム反戦運動をリードしたのが民主党左派ですし、2020年の大統領予備選挙でバイデンを脅かしたバーニー・サンダースや、将来の大統領候補になるかもしれないアレクサンドリア・オカシオ＝コルテスがこの系譜です。

民主党政権下のアメリカで進んでいるのが批判的人種理論（Critical Race Theory／CRT）です。アメリカの建国の歴史から批判し、自由平等を掲げた独立宣言の1776年ではなく、奴隷制を導入した1619年からアメリカ史を語るべきだという「1619プロジェクト」も学校教育に導入されつつあります。つまりアメリカ史を、抑圧された黒人・先住民と白人支配層との階級闘争の歴史として描こうという試みで、まさにフランクフルト学派の批判理論の成果です。

モーガン先生にこれを見ていただきたいのですが。

モーガン　ああ、クレーオン・スカウセン。★58『裸の共産主義者 The Naked Communist』を書いた人ですね。私は大好きですよ。

茂木　「アメリカを共産化させるための45の施策」。この文書はアメリカ議会に提出された公文書です。アメリカにおける共産主義者の活動の実態を暴露する、という趣旨です。

モーガン　読んだことがあります。1958年にアメリカ共産党が掲げた45の目標、我々のような反共の立場の人々にはよく知られています。この目標のほとんどは大成功に終わった。

茂木　いま起こっていることが全部説明されていますね。

モーガン　全部、大成功を収めています。「ザ・ネイキッド・コミュニスト＝裸の共産主義者」とは、共産主義者が自分で自分の動きについて語っていることをそのまま紹介するという意味です。我々がそう言っているのではなくて、彼らがそうしたいと言っている。

茂木　これはスカウセンが考えたことなのか、それとも本当にコミュニストがつくったもとの文章があったのか。そこを知りたいですよね。このスカウセンという人は何者ですか？

モーガン　スカウセンは何者か。私の大好きなジョン・バーチ協会（John Birch Society）に近い人物でした。モルモン教の宣教師を経て、ＦＢＩに勤めた人です。長年、アメリカ国内で反共、

★58
クレーオン・スカウセン
W. Cleon Skousen（1913～2006）

6-4 「アメリカを共産化させるための45の施策の一部」

- ソ連との核戦争をするくらいなら、降伏を選ばせる。
- 共産中国を国家承認し、国連に加盟させる。
- 国連だけが人類の希望である、国連こそがワンワールド政府であると認めさせる。
- 国家への忠誠を誓うセレモニーを廃止する。
- アメリカ二大政党の両方、あるいは片方を乗っ取る。
- 教育機関をコントロールし、学校で共産主義思想を教え込む。
- 共産主義を敵視する制度や機関に対し、学生に暴動を起こさせる。
- 報道機関、テレビ局、映画産業に浸透し、重要ポストを支配下に置く。
- 美術館や美術評論家を支配下に置き、醜く、不快感を催す芸術を推奨する。
- 同性愛、性的倒錯、フリーセックスを、自然で健康的な行為として称賛する。
- 合衆国の建国の父たちは、利己的な貴族階級でエゴイストだったと再定義する。
- 教育現場、公共機関、社会福祉プログラム、精神科クリニックなどを管理下に置く。
- 犯罪者の問題行動は精神疾患によるもので、警察では対応できないと訴える。
- 精神医学を利用し、共産主義に反対する人々を強制的に管理する。
- 家族は個人の自由を阻害する制度だから、離婚を奨励する。
- 子どもの発達障害は親の悪影響であるから、親から子どもを遠ざける。
- 国際司法機関の権限がアメリカ国内の個人にまで及ぶよう、法改正をする。

https://cultureshield.com/PDF/45_Goals.pdf

保守的な活動をしていました。

その当時、ほとんど知られてないと思いますが、スカウセンとかジョン・バーチ協会の創立者ロバート・ウェルチ[19]といった人々が一番重視していたのは、外交問題評議会（ＣＦＲ）です。茂木先生はよくご存知だと思います。

茂木　第一次大戦後のパリ講和会議で、米英の代表が世界管理について話し合いました。アメリカが共和党の反対で国際連盟に入らなかったので、それに代わる民間のシンクタンクとして発足したのが、アメリカのＣＦＲとイギリスのチャタムハウス（王立国際問題研究所）です。

モーガン　ＣＦＲは、いまで言うグローバリストのことです。共産主義者がやりたいことを共産主義とあえて言わないで、これはアメリカのためとか言うのです。ただの共産主義ロンダリングです（笑）。これを外交問題として衣替えしたのです。でも結局、世界統一政府をつくろうとしている。スカウセンや、One World Order（統一世界秩序）について本を書いた歴史学者のキャロル・キグリー★59などが、それを暴露したわけです。[20]

いまのアメリカは、要は共産主義者に牛耳られていると言う彼の主張は正しいと私は思います。陰謀論ではありません。6－4のリストを見ると、まさに大成功に終わっているのです。

茂木　彼らはネオコンとは別のグループでしょう。ネオコンはアメリカ合衆国を破壊する気はないのです。アメリカ的価値観を世界中に暴力で押しつけようというのがネオコンですから。共産主義者やアメリカ自体を内側から解体しようとしている。そういう理解でいいですね。

モーガン　そのとおりです。おもしろいのはアメリカを「保護したい」ネオコンと「ぶち壊し

★59
キャロル・キグリー　Carroll Quigley
（1910〜77）

たい」共産主義者、啓蒙主義の2つの流れが合流して、いまは両方でアメリカを実際に破壊しつつあるのです。

アメリカを保護しようとしているのがトランプのMAGA（Make America Great Again. アメリカを再び偉大に）運動です。だから共産主義者もネオコンもトランプが大嫌い、我々のような人間が大嫌いです。結局のところ、共産主義とネオコンによる争いは、啓蒙思想の中の単なる内戦なのです。自分の家を守りたいというのはイデオロギーではなくて、我々人間の感情です。共産主義者にとっても、啓蒙思想にとっても、ネオコンにとっても、やはり「ふるさとを守りたい人たち」は敵だ、と気づいているわけです。

スカウセンなどの共産主義批判を裏返しにすれば、本当のディアレクティク、つまり、ソクラテスがやっていた人と人との間の対話、一緒に深く考えること、つまり哲学の必要があると思います。

共産主義者をはじめ啓蒙思想の偽物の哲学者は、頭の中から世界をつくりあげる傾向が強いのですが、茂木先生とご一緒にこの本を通してできたのは無限のあるべき姿、つまり、本当の意味の哲学だと思います。ありがとうございました。

茂木　モーガン先生、この長い対談もどうやら終わりの時間が来たようです。西洋文明という人類の奇行種が、近代科学を手にして世界を席巻するまでを概観できたと思います。日本人はこの150年ほど、西洋かぶれという病に侵されてきましたが、ようやく目を覚ますときがきたようです。本書がそのきっかけになれば幸いです。ありがとうございました。

おわりに

いまあなたが読み終わった本は、長い旅だったとも言えるでしょう。2500年以上前の古代ギリシアから始まって、現在の世の中の出来事まで幅広く、そしてときには重厚で深遠で、洋の東西を問わず、バリエーションに富んでいた——。人類の思想を巡る旅を今あなたが無事に終えられたわけです。きっと楽なことではなかったと思いますが、よくぞここまで到達されました。おめでとうございます。

実は喜ばしいことがもう1つあります。あなたがもはや哲学者になったということです。そうです。いまこの本を手に取っているあなたが、です。そのことは間違いありません。本当におめでとうございます。

とはいえ、あなたが哲学者になったのは、この本をお読みになったからではありません。人間として生まれたその瞬間から、あなたは哲学者になる資格を持っていたのです。

あなたも私も、もちろん茂木先生も、みんなが哲学者です。これこそ、この本を通して伝えかったメッセージの1つです。人間は生まれながらにして、哲学者の輪の中に入っているということです。ぜひこれからも、一緒に物事について考え続けていきましょう。

「ちょっと待ってください、私はまったく哲学者ではないですよ」。こう反論したくなったかもしれません。でも違います、あなたは哲学者なのです。

私は、哲学者というものは特別な意味を持っていないと考えています。確かに、「我々は人間というすごい存在である」という特別な意味を持っていると思います。しかし、そもそも「哲学者」というカテゴリーは人間の間でしか存在しないと言いたいのです。

この本でも述べたように、古代ギリシアには「哲学者」と名乗るグループが存在していました。彼らは、他のグループ、たとえば詩人と自分たちをはっきり区別がしたくて、「哲学者」として社会の中で活躍していました。ただ私は、その区別が不自然だと言いたいのです。

星空を見上げて広大な宇宙の前で静寂に落ちたり、赤ちゃんの微笑みに自分の微笑みで応えたり、色の意味を何かと考えたり、人恋しくなったりノスタルジーを感じたりする。これらの理由は何かを考えたことはありますか。他にも、不思議なこと、気になること、謎に思うことを考えたことはありませんか。

もしそんなことがあれば、あなたは既に哲学者です。不自然な区別をすることで、人間と人間を分断したり、人間の心や魂を分けて、人間と宇宙との一体感に亀裂を入れたりするのは、西洋哲学の強い傾向です。同時にこれは残念な傾向でもあります。

この本を通じて、私と茂木先生との対話を傍《はた》で体験していただいたことからも明らかですが、既にあなたは、哲学者の一人、すなわち人間なのです。

ですので、恐れないで、引き続き哲学、つまり人間のさまざまな「考え」をもっと探検してください。最寄りの図書館へ行って、「哲学」の棚から気になる本を複数選んで、読んでみてください。そしてご家族やお友達と、物事の本質、人間の意味などについて話し合ってみてください。

「考えること」を恐れる必要はありません。

ローマ共和国時代に活躍した、北アフリカ生まれの劇作家プブリウス・テレンティウス・アフェルという人がいます。古代ギリシアの劇作家メナンドロスがつくった劇をラテン語に訳していますが、そこで言っているとおり、あなたは人間です、だから人間のことは何一つ理解できないことがないのです。大昔、人間がいわゆる「哲学」を考えた以上、あなたもその考えを理解できます。「哲学者＝人間」だからです。

さてもう1つ、この本で伝えたかったメッセージは、西洋哲学に対して注意、疑いを持つべきだということです。

もちろん西洋哲学がすべてダメだとは言いません。しかし同じ人間が生み出したとはいっても西洋哲学が世界にもたらした破壊的な影響は計りしれないのです。だから、西洋哲学が実際に世界に与えた影響を考えていかなければならないのです。西洋哲学は、おもしろい一方で危険性も帯びています。

一体それはなぜでしょうか。この本を編む過程で少し気づいたことがあります。この本で述べたように、西洋では、物事または人間そのものを「分ける」傾向が強いからです。その結果として、人間の頭の中でつくり上げた空想ワールドを、我々が分かち合っている実存の世の中に押し付ける。つまり理想的な空想にフィットするよう、無理やり「現実を捻る」傾向が、西洋社会には強いのです。

1つの例を挙げれば、たとえば共産主義があります。デモクリトスという古代ギリシアの哲学者の不自然な考えをもとに、ヘーゲル、マルクスという思想家がまったく空想的な思想をつくり出しました。そしてその思想に影響を受けた人々がその空想ワールドを現実に押し付けようとした結果、1億人以上もの人が殺されたわけです。共産主義という、どこにも存在しない暗いファンタジーの名のもとに、人間が大量殺戮されたのです。

これを見て、やはり西洋哲学、いや西洋そのものが1つの病である、と思われても仕方がないでしょう。私もある程度、そう思っています。

ではこうした現実を踏まえて、我々は何をすべきでしょうか。逆説的な答えかもしれませんが、「哲学をすればいい」と思います。この本を通じて、日本独自の考え方、伝統などが、西洋哲学の病に通じる部分を癒す力を持っていることを、あらためて確認できました。

いわば漫才コンビのボケであるモーガンが、ツッコミである茂木先生のご指摘を受けながら、いろいろと学んできたのですが、どうしてもみなさんにお伝えしたいのは、西洋哲学を治癒するためには、日本の哲学、日本人の考えが必要だということです。

こういう意味で、いま読み終えようとしているこの本が長い旅だったのは確かですが、旅が始まったばかりであることも明確になるでしょう。なぜなら、哲学、とりわけ和洋折衷の考えが、永遠に続いていかなければならないからです。

人間は、他者の考えを聞いて、それについて考える存在ではないでしょうか。私と茂木先生がこの本で灯した哲学の灯《ともしび》は、みなさんが守り伝えていかなければならないのです。それが、私たち人間に求められている聖なる使命です、我々の人間性そのものともいうべきかもしれません。

2024年7月

ジェイソン・モーガン

参考／注釈

1章

1 https://maru33340.exblog.jp/14717296/

2 江戸町奉行・大岡越前守忠相《えちぜんのかみただすけ》。人情味のある名奉行として語り伝えられ、多くの小説や演劇の題材となった。

3 「一にして多」。すべての個は一般と同じであり、個と一般は区別できないということ。スピノザ汎神論に典型的で、すべての個に神が宿る思想。ちなみにフランス現代思想の哲学者ドゥルーズに「一にして多」は受け継がれている。

4 弁証法では矛盾にこそ発展の源がある。矛盾がないと発展できない。自己と他者が異なっていないと発展できないということ。近代哲学の枠組みでは、弁証法における矛盾と止揚を大きく取り上げたのはヘーゲル、その弟子のマルクス。17 世紀、18 世紀のデカルト、カントは矛盾や対話を引き受ける余裕がなかったと言えるだろう。

3章

1 https://www.youtube.com/watch?v=SjIIel2sJ6o

2 https://www.magiscenter.com/father-spitzer

3 https://ourworldindata.org/grapher/estimated-historical-literacy-rates?facet=entity

4 #124, pp. 74-75 https://ia803402.us.archive.org/14/items/aquinas-on-the-unity-of-the-intellect/Aquinas%20-%20On%20the%20unity%20of%20the%20intellect.pdf

5 https://www.amazon.com/Before-Church-State-Sacramental-Kingdom/dp/1945125144

4章

1 Martin Luther, *Erlanger Ausgabe*, XLIV, 158

2 https://www.britannica.com/biography/Henry-II-king-of-England

3 https://en.wikipedia.org/wiki/Henry_IV,_Holy_Roman_Emperor

4 インド大反乱：東インド会社のインド人の傭兵から起こった反イギリス独立運動。

5 Baltasar Gracián, El Criticón, 1653

6 https://en.wikipedia.org/wiki/Sinners_in_the_Hands_of_an_Angry_God

7 http://www.edwardfeser.com

8 https://plato.stanford.edu/entries/strauss-leo/

5章

1 https://plato.stanford.edu/entries/medieval-haecceity/
2 https://iep.utm.edu/fazang/
3 “f we take in our hand any volume; of divinity or school metaphysics, for instance; let us ask, *Does it contain any abstract reasoning concerning quantity or number?* No. *Does it contain any experimental reasoning, concerning matter of fact and existence?* No. Commit it then to the flames: for it can contain nothing but sophistry and illusion.” *An Enquiry Concerning Human Understanding* (1748) sect. 12, pt. 3 https://www.oxfordreference.com/display/10.1093/acref/9780191826719.001.0001/q-oro-ed4-00005683
4 https://www.college.columbia.edu/core/content/frontispiece-thomas-hobbes’-leviathan-abraham-bosse-creative-input-thomas-hobbes-1651
5 Social Contract, Book I, Chapter VII
6 https://archive.org/details/praeterita01rusk
7 https://www.penguinrandomhouse.com/books/178147/the-making-of-the-english-working-class-by-e-p-thompson/

6章

1 https://www.wittgensteinproject.org/w/index.php?title=Tractatus_Logico-Philosophicus_(English)
2 https://www.goodreads.com/quotes/11139571-i-looked-on-the-disorder-of-my-mind-as-sacred
3 https://www.societyandspace.org/articles/hyperobjects-by-timothy-morton
4 https://live.childrenshealthdefense.org/chd-tv/events/never-again-is-now-global/Never-Again-Is-Now-Global-Trailer/
5 https://www3.nhk.or.jp/news/html/20211004/k10013281331000.html
6 https://www.amazon.co.jp/Seeing-Like-State-Condition-Paperbacks/dp/0300246757/
7 https://en.wikipedia.org/wiki/Against_the_Grain:_A_Deep_History_of_the_Earliest_States
8 https://ja.wikipedia.org/wiki/ 平野義太郎
9 https://aynrand.org/novels/objectivism-the-philosophy-of-ayn-rand/
10 https://ari.aynrand.org/issues/science-and-industrialization/scientific-and-technological-progress/Apollo-and-Dionysus/
11 https://ja.wikipedia.org/wiki/ 近代の超克

12 https://muse.jhu.edu/article/779149/summary
13 http://harc.tokyo/wp/wp-content/uploads/2022/09/0576e0b01e48872c822e4828e581ff56.pdf
14 https://en.wikipedia.org/wiki/Rudi_Dutschke
15 https://en.wikipedia.org/wiki/Jerry_Rubin
16 https://en.wikipedia.org/wiki/Magnus_Hirschfeld
17 https://en.wikipedia.org/wiki/Wilhelm_Reich
18 https://en.wikipedia.org/wiki/The_Age_of_Surveillance_Capitalism
19 https://archive.org/details/WelchRobertThePoliticianALookAtThePoliticalForcesThatPropelledDwightDavidEisenhowerIntoThePresi
20 https://archive.org/details/nakedcapitalist0000wcle

ジェイソン・モーガン
Jason M. Morgan

麗澤大学准教授・モラロジー道徳教育財団道徳科学研究所客員研究員。1977年アメリカ合衆国ルイジアナ州生まれ。テネシー大学チャタヌーガ校で歴史学を専攻後、名古屋外国語大学、名古屋大学大学院、中国昆明市の雲南大学に留学。その後ハワイ大学の大学院で、東アジア学、特に中国史を専門に研究。2014～2015年フルブライト研究者として早稲田大学大学院法務研究科で研究。2016年ウィスコンシン大学で博士号を取得。2022年Holy Apostles College and Seminaryから修士号(キリスト教哲学)を取得。一般社団法人日本戦略研究フォーラム上席研究員を経て、2020年4月より現職。著書に『バチカンの狂気』(ビジネス社)、『LGBTの語られざるリアル』(ビジネス社・共著)、『アメリカはなぜ日本を見下すのか?』『リベラルに支配されたアメリカの末路』(ワニブックス)、『アフリカとアメリカ、ふたつの視点　思いもよらない日本の見かた』(育鵬社)、『日本が好きだから言わせてもらいます』(モラロジー道徳教育財団)などがある。

哲学関連論文:
https://journals.lapub.co.uk/index.php/HB/article/view/2349
https://eajp.online/publication-257004@toc
http://www.gilsonsociety.com/?12-2-(april-june-2023),212
http://www.gilsonsociety.com/?11-4-(october%E2%80%93december-2022),203
https://www.kritike.org/journal/issue_30/morgan_june2022.pdf

茂木 誠
Makoto Mogi

作家、予備校講師、歴史系YouTuber。
駿台予備学校、ネット配信のN予備校で世界史担当。『世界史で学べ!地政学』(祥伝社)、『超日本史』(KADOKAWA)、『「戦争と平和」の世界史』(TAC)、『「保守」って何?』(祥伝社)、『グローバリストの近現代史』(ビジネス社・共著)、『「リベラル」の正体』(WAC出版・共著)、『ジオ・ヒストリア』(笠間書院)、『ニュースの“なぜ?”は地政学に学べ』(SB新書)、『日本とユダヤの古代史&世界史』(ワニブックス・共著)、『“いまの世界”がわかる哲学&近現代史』(マガジンハウス・共著)、『政治思想マトリックス』『日本思想史マトリックス』(PHP)、『日本人が知らない!世界史の原理』(ビジネス社・共著)など著書多数。YouTubeもぎせかチャンネルで発信中。

連絡先:
mogiseka.com

編集協力　松本誠一郎　布施菜子
写真提供　ユニフォトプレス　共同通信社／ユニフォトプレス　朝日新聞社／ユニフォトプレス
DTP　有限会社マーリンクレイン
装丁　秦 浩司
図版作成　室井浩明（STUDIO EYES）

日本人《にほんじん》が学《まな》ぶべき 西洋哲学入門《せいようてつがくにゅうもん》

なぜ、彼《かれ》らはそう考《かんが》えるのか？

2024年 9月12日　初版　第1刷発行
2024年10月17日　　　　第3刷発行

著　者　ジェイソン・モーガン　茂木誠
発行者　多田敏男
発行所　TAC株式会社　出版事業部（TAC出版）
〒101-8383 東京都千代田区神田三崎町3-2-18
電話　03（5276）9492（営業）
FAX　03（5276）9674
https://shuppan.tac-school.co.jp
印　刷　今家印刷株式会社
製　本　株式会社常川製本

ISBN 978-4-300-10777-5
N.D.C. 102